国际服务贸易形势与热点 2020

主　编◎李　俊　　副主编◎俞　华 / 朱福林

时事出版社
北京

编委会

主　　　编：李　俊
副 主 编：俞　华　朱福林
编委会成员：崔艳新　聂平香　李西林　高宝华
　　　　　　王　拓　孙铭壕　张　琼　赵若锦

本书汇集了商务部研究院国际服务贸易研究所2019年代表性科研成果,请各位领导和同行们指正!

商务部研究院
国际服务贸易研究所简介

一、机构简介

商务部国际贸易经济合作研究院（以下简称研究院）作为商务部直属事业单位，是首批25家国家高端智库建设试点单位之一，是集研究、信息咨询、新闻出版、教育培训等功能为一体的综合性社会科学研究与咨询机构。研究院拥有一支高职称、高学历、专业化、年轻化的研究咨询队伍，还拥有国内商贸系统最大的图书资料库，现有各类高级专业技术职称人员110多人，30多人获国务院颁发的政府特殊津贴。在60多年的历程中，研究院为中国对外经济贸易事业的发展，特别是在对外贸易、国际经济合作的理论与政策研究、咨询和信息服务等方面，充分发挥积极作用，在国内外享有较高声誉。

适应经济全球化新形势，把握全球服务业、服务贸易和服务外包发展新机遇，研究院立足国情院情，有效整合配置资源，于2012年3月成立了国际服务贸易研究所（IITS），下设战略与政策、服务产业、服务外包三个研究部。

服务贸易战略与政策研究部。主要从事服务贸易理论、战略与政策研究，跟踪全球和我国服务贸易发展态势，在技术贸易、文化贸易、国际航运服务、专业服务等领域开展针对性研究，为政府决策提供咨询服务；为地方服务贸易发展提供咨询、规划、决策服务；为服务贸易行业和企业提供咨询服务。

服务产业研究部。主要从事住宿餐饮业、会展业、家政服务业、沐浴业、美容美发业、洗染业、家电服务业、人像摄影业、健康养老等生活服务业乃至流通领域理论、政策和实务方面的研究；举办相关展会、研讨会、培训班等。

服务外包研究部。从事服务外包理论和应用研究工作。把握服务外包理论和产业发展最新动态，探索服务外包产业发展规律；构建与管理产业标准化体系信息平台；为国家、地方政府、园区、企业等提供产业发展战略规划和咨询；开展服务外包领域专业培训；开展服务外包领域国内外交流与合作；开展与其他智库和媒体交流与合作。

二、组织架构

所领导
所　长：李　俊　研究员
副所长：俞　华　研究员

服务贸易战略与政策研究部
崔艳新　副主任　研究员
王　拓　博士　副研究员
孙铭壕　博士
赵若锦　博士

服务产业研究部
高宝华　研究员
朱福林　副研究员

服务外包研究部
聂平香　副主任　研究员
李西林　副主任　研究员
张　琼　助理研究员

目录

第一部分　国际经济与贸易

第一篇　构建大商务体系　推动高质量发展 ……………… 李　俊 / 003

第二篇　中国对外经贸70年：历程、贡献与经验
　　　　………………………………… 商务部研究院课题组 / 008

第三篇　中美贸易战与贸易强国建设启示 ……………… 朱福林 / 025

第四篇　中美货物贸易全球格局演变与中美贸易战的
　　　　内在逻辑 …………………………………………… 朱福林 / 045

第五篇　我国外贸体制改革与国际竞争新优势
　　　　培育 ……………………………………… 王　拓　李　钢 / 065

第六篇　进博会为构建开放型世界经济贡献中国力量 …… 李　俊 / 082

第七篇　"一带一路"沿线国家参与全球价值链位势
　　　　分析 ……………………………………… 孙铭壕　侯梦薇 / 084

第二部分　服务贸易

第一篇　全球服务贸易竞争格局与我国的
　　　　地位 ……… 李　俊　李西林　朱福林　王　拓　王舒曼 / 105

第二篇　我国服务贸易高质量发展取得积极

	成效 …………………………………… 崔艳新 赵若锦 / 112	
第三篇	我国服务进口进入持续增长阶段 …………… 孙铭壕 / 116	
第四篇	中国与"一带一路"沿线国家和地区服务贸易合作现状及对策研究 ………………………………………… 张 琼 / 120	
第五篇	制度环境、外包能力与绩效提升 …………… 朱福林 / 133	

第三部分 重点领域服务贸易

第一篇	数字服务贸易及相关政策比较研究 ………… 王 拓 / 159
第二篇	必须紧紧抓住数字贸易的时代机遇 …… 李 俊 王 拓 / 176
第三篇	软件贸易发展新趋势、影响及我国的应对 ……… 王 拓 / 182
第四篇	韩国影视文化贸易发展经验与启示 …… 崔艳新 孙铭壕 / 195
第五篇	在文化例外与国际合作中寻求平衡 …… 崔艳新 孙铭壕 / 207
第六篇	中美知识产权贸易发展战略研究 …………… 崔艳新 / 214

第四部分 生活服务业

第一篇	餐饮服务质量的评价指标体系 ……………………… 俞 华 邓云峰 何宗武 / 233
第二篇	家庭服务质量评价指标体系的主要内容 ……………………… 俞 华 郄红梅 庞安然 / 239
第三篇	专业性展会服务评价指标体系研究 …………………………… 俞 华 赵 闯 王 震 / 245
第四篇	家政服务认证概述 ………………………… 俞 华 郄红梅 / 251
第五篇	破解发展痛点和难点 促进家政服务业提质扩容 …………………………………… 高宝华 / 255
第六篇	美国养老地产 REITS 的经验启示 …………… 俞 华 / 258

第五部分　地方商贸

第一篇　加快推进珠海与澳门深度合作　携手共建"一国两制"
　　　　合作示范区 …………………………………………… 李　俊／273
第二篇　中国特色自由贸易港建设问题与探究 ………… 朱福林／281
第三篇　优化营商环境的成都实践 ……………… 李　俊　高宝华／297
第四篇　成都推进共享发展的重要举措和战略思考 ……… 高宝华／303

第一部分

国际经济与贸易

第一篇　构建大商务体系　推动高质量发展

——2019年全国商务工作会议报告解读

李　俊

2019年12月19日，全国商务工作会议在北京召开。学习大会的主题报告，深感商务工作与国家战略紧密关联，全国商务系统在国内外风险挑战明显上升的复杂局面下取得的成就实属不易。"大商务""高质量"是2019年商务工作报告的两个重要主题词。"大商务"是工作理念和工作要求，就是要树立"围绕中心、服务大局，构建体系、整体推进，横向协作、纵向联动，抓大事、抓实事"的发展观念和工作思路，这是实现商务事业高质量发展，进而推动国民经济社会高质量发展的重要路径。"构建大商务体系，推动高质量发展"是贯穿2019年全国商务工作会议主题报告的一条主线，是对过去一年我国商务工作举措和成就的高度概括，并集中体现在以下四个方面。

一、围绕中心、服务大局，商务工作为国家经济社会发展全局做出新贡献

大商务首先是指站位高、格局大。商务工作要站在国家经济社会发展全局来定位和谋划。商务工作不仅要推动自身的高质量发展，还要推动国民经济和社会的高质量发展。自 2019 年以来，全国商务工作自觉围绕国家中心任务，在主动服务国家大局方面做出新贡献。

对内，"一促两稳"为国民经济保持稳定发展做出贡献。根据全国商务工作会议的报告，前三季度消费贡献率超过 60%，预计超过投资和外贸保持经济增长第一拉动力地位。对外贸易增长好于预期，前 11 个月货物进出口 28.5 万亿元，同比增长 2.4%。服务进出口 4.9 万亿元，同比增长 2.1%，逆差下降 10.5%。稳外资工作成效明显，前 11 个月实际利用外资 8459 亿元，同比增长 6%。

对外，积极参与全球经济治理，应对中美经贸摩擦有力有效，深入推进"一带一路"经贸合作，为我国营造相对稳定的对外经贸环境做出贡献。全国商务工作会议的报告指出，2019 年以来，我国在 G20、APEC、金砖国家、上合组织等国际场合坚定维护多边贸易体制，提出"中国方案"，多双边区域合作持续深化。拓展全方位经贸关系，扩大国际合作空间。推动"一带一路"建设高质量发展，与 6 个国家新建贸易畅通工作组，推动新设 9 个对外投资合作工作组，与 5 个国家建立电子商务合作机制。

二、构建体系、整体推进，商务事业全面发展格局取得新成效

商务工作面广线多，但并不是杂乱无章。大商务就是要构建商务体系，把各领域商务工作的千头万绪集成化、系统化，实现各领域工作的相互促进、相互支撑、整体推进，进而实现商务事业全面发展和高质量发展的良好效果。为此，近年来商务部确立了落实"大商务"的工作要求，进一步聚焦"五大板块"工作重点，全力抓好"一促两稳"，深入推进八大行动计划，初步形成"6+1"重点工作格局，进而构建了大商务工作体系，把面广线多的大商务工作系统集成化，整体推进商务事业全面发展。同时，在促消费、稳外贸、稳外资等基本业务中，推动形成体系化的工作思路和全面发展格局方面取得新成效。

在"促消费"方面，形成城市消费、乡村消费、服务消费三大工作体系。全国商务工作会议的报告指出，城市消费方面，推动 36 个城市发展便利店，

新建改造 1200 多个菜市场。乡村消费方面，推进电商进农村，累计建设县级电商服务中心、物流配送中心 1700 多个。支持建设 837 个农产品冷链物流项目。服务消费方面，建立家政信用信息平台，建设便民消费服务中心。

在"稳外贸"方面，形成货物贸易、服务贸易、新业态新模式三个方面的工作体系。全国商务工作会议的报告指出，在货物贸易，持之以恒推进"五个优化"和"三项建设"。2019 年新确定 65 家外贸转型升级基地，认定 6 个国家级国际营销服务公共平台。在服务贸易方面，形成"一试点＋一示范＋多基地"的发展体系。在外贸新业态新模式方面，2019 年增设 24 个跨境电商综试区，支持市场采购贸易、外贸综合服务企业发展。

在"稳外资"方面，形成法规政策、开放平台和投资促进三大工作体系。全国商务工作会议的报告指出，在完善法规政策体系方面，推动出台外商投资法及实施条例、稳外资 20 条政策措施。外资准入负面清单全国版减至 40 条，自贸试验区版减至 37 条。在开放平台建设方面，深入推进上海等自由贸易试验区和海南自由贸易港建设，推动出台国家级经开区创新提升意见，推进边合区建设，深化北京市服务业扩大开放综合试点。在加强投资促进方面，做好外资大项目跟踪服务，完善外资企业投诉工作机制。推动营商环境持续优化。

在商务扶贫方面，形成电商扶贫、家政扶贫、对外劳务合作扶贫、产业扶贫和边贸扶贫的五大工作体系。全国商务工作会议报告指出，2019 年电商进农村综合示范工作实现国家级贫困县全覆盖，累计带动 300 多万农民增收。出台"百城万村"家政扶贫意见，新建 24 个家政劳务输出基地，累计带动贫困地区和农村就业 55 万多人。对外劳务合作扶贫试点企业增至 99 家，贫困地区在外劳务人员 5 万多人。开展 140 多场产销对接活动，拓宽贫困地区农产品销售渠道。广交会累计为贫困地区企业减免展位费 8669 万元。发挥边贸在兴边富民、稳边固边中的作用。推进广安、仪陇和城步定点扶贫，开展国际减贫合作。

三、横向协作、纵向联动，商务高质量发展能力实现新提升

发展大商务，关键要建立与大商务要求相一致的工作机制。大商务的视

野更大，工作内容更广，这就要求从过去的部门独角戏转向部门协作联动，包括部门间的横向协作和部省之间的纵向联动，通过信息共享、工作共推、成果共用等方式形成商务工作合力，这是我国商务领域治理能力和治理体系现代化的必然要求。2019年，商务系统通过横向协作、纵向联动，在商务高质量发展的能力方面实现了新提升。

在横向协作方面，商务工作越来越具有宏观性、全局性和综合性，与其他部门的横向协作变得越来越重要。例如，在推动"一带一路"高质量发展、自贸试验区建设、海南自贸港建设、服务贸易创新发展试点，以及应对中美经贸摩擦过程中，尤其需要与财政部、国家发改委、外交部门以及其他产业部门加强协作。过去一年里，能够顺利完成这些重大任务，与部门间横向协作的工作机制密不可分。

在纵向联动方面，商务部积极搭建部省（市）合作机制，签署部省（市）合作协议，上下齐心协同解决商务领域重大改革发展问题。在各专项工作中，纵向联动机制成为解决商务发展难题的重要经验。例如，全国商务工作会议的报告指出，在步行街改造提升工作中，形成"部、省、市、区、街"五级联动工作机制。在自贸试验区和自由贸易港建设中，商务部同各地上下协同，进一步完善自贸试验区布局。增设上海自贸试验区临港新片区，推动新设山东等6个自贸试验区，覆盖东西南北中。出台支持海南自贸试验区建设的35项措施。复制推广49项改革创新成果，累计223项。支持海南自由贸易港建设，形成海南自贸港政策和制度体系研究成果。

四、抓大事、抓实事，商务发展关键领域和重点工作取得新突破

大商务要抓实、抓细，不能停留于抽象的概念，而是要落实到具体的工作、项目和政策举措之中。大商务就是要抓大事、抓实事，即办好重大活动、建好重大开放平台、出台影响全局的重大政策。2019年，全国商务系统抓大抓实抓细，在抓好关键领域和重点工作方面取得新突破。

第一，第二届进博会实现"越办越好"。习近平总书记连续出席两届进博会，体现了党中央对进博会的高度重视。进博会国际公共产品属性增强，发挥了全球共享的综合平台作用。全国商务工作会议指出，第二届进博会地方

组建39个交易团、近600个交易分团，境外采购商约8000人；152个国家和地区参加企业展，成交711.3亿美元，同比增长23%，实现了"买全球、卖全球、惠全球"。虹桥国际经济论坛嘉宾国际性、代表性增强，发出响亮的"虹桥声音"。

第二，中美经贸摩擦应对有力有效。全国商务工作会议的报告指出，商务部门认真贯彻习近平总书记重要指示批示精神，坚决落实中央决策部署，坚决维护国家和人民的利益。

第三，"一带一路"经贸合作深入开展。全国商务工作会议的报告指出，商务部门积极参与筹办第二届高峰论坛。主办贸易畅通和境外经贸合作区两个分论坛，落实经贸合作成果。出台境外经贸合作区高质量发展工作方案，一批合作区建设取得成效。推进陆海新通道等重大项目建设。成立境外中资企业商会联席会议。实施2700多个援外项目。编撰出版《共同梦想》"一带一路"故事丛书，积极宣介共建成就。

回首过去的一年，面对国内外风险挑战明显上升的复杂局面，全国商务运行总体平稳，主要指标稳中向好、好于预期，高质量发展取得新成效，为国民经济和社会发展大局做出新贡献，取得的成绩来之不易。展望未来，在以习近平同志为核心的党中央坚强领导下，全国商务系统将全面贯彻党中央、国务院的决策部署，把党的创新理论贯彻到商务发展各方面、全过程，继续沿着"构建大商务体系、推动高质量发展"的工作思路和要求，一定能够在推动形成强大国内市场，推动更高水平对外开放，推动经贸强国建设中取得更大成就，中国商务也必将为全面建成小康社会做出新的更大贡献。

第二篇　中国对外经贸70年：历程、贡献与经验[*]

商务部国际贸易经济合作研究院课题组[①]

中华人民共和国成立70年来，我国对外经贸发展取得辉煌成绩。尤其是改革开放40年来，对外经贸的改革发展成就最为出彩。回顾中华人民共和国成立70年来对外经贸发展历程，系统总结对外经贸发展成就和实践经验，对于当前进一步巩固经贸大国地位，推进经贸强国建设具有重要意义。

一、中国对外经贸发展历程

（一）计划经济体制下对外经贸（1949—1977年）

中华人民共和国成立后到改革开放前夕，我国对外经贸事业在曲折中向前发展。中华人民共和国成立初期，由于西方资本主义国家对我国采取敌视、封锁政策，我国对外经贸实行一边倒政策，并以进出口贸易和国际援助合作

---

[*]　此文发表于《国际贸易》2019年第9期。

[①]　本文是商务部研究院《中国商务发展70年》课题阶段性成果。课题组组长：李俊（商务部国际贸易经济合作研究院研究员）；课题组成员：陈文敬（研究员）；路红艳（研究员）；彭波（副研究员）；朱福林（副研究员）；张彩云（助理研究员）；聂平香（研究员）；王是业（副研究员）；宋微（副研究员）；张久琴（副研究员）；闫实强（副研究员）；孙铭壕（博士）；张琼（助理研究员）；安宁（处长）；徐静（助理研究员）。

为主。

20世纪50年代，作为我国开拓国际市场的突破口，我国与苏联和东欧等社会主义国家开展进出口贸易和国际援助合作，为满足国内生产和消费需求做出巨大贡献。这一时期，使用贷款从苏联和东欧国家引进156项重点建设项目所需的成套设备和技术，建设了一批钢铁、电力、煤炭、石油、机械、化工、建材等骨干企业，为我国的工业化打下初步基础。1951年，社会主义国家占全国对外贸易总额的比重达52.9%，1952年至20世纪50年代末，都超过70%，其中对苏联的贸易额约占全国对外贸易总额的50%。

20世纪60年代，中苏关系恶化倒逼我国进一步打开与资本主义国家的贸易渠道。1960年，随着中苏关系的变化，我国对苏联和东欧国家的贸易量急剧下降。我国对外贸易的主要对象开始转向资本主义国家和地区。到1965年，我国对西方国家贸易额占全国对外贸易总额的比重由1957年的17.9%上升到52.8%。我国在接受援助的同时，也积极开展对外援助工作。1964年初，周恩来总理在访问亚非14国时，亲自主持制定了我国对外援助的指导原则——被称为国际经济合作领域"独树一帜"的中国援外八项原则。

20世纪70年代，国际环境的改善和我国政策的调整促进了我国对外贸易的恢复发展。1971年我国有计划地开展"以进养出"业务。1972年美国总统尼克松访华，并在正式建交前先恢复了双方贸易关系。这一时期，中日邦交实现了正常化，中国与欧共体建立正式关系，我国对外贸易的国际环境明显改善。在对外援助方面，从中华人民共和国成立到改革开放前，我国共向66个国家提供了援助，帮助其中38个国家建成880个成套项目。

（二）改革开放使中国对外经贸焕发新生（1978—2012年）

1. 十一届三中全会拉开改革开放的历史转折大幕（1978—1991年）

以兴建经济特区为突破口，吸引外资，扩大出口创汇。1979年4月中央工作会议期间，广东提出在广东沿海地区设立出口加工基地。1980年8月26日，全国人大常委会审议批准建立深圳、珠海、汕头、厦门四个经济特区，并批准公布《广东省经济特区条例》。兴办经济特区的目标，是为了吸收外资，引进先进技术，扩大出口创汇，进行经济体制改革试验。1984年4月，中央决定开放14个港口城市，在这些城市设立经济技术开发区，实行经济特区部分政策。1988年4月，中央决定建立海南经济特区。1990年，中央决定开发开放上海浦东地区。

发挥后发优势，引进国外资金、技术和设备，改革外贸管理体制和经营机制，把中国劳动力优势转化成为加工贸易发展优势。"三来一补"是早期中国实现劳动密集型产品出口的重要方式。我国还创造性地在非海关特殊监管区域实行开展来料加工和进料加工贸易。同时，我国推进外贸与外汇管理体制改革，增强本土企业出口创汇能力。首先，放松外贸经营权管制。1978年10月，第一机械工业部成立中国机械设备出口公司（后改为进出口公司），成为第一个工贸结合的试点。其次，推行外贸承包责任制。1988年国务院决定在全国全面推行对外贸易承包经营责任制。第三，实行汇率双轨制。国家设立外汇调剂市场，其汇率由市场供需决定。

2. 以邓小平"南方讲话"为标志，改革开放进入快速发展阶段（1992—2001年）

在沿海、沿边、沿江，再到内陆中心城市的梯度开放格局基础上，着力打造由开发区、保税区、边境合作区、出口加工区等在内的特殊开放平台体系。1984年以来，我国陆续在沿海12个开放城市及其他城市建立了国家级经济技术开发区，截至2019年6月，共有219家国家级经开区。1990年6月，经中央批准，在上海创办了中国第一个保税区——上海外高桥保税区。1992年后，国务院又陆续批准设立了14个保税区。自1992年以来，经国务院批准的边境经济合作区有17个。2000年，国务院决定设立出口加工区，首批设立的15个试点出口加工区设在经济技术开发区内。1994年2月，国务院批准设立中国和新加坡两国政府的重要合作项目——苏州工业园。这些平台的设立，是新时期中国改革开放的前沿和开展贸易投资合作的最新载体。

进一步扩大市场准入，加快构建以产业导向为特点的外商投资政策体系。1987年，我国首次颁布《指导吸收外商投资方向暂行规定及其目录》。1995年6月颁布《指导外商投资方向暂行规定》和《外商投资产业指导目录》。自此，《外商投资产业指导目录》成为我国利用外资产业导向的重要政策工具。《外商投资产业指导目录》多次修订。这一时期，欧、美、日等西方发达国家的大型跨国公司（如宝洁、摩托罗拉、爱立信、大众汽车、飞利浦、家乐福、德勤、毕马威等）开始大举进军中国市场。1993年，我国利用外资规模达到

275亿美元。之后，中国成为世界上年度吸收外商直接投资最多的发展中国家。

持续深化推进外贸管理体制和经营机制改革，实施对外贸易战略与政策，基本建立起了有法可依的对外贸易管理与促进体系。一是按照现代企业制度改组国有对外经贸企业，发展一批国际化、实业化、集团化的综合贸易公司。二是改革进出口管理制度，取消指令性计划，减少行政干预。完善出口退税制度。设立进出口银行，对出口贸易提供信贷支持和保险服务。三是1994年启动汇率并轨改革，人民币对美元较大幅度贬值。四是实施对外贸易市场多元化战略和以质取胜战略。五是加强对外贸易法制化建设。1994年7月1日开始实施《中华人民共和国对外贸易法》。这一时期，我国对外贸易快速增长，并且抵挡住亚洲金融危机的冲击，到2001年我国货物贸易总额达到5097亿美元。1992年，加工贸易超过一般贸易份额，到20世纪90年代后期占据半壁江山，占比一度达到55%。

3. 加入WTO后，我国改革开放进入以规则为基础的新阶段（2001—2011年）

中国加入WTO并严格履行"入世"承诺，进入以规则为基础的新阶段，为社会主义市场经济体制初步建立做出贡献。加入WTO后，我国较大幅度降低了关税、削减非关税壁垒、扩大服务业市场准入，有力提升了对外开放水平，大大提升了国民的开放意识和规则意识。2000年11月，朱镕基在新加坡举行的第四次中国—东盟领导人会议上首次提出建立中国—东盟自由贸易区的构想。2007年，党的十七大把自由贸易区建设上升为国家战略。

外资市场准入进一步扩大，取消对外资的超国民待遇和歧视性待遇，中国利用外资政策进入国民待遇阶段。2007年3月，第十届人大第五次会议审议通过《中华人民共和国企业所得税法》，实现了内外资企业所得税的统一。这一时期，中国对外资准入大幅度放开，营商环境的市场化、国际化、法治化水平不断提升，中国经济进入高速增长的黄金十年，跨国公司掀起对华投资的热潮。2002年来华外资突破500亿美元，2011年突破1200亿美元。

对外贸易体制改革取得重大进展，积极推动货物贸易转变外贸发展方式的同时，以服务外包为先导，加快发展服务贸易。按照入世承诺，我国取消外贸经营权审批制，改为备案制。积极推动加工贸易向价值链两端跃升，促进转型升级。这一时期，受中国入世红利推动，中国货物贸易高速增长。2006年商务部成立服贸司，负责全国服务贸易促进与协调工作。2009年中国货物出口首次超过德国，成为世界第一。2013年中国的货物贸易总额超过美国，成为世界第一。加入WTO后，服务贸易成为对外开放和对外贸易发展的重点。

在继续重视"引进来"的同时，"走出去"的战略地位明显上升。2000年初，江泽民同志在中央政治局讲话中，首次把"走出去"战略上升到"关系我国发展全局和前途的重大战略之举"的高度。2000年3月，全国人大九届三次会议把"走出去"战略提到国家战略层面。2001年，对外投资等"走出去"战略内容写入第十个五年计划纲要。2012年，党的十八大提出，加快"走出去"步伐，增强企业国际化经营能力，培育一批世界水平的跨国公司。这一时期，2003—2012年对外投资规模从28.5亿美元增长到878亿美元，成为仅次于美国、日本的对外投资第三大来源地。

（三）新时代中国对外经贸步入新征程（2012年至今）

建立自由贸易试验区。 以建立自由贸易试验区为突破口，加快构建开放型经济新体制。2013年9月27日，国务院批准成立中国（上海）自由贸易试验区。2018年10月16日，国务院发布《国务院关于同意设立中国（海南）自由贸易试验区的批复》，实施范围为海南岛全岛。5年来，全国各自由贸易试验区形成的制度创新成果推广至全国，发挥了全面深化改革的试验田作用。2018年，全国11个自贸试验区实际利用外资1073.14亿元，占全国12.12%，实现进出口额3.74万亿元，占全国12.25%，成为外贸和引资新高地。

培育外贸竞争新优势。 新时代下的对外贸易发展，必须改变过去大而不强的面貌，走优进优出、高质量发展道路，努力推动外贸大国向外贸强国转变。2015年国务院印发《关于加快培育外贸竞争新优势的若干意见》，该意见提出要巩固外贸传统优势，加快培育竞争新优势，推动由贸易大国向贸易强国转变。党的十八届五中全会制定的"十三五"规划提出从外贸大国迈向贸易强国的战略任务。习近平总书记在党的十九大报告中指出，"拓展对外贸易，培育贸易新业态新模式，推进贸易强国建设"。这一时期，跨境电子商务、外贸综合服务和市场采购贸易快速发展。

推动服务贸易创新发展试点和服务外包示范城市建设。党的十八大以来，我国通过北京服务业开放试点、上海等自贸试验区、商签 CEPA 协议等途径加大了服务业开放力度。2016 年 2 月，国务院印发《关于同意开展服务贸易创新发展试点的批复》，同意在天津、上海等 15 个地区开展服务贸易创新发展试点。2018 年公布关于深化服务贸易创新发展试点的方案，并新增北京和雄安新区两个试点地区。2016 年 5 月，经国务院批准，新增青岛等 10 个城市为服务外包示范城市，进一步发挥示范城市在产业集聚和创新引领中的带动作用。

提出"一带一路"倡议。以"一带一路"倡议的提出为标志，中国参与双边、区域合作和全球经济治理的方式从以往的被动参与向主动构建转变。2013 年，习近平总书记提出"一带一路"倡议。2013 年以来，中国与"一带一路"沿线国家货物贸易额累计超过 5 万亿美元，对外直接投资超过 800 亿美元，中欧班列累计开行数量达到万列，亚洲基础设施投资银行成员达到 87 个。我国倡议并推动成立亚洲基础设施投资银行、金砖国家开发银行。

二、中国对外经贸发展的成就与贡献

（一）对外经贸发展成就

中国特色对外经贸发展体制基本建立。一是外贸可持续发展体制基本建立。中华人民共和国成立 70 年来，我国国家经济体制不断改革，目前形成以《中华人民共和国对外贸易法》为核心的外贸法律法规体系和外贸促进体系。二是 2020 年 1 月 1 日开始施行的《中华人民共和国外商投资法》对外资促进、外资保护和外资管理提供了新的法律制度框架。三是对外投资战略和政策体系不断完善。2014 年，商务部发布新的《境外投资管理办法》，确立了以备案为主、核准为辅的对外投资管理制度。2017 年，国务院对《对外承包工程管理条例》进行了修订，取消了对外承包工程资格的相关要求，降低了对外承包工程业务的准入门槛。

对外经贸大国地位基本确立。一是稳居货物贸易第一大国地位。1950 年我国货物进出口总额仅为 11.3 亿美元，2018 年我国外贸进出口达 4.62 万亿美元。其中出口2.48万亿美元，比1950年增长4493倍，在从1950年到2018年的68年当中，出口年均增长13.2%，货物出口占世界份额由0.89%提升至12.77%。二是服务贸易位居世界第二位。我国服务贸易规模在1982年仅47亿美元，2018年我国服务贸易规模已达7918.8亿美元。三是利用外资名列发展中国家之首，累计使用外商直接投资超过2万亿美元。2017年，我国实际使用外资1363亿美元，是1983年的60倍。四是对外投资合作规模接近甚至超过利用外资规模。2017年，我国对外投资规模达到1582.9亿美元，已经超过利用外资规模，成为仅次于美国的世界投资大国。

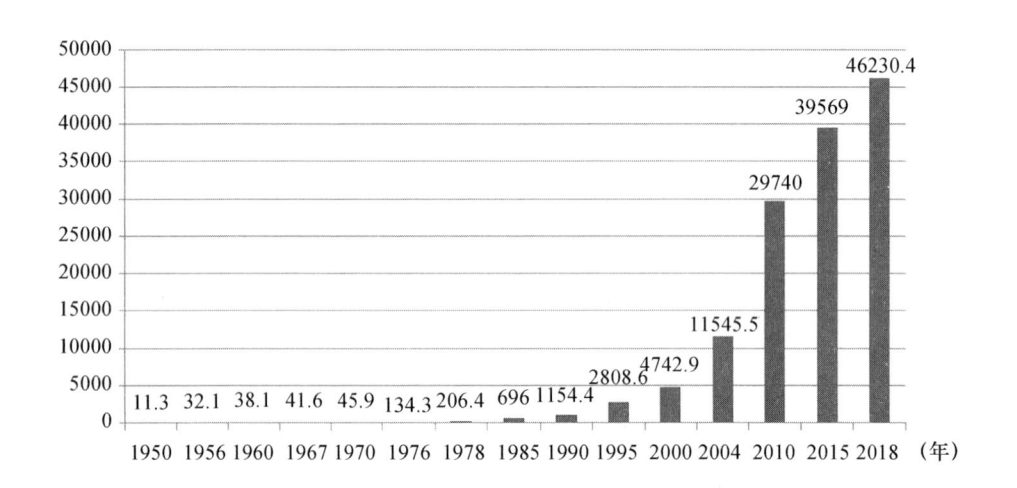

图1　1950—2018年中国货物进出口额（亿美元）

资料来源：WTO数据库。

对外经贸结构和效益更趋优化。中华人民共和国成立70年尤其是改革开放40多年来，我国内贸与外贸、利用外资与对外投资、货物贸易与服务贸易、出口与进口全面改革发展创新，对外经贸各领域发展更加协调平衡，发展效益持续提升。以货物出口为例，中华人民共和国成立初期，农副产品、农副产品加工品占到中国出口贸易的90%以上。在改革开放初期的1978年初级产品出口占53.5%，工业制成品出口占46.5%。2018年，我国初级产品出口占比下降至5.4%，工业制成品的出口占比提升至94.6%。同时，我国已经近十年保持机电产品全球第一大出口国地位。

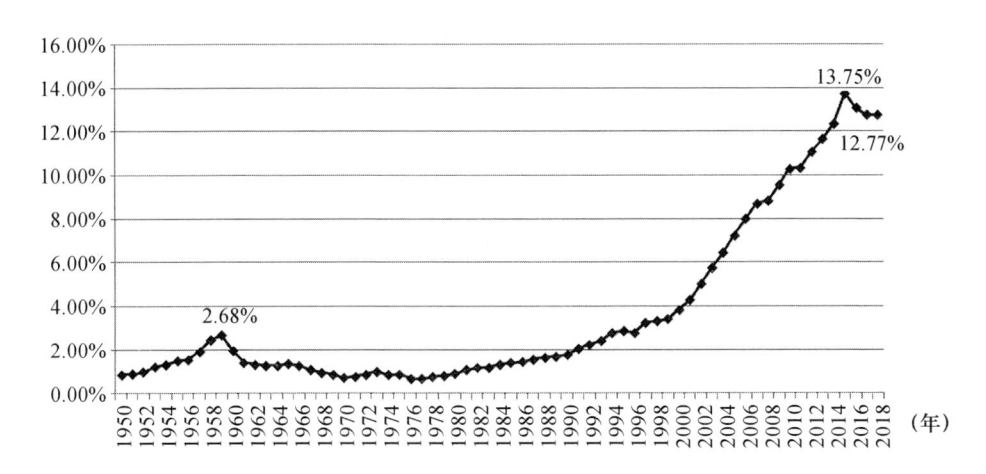

图2　1950—2018年中国货物进出口额占世界的份额

资料来源：WTO数据库。

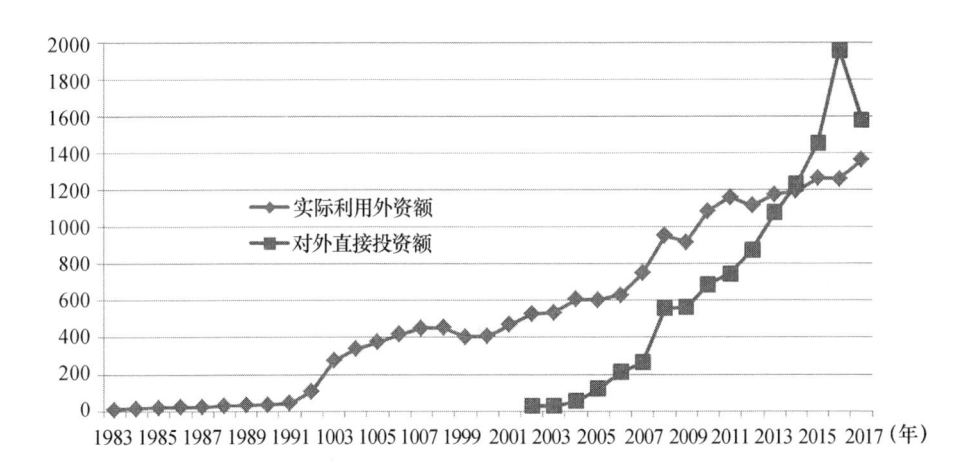

图3　历年中国实际利用外资与对外直接投资额（亿美元）

资料来源：中国商务数据中心（http://data.mofcom.gov.cn）和历年《中国对外直接投资统计公报》。

表1 1985—2018年我国出口商品结构　　　　　　　（单位:%）

年份	1978	1985	1990	1995	2000	2005	2007	2018
初级产品占出口总额的比重	53.5	50.56	25.59	14.44	10.22	6.44	5.1	5.4
工业制成品占出口总额的比重	46.5	49.44	74.41	85.56	89.78	93.56	94.9	94.6

资料来源：中国商务数据中心（http://data.mofcom.gov.cn）。

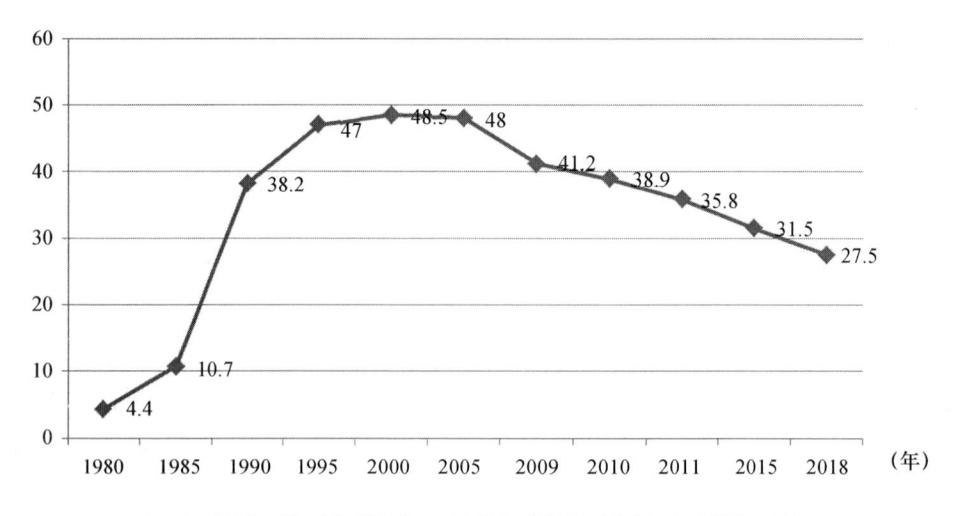

图4 1980—2018年我国加工贸易占进出口总额比重（单位:%）

资料来源：历年《中国对外经济贸易年鉴》和《中国商务年鉴》。

全球经贸伙伴关系更趋多元。我国持续实施外贸市场多元化战略，建立了广泛的贸易伙伴关系网络。中华人民共和国成立初期，我国对外贸易面临较为恶劣的国际环境，贸易伙伴多为外交关系友好的苏联和东欧社会主义国家。改革开放以后，我国经贸伙伴迅速扩大，目前我国几乎与所有国家和地区建立了经贸往来关系，其中欧盟、美国、东盟、日本等为我国主要贸易伙伴。自2004年起，欧盟超过美国，连续14年成为我国第一大贸易伙伴。2011年起，东盟超越日本，成为我国第三大贸易伙伴。同时，我国加快实施自由贸易区战略，形成面向全球的高标准自由贸易区网络，这为我国建立更加稳定的全球贸易伙伴关系奠定了制度基础。

(二) 对中国国民经济的贡献

促进国民经济快速增长。中华人民共和国成立初期，通过引进苏联、东欧等国的技术和设备，为我国建立完整工业体系做出贡献，也极大推动了中国社会主义建设。改革开放后，境外资本有效弥补了我国资金和外汇缺口，带来了技术、设备和管理经验，极大促进了我国经济的腾飞。对外贸易作为与投资、消费并驾齐驱的"三驾马车"之一，在拉动国民经济增长方面做出重要贡献。从统计计算的角度来看，根据目前更为认可的出口增量分析法，出口对 GDP 增长的贡献率较多集中在 5%—30% 区间。加入 WTO 以来，外贸对 GDP 的推动作用明显增强，贡献率大多在 10%—30%。

吸纳大量就业。根据相关研究，对外贸易直接和间接带动的就业人数高达 1.8 亿，每 4 个就业人口中就有 1 个从事与对外经贸相关的工作。从全球价值链角度测算结果来看，中国每百万美元货物出口对中国就业的拉动为 59.0 人次，其中，每百万一般贸易出口能带来 82.7 人次的就业，每百万加工贸易出口能带来 26.5 人次的就业。

对税收贡献巨大。关税和进口环节税是我国税收收入的重要组成部分，在全国税收总额中占有较大份额。例如，2007 年全国征收关税和进口环节增值税共 7584.8 亿元，同比增长 24.3%，占当年税收总收入的比重为 16.6%。随着我国关税及进口环节增值税税率的不断下调，2017 年我国海关关税实际税率仅为 2.48% 左右，进口环节增值税税率和消费税税率实际则为 12.18%，全年两税征收额为 12784 亿元，是 2007 年的 1.7 倍，占全国税收总收入的 8.9%。

推动技术进步和产业升级。外商投资企业的技术溢出效应，示范带动机制、竞争机制、前后向联系机制以及人员流动机制提高了企业技术创新能力。改革开放以来，我国从封闭型产业体系走向开放型产业体系，迅速融入国际产业链、供应链和价值链，推动了我国产业升级换代。随着产业和技术实力增强，我国企业逐步走出国门，开展海外投资并购，发展自主品牌和自主技术输出，大大提升了我国在全球价值链和产业链中的地位。

大幅提高了人民生活水平。中华人民共和国成立之初，许多非必需的日用品以进口为主。1950 年的进口货物中，90% 以上是生产工具和必要的工业原料。中央贸易部于 1950 年年初召开了全国进口会议，专门讨论民用品的进口问题。改革开放以前，中国从外部输入了大量的生活必需品。改革开放后，尤其是近年来，为满足人民日益增长的美好生活需求，优质消费品进口较快增长，对满足多层次、多样化消费需求发挥了重要作用。我国逐步成为世界上重要消费口进口大国。

（三）中国对外经贸为世界发展做出的贡献

中国外贸成为世界贸易增长的引擎。1978—2017 年，中国外贸出口额增量对世界贸易出口额增量的贡献率为 13.74%，中国外贸进口额增量对世界贸易进口额增量的贡献率为 10.97%。中国市场和中国进口为全球生产商和出口商提供了机遇。2001—2017 年，中国货物进口总额扩大了约 5 倍，年均增长约 20%。目前中国已经是日本、韩国、澳大利亚、东盟、巴西、南非等国家第一大出口市场，是欧盟的第二大出口市场，是美国和印度的第三大出口市场。自 2008 年以来，中国一直是最不发达国家第一大出口市场。

中国物美价廉的商品提升了世界消费者福利。随着加速融入世界分工体系，中国依靠劳动力成本优势、较强的产业配套和加工制造能力、不断提高的劳动生产率，逐渐发展成世界工业品的主要生产国和出口国，为世界各国和地区提供了物美价廉的商品，满足了国际市场多种多样的需求。中国在全球制造业环节的规模经济优势和加工成本优势，部分地消化了上游生产要素的价格上涨，起到抑制全球通货膨胀、提高贸易伙伴消费者实际购买力的作用。

为构建全球治理新模式提供了"中国方案"。"一带一路"倡议把构建政治互信、经济融合、文化包容的人类命运共同体作为终极目标，为全球治理提供"中国方案"和公共产品。为推动世界尤其是发展中国家发展，中国倡议成立亚投行和金砖银行，推动全球金融治理的制度创新。同时，我国积极参与国际经贸规则的制定，在推进多边贸易谈判和有关议题讨论方面发挥了重要作用，坚定地维护多边贸易体制主渠道地位和世界贸易组织规则。

三、中国对外经贸发展的基本经验

中国对外经贸发展70年的实践,形成一系列顺应世界发展潮流,符合中国国情的基本经验。这些经验也是未来进一步巩固经贸大国地位,加快建设经贸强国应遵循的基本方针。

(一)发挥后发优势,向西方学习借鉴,实现跨越式发展

利用后发优势学习借鉴、引进模仿,就可避免重复,少走弯路。落后国家与先进国家相比有差距,但也有优势,这一优势就是后发优势。后发优势可通过学习借鉴、引进模仿,迅速缩小与先进国家的差距,实现跨越式发展而不必重复先进国家走过的每一个台阶。在封闭条件下,落后国家无所谓后发优势,只有在开放条件下,才具备后发优势。我国设立特区和出口加工区,发展加工贸易,就是学习借鉴"亚洲四小龙"的经验,并根据我国国情做了政策创新,最终后来者居上。

低成本比较优势是后发优势的重要内容。比较优势理论是国际贸易领域的重要基础理论,最早由英国经济学家大卫·李嘉图提出。在我国改革开放初始阶段,经济理论界曾有过比较激烈的讨论。十四届三中全会通过的决定,吸纳了比较优势理论的合理内核,首次提出要"发挥我国经济的比较优势",积极参与国际分工与交换。改革开放初期我国的比较优势,就是后发国家的低成本优势,即低劳动力成本、低资源要素成本、低环境成本。通过参与国际分工,迅速把低成本比较优势转化为参与国际竞争的优势。在相当长一段时间内,低成本优势是我国利用外资,吸收国际产业转移,迅速切入国际价值链分工体系最重要的优势。

弥补短板和"缺口"也是利用后发优势的过程。美国经济学家钱纳里和斯特劳斯提出的"双缺口"模型认为,发展中国家经济发展受到储蓄缺口和外汇缺口的约束时,需要引进外资来填补缺口。改革开放初期,我国利用外资的理论依据也主要是"双缺口"思想。随着我国储蓄和外汇双盈余的出现,"双缺口"模型指导吸收外资有明显局限性,"双缺口"模型在国内不断拓展,形成中国特色的利用外资的"三缺口"模型、"四缺口"模型,即以弥

补"双缺口"为主转向弥补"技术缺口""人才缺口"为主。

(二) 构建大市场、大流通、大经贸体系,实现综合统筹协调融合发展

统筹扩大内需与对外贸易,构建两个市场、两种资源、两类规则的统一大市场,主要强调要扩大内需,防止外需的起伏带来国内经济增长的大幅波动。20世纪90年代中后期,在亚洲金融危机期间,外部需求的波动对国内经济增长就构成了威胁。因此,1999年以来的政府工作报告和重要文件都明确提出要"坚持扩大内需的方针"。2001年中国加入WTO后,国内经济与国际经济的互动性明显增强,但国内需求仍然相对不足,经济增长对出口的依赖仍然很大。当前,在中美贸易摩擦背景下,促进消费,建设强大国内市场将成为我国长期坚持的基本方针。

实施各业务领域统筹融合发展的大经贸战略。大经贸战略思想的核心是促进对外经贸各领域、各环节相互渗透融合,形成对外竞争合作。这一思想实际上强调对外经贸领域各业务版块要统筹协调发展,要避免业务链条上的分割。即要推动吸引外资、对外贸易、对外投资合作、产业发展等方面的联动融合发展,进而形成相互促进、彼此协调的对外经贸体系和生态系统。例如,十六大报告提出"坚持'走出去'与'引进来'相结合的方针,全面提高对外开放水平。十九大提出"创新对外投资方式,促进国际产能合作,形成面向全球的贸易、投融资、生产、服务网络",更为鲜明地强调了对外投资与贸易、生产和服务的联动关系。

积极扩大进口,努力实现进出口动态平衡发展。进入21世纪后我国更加强调进口和出口平衡发展的思想。2006年政府工作报告提出,要"努力改善进出口不平衡状况",2007年提出要"努力缓解外贸顺差过大的矛盾"。党的十七大报告也提出要"采取综合措施促进国际收支基本平衡",其中重要举措之一就是促进对外贸易的进出口平衡发展。党的十八大以来,我国通过降低关税、扩大服务业开放、举办首届中国国际进口博览会等措施扩大进口,促进进口与出口平衡发展。

(三) 发挥作为社会主义大国的综合竞争优势思想

后发优势与大国综合优势完美结合,成就了中国举世瞩目的成就。后发

优势为学习借鉴提供了可能,而大国综合优势则是结合实际的创新创造,两者的结合成就了中国。例如,加工贸易是向"亚洲四小龙"学习而来的,创造性地与中国作为人口大国的低成本优势相结合,采取"散养"的模式,中国加工贸易遍地开花,把加工贸易这一国际分工和贸易方式做到极致。又如电子商务也不是中国的发明,中国学习引进这一业态后,国内庞大的消费市场和廉价的运输物流成本,使得电子商务这一业态在中国迅猛发展,成为世界第一大电子商务国。这些领域都是典型的以后发优势起步,利用大国综合优势,实现赶超型发展的成功范例。

中国作为社会主义大国具有制度竞争优势。首先,中国共产党领导的社会主义经济体制,在战略和政策制定及持续性、连续性,以及在产业政策、创新政策等政府对经济的引导和促进方面,具有西方国家不可比拟的制度优势。其次,"注重把行之有效的改革开放措施规范化、制度化和法制化。"①不断提升开放型经济制度竞争优势。努力构建稳定、透明的涉外经济管理体制,创造公平和可预见的法制环境,提高了贸易和投资的自由化、便利化程度。

利用好大国市场规模优势和回旋空间大、抗风险能力强的优势。邓小平较早意识到我国作为一个大国的优势,他指出:"中国是一个大的市场,许多国家都想同我们搞点合作,做点买卖,我们要很好利用。这是一个战略问题。"② 我国遇到多次外部冲击与挑战,但都利用我国作为经贸大国的独特优势成功化解。当前我国国内市场规模大大增加,对其他国家的吸引力更强,更有条件利用大国的市场优势,开展与其他国家的合作。我国产业门类齐全,价值链和供应链布局完整,其他国家和地区很难替代中国吸纳西方发达国家的产业转移,这也是我国沉稳应对当前不确定外部环境的底气之所在。

(四) 创新发展,构建更高水平开放型经济体系

以创新为引领,加快培育经济合作新优势的思想。2015年2月19日,国

---

① 参见2005年10月十六届五中全会通过的"中共中央关于制定'十一五'规划的建议"。

② 《邓小平文选》第3卷,人民出版社1993年版,第32页。

务院印发《关于加快培育外贸竞争新优势的若干意见》，提出必须适应新形势新要求，努力巩固外贸传统优势，加快培育以技术、标准、品牌、质量、服务为核心的竞争新优势，形成东中西合力、低中高并举、劳动密集、资本密集、技术密集型产业共同创新的发展新格局。习近平总书记阐述了创新对于当今社会发展的重要意义。"国际竞争新优势也越来越体现在创新能力上。谁在创新上先行一步，谁就能拥有引领发展的主动权。"[1]

提高外贸发展质量和效益，推动转变外贸发展方式。改革开放后，一些企业盲目追求数量和速度，忽略质量问题，质量低下甚至掺假行为严重损害了我国产品的整体形象。1991 年外经贸部从我国外贸出口的长远发展出发，提出了外经贸"以质取胜"战略。21 世纪以来，我国对外贸易增长十分迅速，货物贸易大国地位进一步巩固，但对外贸易质量和效益仍相对较低，因此这一时期我国面临转变外贸增长方式的压力更大。党的十八大以来，在高质量发展思想指引下，我国在对外经贸领域不断推进质量变革、效率变革和动力变革，积极探索制定对外经贸高质量发展的指标体系和政策体系。

发展更高层次的开放型经济。2015 年，习近平总书记指出："……必须坚持改革开放的基本国策，奉行互利共赢的开放战略，深化人文交流，完善对外开放区域布局、对外贸易布局、投资布局，形成对外开放新体制，发展更高层次的开放型经济，以扩大开放带动创新、推动改革、促进发展。"[2] 2015 年 9 月，中共中央、国务院印发了《关于构建开放型经济新体制的若干意见》，全面提出新时期构建开放型经济新体制的目标任务和重大举措。

（五）坚持开放合作、互利共赢思想，积极构建开放型世界经济

要开放、要合作、要共赢，不要封闭、不要孤立、不要独占。对外开放已经成为我国的一项基本国策。邓小平同志多次强调，"发展经济，不开放是很难搞起来的。世界各国的经济发展都要搞开放，西方国家在资金和技术上

---

[1] 《习近平治国理政》第 2 卷，外文出版社，2017 年 11 月 1 日，第 203 页。
[2] 《习近平治国理政》第 2 卷，外文出版社，2017 年 11 月 1 日，第 199 页。

就是互相融合、交流的"。① 2018年11月，习近平总书记在首届中国国际进口博览会的讲话中指出，"纵观国际经贸发展史，深刻验证了'相通则共进，相闭则各退'的规律。各国削减壁垒、扩大开放，国际经贸就能打通血脉；如果以邻为壑、孤立封闭，国际经贸就会气滞血瘀，世界经济也难以健康发展。人类社会要持续进步，各国就应该坚持要开放不要封闭，要合作不要对抗，要共赢不要独占"。

推动区域合作去封闭性，增强开放包容性。传统的区域经济一体化理论，如关税同盟理论，强调对内实行自由贸易、对外实行保护贸易的贸易政策。这种"内外有别"的区域封闭性政策背离多边贸易体制的非歧视原则，形成保护主义的贸易壁垒，而且对域外成员设置了很高的准入门槛，如TPP受规则主导型合作机制的制约，多数发展中国家并没有机会参与。而中国提出的"一带一路"倡议，构建的是开放式新型泛区域经济合作，不设置门槛限制其他国家参与，所有接受丝绸之路精神、寻求共同发展的国家和地区都可以成为合作伙伴，把开放包容的精神真正落到实处，从而推动区域一体化理论增强开放包容性。

秉持共商共建共享的全球治理观。2015年10月12日，习近平总书记在中央政治局集体学习时指出，"要推动全球治理理念创新发展，积极发掘中华文化中积极的处世之道和治理理念同当今时代的共鸣点，继续丰富打造人类命运共同体等主张，弘扬共商共建共享的全球治理理念"。这是我国首次公开提出全球治理理念。2016年9月4日，习近平总书记在二十国集团工商峰会开幕式上的主旨演讲中首次全面阐释我国的全球经济治理观。习近平同志指出，全球经济治理应该以平等为基础，以开放为导向，以合作为动力，以共享为目标。中共十九大报告进一步提出，"秉持共商共建共享的全球治理观，倡导国际关系民主化，坚持国家不分大小、强弱、贫富一律平等"。

尊重合作伙伴自主选择发展道路的权利。改革开放以来，党和国家领导人多次对外宣布中国对外援助尊重受援国的自主发展、不附加政治条件的原则。十八大以来，习近平总书记在国内、国际场合的讲话中多次强调，在向发展中国家提供援助时要坚持各方平等互利，不附带任何政治条件，不干涉

---

① 《邓小平文选》第3卷，第367页。

内政，充分尊重受援国的主权，以及其独自选择未来社会制度、发展道路、发展模式的权利。2017年10月，习近平总书记在十九大报告中明确提出"中国将加大对发展中国家特别是最不发达国家援助力度，促进缩小南北发展差距"。明确中国特色大国外交要推动构建新型国际关系，推动构建人类命运共同体，并把坚持推动构建人类命运共同体作为新时代坚持和发展中国特色社会主义的14条基本方略之一。

第三篇　中美贸易战与贸易强国建设启示*

朱福林

一、引言

2018年6月15日，美国特朗普政府依据301调查结果决定对价值500亿美元的中国进口商品加征25%的关税并发布了加征关税商品清单，其中自2018年7月6日起立即对340亿美元的中国商品加征关税，与此同时，对160亿美元加征关税的商品清单进入公众意见征求阶段。紧随其后，中国国务院关税税则委员会决定对原产于美国的659项约500亿美元进口商品加征25%的关税，其中545项约340亿美元商品自2018年7月6日起实施加征关税。中美相互加征惩罚性关税标志着中美贸易战拉开帷幕。2018年8月23日，美国对另外160亿美元中国输美产品加征关税，中国做出还击。美国于北京时间2018年9月24日中午12点如期对2000亿美元中国商品加征关税，中国也同步启动对600亿美元商品加征关税。至此，中美互征关税的商品总额已达3600亿美元。美国还扬言如果中国报复可能对另外2670亿美元中国产品加征关税。笔者曾判断，无论美国中期选举结果如何，中美贸易战还将继续上演下去，并得到事实证明。此次对中国发动贸易战在美国朝野参众两院高度一致。鉴于两国全球经济与贸易体量的巨大，中美贸易战无疑是当前世界国际经济史上最具影响力的重大事件之一。这场史诗级贸易战将不可避免地影响

---

* 本文发表于《中国流通经济》2019年第3期。

两国相关产业、消费、货币等多个层面，对其他国家乃至世界经济增长也必然造成很大影响。此次中美贸易战有别于此前的任何一次中美贸易摩擦，具有深刻的政治、历史及文化冲突根源，而且随着双方持续加码，还有可能不断升级并将持续一段时间。我们要认清中美贸易战的严重性及其本质，才能找到化解良药实现升华，而不是封闭自守、陷入"驼鸟"思维。

二、中美贸易战发生背景与成因

1978年12月16日，中美两国发表了《关于建立外交关系的联合公报》，被视为中美关系史上的"里程碑"。1979年1月1日，中美两国正式建交。同年，1月28日，邓小平访美拉开了中美大国关系大幕。1980年2月1日中美相互给予最惠国关税待遇，实现贸易正常化，当年中美双边贸易额仅为40亿美元。2017年中美货物贸易总额达6372.66亿美元，服务贸易总额为735.88亿美元。[①] 2017年美国货物与服务贸易逆差创9年来最高纪录，达5684亿美元，对中国货物与服务贸易逆差达3372亿美元，占比高达近60%。其中，美国货物贸易逆差达到8112亿美元，美国对中国的货物贸易逆差为3757亿美元，占比达46%；美国服务贸易顺差为2428亿美元，其中美国对中国的服务贸易顺差为385亿美元，占比为16%。[②] 不难看出，中国对美国货物贸易逆差的贡献要大于中国对美国总贸易逆差的贡献，美国通过服务顺差减少了总贸易逆差缺口。由于美国对中国的服务贸易顺差额相对较小，中国对美国的总贸易逆差缺口因服务贸易顺差未能得到缓解。此次特朗普仅以货物贸易说事，根本未提及服务贸易，足以说明贸易不平衡只是一个客观上可以利用的缘由，真正的意图绝不是仅在贸易领域。

（一）中美贸易战的产生背景

2017年8月，美国依据《1974年贸易法》第302（b）条规定，就中国大陆在智慧财产权、创新及科技领域的法律、政策及措施或行为是否损害美

---

① 数据来源：美国经济分析局官网，www.bea.gov 2018年7月采集。
② 数据来源：美国经济分析局官网，www.bea.gov 2018年7月采集。

国利益启动调查。长期以来，运用301条款已成为美国处理贸易逆差问题的一个工具，其允许美国政府不经世界贸易组织授权就可采取相关措施。由于涉嫌将国内法律凌驾于国际法之上，1995年WTO成立后美国几乎没有运用，最近一次使用还是在20世纪80年代美日贸易摩擦期间。特朗普此举表明其政府对中国的贸易政策发生转向，中美经贸关系的"蜜月期"虽然与其竞选期间威胁强加给中国45%的全面关税相比有些差距，但它释放了一个更强硬姿态的信号。回头来看，当时有些国内媒体错误估计形势，认为特朗普只是威胁，并不是真正想跟中国打贸易战，"更可能出现的情况是中美两国谈判达成解决方案，而不必走到单方面征收惩罚性关税、向世贸组织上诉或类似的一步。"[①] 也有媒体乐观地认为"百日计划"改变了外界对中美可能打贸易战的预期。[②] 如今来看，这些判断仅仅是一厢情愿，是对特朗普、美国舆情缺乏了解的表现。当然，鉴于特朗普多变性格，也很难做出准确判断，但判断应留有余地，相关政府部门、企业据此也可提前做好预警与防范。

特朗普签署的行政备忘录授权美国贸易代表莱特希泽审查所谓的"中国不公平贸易行为"，尤其针对中国在技术转让等知识产权领域的做法。这一授权意味着莱特希泽可能援引"301条款"对中国发起调查，并可在调查结束后建议美国总统实施单边制裁。[③] 美国贸易谈判办公室发布的《2018年特殊301报告》（2018 Special 301 Report）指出中国在四大方面的失败，分别是加强知识产权保护承诺的失败、对外资开放中国市场的失败、市场在资源配置中起决定性作用的失败以及政府干预在私有部门技术转让决定中保持克制的失败。该报告还从商业秘密，制造、内销并出口假冒产品，电子商务盗版、假冒及其他与技术转移、知识产权和创新相关的法律、政策和做法等多个方面指责中国的不公平贸易行为，从而对美国权利持有人（right holder）造成的损害。

---

① 《对华贸易战 损人不利己》，《人民日报（海外版）》2017年8月17日，第6版。
② 《百日计划，体现中美合作意愿》，《北京周报》2017年5月17日。
③ 此次调查依据的美国《1974年贸易法》"301条款"（即《美国法典》第19章第2411节）。该条款授权美国贸易代表可对他国的"不合理或不公正贸易做法"发起调查，并可在调查结束后建议美国总统实施单边制裁，包括撤销贸易优惠、征收报复性关税等。

表1 美国针对中国的301调查大事记

时间	调查进展与结果
2018年4月3日	美方根据301调查结果，公布拟加征301关税的500亿美元中国商品清单，并征求公众评论
2018年3月23日	美国向WTO控告中方，指其歧视性的技术规定违反WTO《与贸易有关的知识产权协定》（TRIPS协定）的规定
2018年3月22日	特朗普依《1974年贸易法》第301条款签署行政备忘录，指示USTR、财政部等行政部门对中国窃取美国知识产权、强制技术转让等不公平贸易行为采取三大反制措施，即对至少500亿美元中国商品提高25%的关税；向WTO控告中国的侵权行为；限制中企在美投资
2017年10月10日	美国贸易代表署举行对中国大陆301调查公听会
2017年8月18日	美国贸易代表署对中国大陆正式展开301调查
2017年8月14日	特朗普总统签署备忘录，指示美国贸易代表办公室依据《1974年贸易法》第302（b）条规定，就中国大陆在智慧财产权、创新及科技之法律、政策及措施或行为是否损及美国利益启动调查

资料来源：作者整理。

特朗普对中国加征贸易关税在美国朝野、参众两院获得广泛民意基础，在欧盟也引起很大共鸣。美国的有些社会团体，以及欧盟均基本认可特朗普内阁对中国不公平贸易行为的指责，但并不十分赞同通过打贸易战来解决问题。代表美国多个经济领域的45个行业协会向特朗普政府请愿，要求暂停向中国加征关税的计划，改成联合其他国家向中国施压，以迫使北京取消对外国企业制定的限制措施。欧盟几乎全部同意美国对中国市场准入不平等、贸易操纵的指责，但并不同意美国的处理方式。中国欧盟商会发布的2018年《商业信心调查》结果显示，48%的欧洲企业感觉到中国的经营环境正变得更加困难。

中美贸易战是双方在贸易投资领域及价值观争端积累到一定程度之后的火山爆发。美国贸易谈判办公室网站首页清楚地表明该组织的使命，即促进自由、公平、互惠贸易。实际上，公平贸易这个概念美国政府很早就提出，并不是特朗普上台后才有，早在克林顿总统时期就已成焦点话题，只是前几轮中美贸易冲突都通过谈判、对话、外交以及中方适度调整而化解。但特朗普鲜明的个人风格与商人实用主义特质志在纠正长期以来存在的问题，认为包括中国在内的贸易伙伴对美国实施了不公平贸易行为，对美国形成事实上的掠夺，其他国家必须做出改变，否则不惜采取惩罚性措施。

（二）中美贸易战的成因

中美贸易战的潜在深义绝不仅限于贸易领域。否则就无法解释在 2018 年 6 月初举行中美高级别磋商时中国提出愿意购买 700 亿美元美国能源和农产品欲化干戈为玉帛时遭到美国方面拒绝。① 中美贸易摩擦其实由来已久，但之前一直是"斗而不破"。2005 年 7 月，中国政府迫于以美国为首的西方多国压力终于做出人民币升值的决定，随后人民币汇率由 1 美元兑 8.27 人民币不断升值，很快突破 8.0 关口，2005 当年升值幅度达 3%。然而，人民币升值给中国出口企业带来不小压力，但并未缓解中国对美国的贸易顺差，反而在升值后呈持续扩大走势。实际上，美国挑起贸易战的醉翁之意不在酒，而是将中国视为战略竞争对手，美国对华策略已从过去的"合作政策"转为"封锁政策"。②

1. 贸易逆差是中美贸易战的直接原因

美国货物贸易逆差持续扩大，引起美国、政府、企业和民众反思其长期主导的全球化进程对美国的影响及美国受到的"不公平"待遇。自 2000 年以来，中国一直位居美国贸易逆差来源国首位。2017 年，美国对华贸易逆差达

---

① 2018 年 6 月 2-3 日美国商务部长罗斯率代表团访华。中美双方在农业、能源等领域进行了良好沟通。中国愿意从包括美国在内的世界各国增加进口，中美达成的谈判成果基于不打贸易战的前提，如美方率先加征关税，则成果失效。随后，据媒体报道，美国《华尔街日报》（The Wall Street Journal）网站 6 月 5 日报道，中国提出，如果特朗普政府放弃关税威胁，中国愿意购买价值近 700 亿美元的美国农产品、制成品和能源产品。2018 年 6 月 7 日，商务部发言人高峰在回答提问时表示：中美双方在上周末的磋商中，就一些具体的贸易合作领域，特别是农产品、能源领域进行了深入、具体的探讨；中方愿意在相向而行的前提下，扩大自美进口。

② 杜永红：《中美贸易摩擦背景下中国对外经济发展策略》，《中国流通经济》2019 年第 33 期，第 99—111 页。

3752 亿美元，占美国贸易逆差总额的 47.1%。[①] 这一比例与 20 世纪 60 年代西欧、80 年代日本对美国逆差占比相似。目前，中国自然成为美国利用贸易逆差做文章的首选目标。美国曾通过打贸易战重塑了西欧和日本经济结构，达到遏制西欧和日本经济发展的目的，如今希望在中国这边重新上演。美国认为造成中美贸易失衡的主要原因在于中国推行重商主义。特朗普政府还认为，不对等现象并不仅存在于中美之间，在美国与欧盟、日本及其他贸易伙伴之间也存在不平等，并认为长期以来贸易伙伴们对美国形成的掠夺，局面一直未得到扭转。而中美之间的不对等因中美之间庞大的贸易规模而变得更加事关全局。

理性来看，中美贸易逆差本身不是问题的关键，实际上，美国真正介意的是导致贸易逆差的一系列非市场行为，以及与自由公平贸易不符的一系列政策，包括关税、配额、货币操纵、强制技术转移、知识产权盗窃及工业补贴等。美国贸易逆差由其美元国际储备货币地位、低储蓄高信贷的消费模式、全球价值链分工等多种客观原因所致，这些客观原因的存在造成其与全球 102 个国家存在贸易逆差。众多客观因素导致中国对美逆差不可避免。事实表明，2005 年人民币升值之后中美贸易逆差的局面也未能得到缓解，反而持续走高，这说明美国经济结构、全球化分工等客观经济力量具有强大顽固性，大大超越汇率对贸易的调节能力。因此，单纯地通过限制中国出口的办法无法真正有效解决中美贸易失衡问题。中美贸易逆差实质上具有十分牢固的国际分工合理基因。

2. 文明冲突是中美贸易战的根本原因

当前中美关系遇到很大挑战，2018 年美国总统国情咨文将中国首次列为战略竞争对手。美国著名政治学家塞缪尔·亨廷顿在其名著《文明的冲突》中提出，冷战结束后导致民族国家之间冲突的根源已经不是意识形态，而在于不同文明之间的较量，战争往往发生于文明断层线上，即使文明集团内部也会有更严重的冲突，而在各文明中核心国家发挥着主导作用。他还指出，

[①] 关志雄：《中美经济摩擦进入新阶段：矛盾焦点从贸易失衡转向技术转移》，《国际经济评论》2018 年第 4 期，第 35—45 页。

唯独西方文明对其他文明产生过重大的、有时是压倒性的影响。① 自工业革命以来，西方不断试图把非西方国家纳入一个自己主导的全球经济体系，但在这过程中往往被其他文明指责为利用人权、民主等普世价值观推行霸权主义。在一定程度上，对世界上其他国家和民族来说，所谓的现代化过程其实就是西化过程，就是以西方文明取代原有文明的过程。以东亚文明板块为例，自工业革命以来，面对来自西方文明的扩张，日本、韩国、新加坡等国逐渐纳入西方文明版图，而在这一文明板块的内陆腹地则表现出试图守住但又不断压缩的态势。

任何一个文明当它强大起来之后往往都会产生明显的自我伸张意识，物质的成功往往会带来自我文化的伸张。随着中国经济实力的提高，中国文明向外扩张力量显著加强。亨廷顿指出，中国拥有与西方极为不同的文化传统，美国新教教徒占比为46.5%，罗马天主教徒占比20.8%，合在一起达到67%。② 随着其他文明权力和自我伸张性的增强，其与西方在价值观念和利益方面的冲突日益增多和加剧。③ 中美文明在起源、宗教、价值观等诸多文明组成要素方面上存在巨大差异，有时甚至截然相反，从而很容易造成不同的价值观，长此以往演变成更大的冲突。诸如，此次中美双方对公平贸易的理解就存在出入。20世纪50年代，皮尔逊曾警告，人类正进入"一个不同文明必须学会在和平交往中共同生活的时代，否则，在这个拥挤不堪的窄小世界里，便会出现误解、紧张、冲突和灾难"。④

目前中美贸易战仍看不到缓和的可能，反而有可能愈演愈烈。从表现上来看，中美贸易战反映了中美两国之间对利益、产业及就业的冲突，但从更深层次来看，其实也体现了东西方文明的冲突。尽管特朗普也对其盟友挑起贸易争端，但与中美之间的贸易纠纷是不同问题。

---

① ［美］塞缪尔·亨廷顿著，周琪、刘绯、张立平、王圆译：《文明的冲突与世界秩序的重建》，新华出版社2002年版，第199页。
② CIA The World Factbook.
③ ［美］塞缪尔·亨廷顿著，周琪、刘绯、张立平、王圆译：《文明的冲突与世界秩序的重建》，新华出版社2002年版，第201页。
④ Lester Pearson, Democracy in World Politics, Princeton University Press, 1955. pp. 83 – 84.

3. 发展模式差异是中美贸易战的本质原因

中美贸易战其实是两种不同经济增长方式的竞争。美国是典型的自由市场经济国家，政治上实行三权分立制衡制度，经济上奉行私有化、政府干预最小制度，是当今世界经济与军事实力最强大的国家，负有西方发展模式代言人的责任。而中国实行的是共产党领导下的社会主义市场经济，在发挥市场基础性、决定性作用的同时，也强调更好地发挥政府宏观调控的作用。我们的国有企业、产业政策一直是西方诟病的主要方面。由于分歧太大，美、日、欧至今未承认中国市场经济地位。2018年6月2—3日，市场充满期待的中美经贸谈判无果而终，主要是双方不仅聚焦于消减贸易赤字问题，还包括富有争议的贸易和产业政策，主要指向"中国制造2025"。本轮贸易战是中美自1979年建交以来首度正面冲突，背后根源实质上是"中国模式"与"西方模式"的较量。特朗普一直强调对等（Reciprocal）原则在中美开放之间的重要性，强烈要求实现市场机制和竞争机制的对等。

美国对于中国的改革开放曾寄予很高期望，克林顿、小布什政府都希望通过经济、文化和社会的全面接触，影响中国的政治制度、体制和意识形态。这也是当年克林顿政府力劝国会促使中国成为世界贸易组织成员的战略原因。但经过40年的发展，中国的发展模式与美国希望的大相径庭，更强大的中国并未变得如美国所设想的一样，甚至在科技、政治及经济上对美国造成一定的挑战。自2014年起，中国GDP总额占美国的比重连续超过60%（见图1），大大高于广场协议前日本GDP占美国近40%的比重，若中国按6%的增速再持续10年，大约在2027年前后中国有望取代美国成为世界第一大经济体。中国成功的发展模式对以美国为首的西方资本主义形成挑战。

4. 美国内阁成员偏鹰倾向是中美贸易战爆发的人为原因

世界政治领域黑天鹅事件频发，英国脱欧、美国特朗普上台、日本安倍连续执政，强人政治现象层出不穷。在国际黑天鹅事件的影响下，美国、日本等国强硬派占据内阁主导。特朗普内阁成员对华态度偏向鹰派，以纳瓦罗、莱特希泽为代表主张征收关税，不能继续让中国损害美国的利益。2017年5月，69岁的莱特希泽确认为美国贸易代表，在里根总统时期，他曾担任副贸易代表，是一个出了名的强硬谈判代表。他认为中国本身所做的一些承诺以及美国一部分人希望中国通过入世加强自由化市场改革的愿望并没有实现。

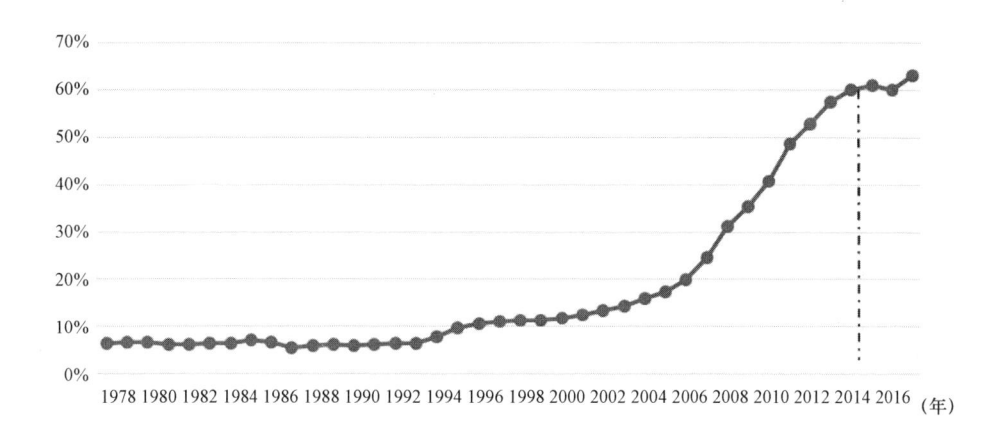

图 1　中国 GDP 占美国 GDP 之比

资料来源：世界银行。

2017 年 9 月 18 日，他在华盛顿智库战略与国际问题研究中心（CSIS）以"美国贸易政策的优先事务"为题发表演讲，指出中国为发展本国经济，提供政府补贴，打造国家龙头企业，强迫技术转让，扭曲国内外市场所进行的规模庞大的协调行动，对世界贸易体系构成前所未有的威胁。[①] 作为《致使中国》的作者，纳瓦罗的鹰派作风比莱特希泽有过之而无不及，作为美国国际贸易委员会主席，他一直批评中国汇率与贸易政策造成掠夺式贸易，认为中国是造成美国制造业就业流失的主要原因。[②]

[①] 《美首席贸易官：中国对全球贸易构成威胁》，《联合早报》2017 年 9 月 20 日。
[②] 美国贸易代表办公室（USTR）一方面隶属于总统，属于行政机构，是总统的贸易顾问、谈判代表；另一方面是由国会设立的，国会通过听证会进行监督，向国会动态汇报谈判进程，与主要利益机构、国际议员进行沟通。美国国际贸易委员会（ITC）介于行政和立法部门之间，是可以进行独立调查和监督的准司法机构，主要负责执行进口政策、协同商务处理反倾销、反补贴案件，负责进行调查并做出是否对美国产业造成实质性损害的裁决。近一段时期以来，美国商务部主要采取国际贸易委员会的裁决结果作为是否加征惩罚性关税的依据。另外，针对知识产权案例处理，USTR 使用的法律武器是《1974 年对外贸易法》301 条款；而 ITC 使用的是美国《关税法》337 条款。

三、中美贸易战影响评估与沙盘推演

贸易战本质上不是一种手段，而是为了争取在谈判时索取更高筹码。截至目前，中美两国都没有放弃谈判，在严厉措辞之外仍为谈判保留一定空间。但由于谈判的焦点涉及双方各自根本立场问题，因此谈判的效果不容乐观。中美贸易战的接续发展及未来将以什么形式收场至今仍无法得知。中方应对美方贸易战的策略都是被动反应，也明显增加了与美国之外的主要贸易伙伴的接洽力度，如 2018 年 10 月中旬，李克强总理利用亚欧首脑峰会契机与欧洲主要国家领导人会见。正值中日和平友好条约缔结 40 周年，10 月 25 日日本首相安倍晋三访华开始对中国进行访问，是日本首相时隔 7 年正式访华。中美贸易战在一定程度上拉近了中国与欧日之间的关系，但欧盟和日本基本认同美国对中国一些不平等贸易做法的指责，也不承认中国的市场经济地位，中国也很难争取到欧盟和日本的支持。我们认为，未来中国与世界三大经济体之间的贸易摩擦将进一步加重，将对中国经贸形势造成很大负面影响，从而对国内政策目标的实现与手段的选择形成不小制约。此外，资本的扩张本性促使美、日、欧不会轻易失去中国市场，美、日、欧都充分意识到中国巨大的市场机会，未来仍会合力施压促使中国进一步开放。如果双方都不让步，则极有可能陷入"新冷战"。

（一）中美征税商品比较

截至 2018 年 11 月中旬，美国前后共对来自中国的 2500 亿美元商品加征关税。据相关研究，[①] 从 HS 口径一级分类来看，2500 亿美元征税清单涉及二十二个大类商品，按金额来看，"机电、音像设备及其零件、附件"类占比最高，达 50.2%；占比第二的大类商品是"杂项制品"，为 12.0%；其后，"贱金属及其制品""车辆、航空器、船舶及运输设备""塑料及其制品；橡胶及其制品""化学工业及其相关工业的产品"大类商品依次排列。进一步综合，

[①] 资源来源：陈骁、魏伟、杨璐：详解美国 2500 亿加征关税清单，https://xueqiu.com/6237968705/110394648，2018 年 7 月 12 日。

通信、电子、机械设备、汽车、家具等劳动密集产品是相对最为突出的征税领域。从征税覆盖率来看，美国征税范围和力度的选择也兼顾到不能影响美国居民日常生活消费、中国制造的可替代性程度以及通过贸易战遏制中国制造业升级目的等方面。

从中国方面来看，中国前后两次共对来自美国的1100亿美元商品加征反制性关税，按金额来看，主要分布于：大豆占比最高，为11.1%；载人车辆排第二，为9.4%；塑料及其制品占7.5%，列第三；第四名为医疗器械，占比5.3%，其他依次为，矿物燃料占3.8%、杂项化学产品占3.5%、有机化学品占3.3%、电话通信设备占3.0%、木及木制品木炭占2.9%、自动数据处理设备占2.1%等。[①] 进一步归总，医疗设备、汽车、化学品、农产品、塑料制品、矿物燃料、木制品等领域，是中国反制的主要着力点。从征税覆盖率来看，除了"纺织原料及纺织制品"与"珠宝、贵金属及制品；仿首饰；硬币"两个中国自美进口规模很低的领域及替代性较高的"贱金属及其制品"外，所有强势反制的领域均没有100%覆盖。不难发现，与美国一样，中国的反制征税也综合考虑到本国实际需求、不可替代性及承受能力而采取了比较现实的处理方式。

（二）中美贸易战的影响结果分析

如果单从贸易角度来看，中美贸易战对GDP增长的负面影响可能比较有限。相对于两国经济体量而言，贸易战规模十分有限，双方加征贸易总额（3600亿美元）只占到双方GDP总额的1%左右。中国对外贸易依存度经历了2006年最高点之后逐渐下降（如图2所示），目前已降到31%。根据IMF的估算，[②] 如果中美互对全部商品征税，美国2019年的GDP将会因此损失

[①] 资料来源：平安证券研究团队（成员为陈骁、魏伟、薛威），再议关税清单：2500亿制裁VS1100亿反制，https://xueqiu.com/6237968705/111908615，2018年8月10日。

[②] 2018年10月9日，国际货币基金组织（IMF）发布《世界经济前景分析报告》指出，如果贸易战进一步升级，2019年中美两国的经济增长都会受到不利影响，其中中国蒙受的损失将更大。同时指出，测算使用的经济学模型并不十分精确，与最终的实际结果可能有偏差。

0.9%，而中国的经济增长则将损失1.6个百分点。相比而言，中国对美国市场的依赖较大。2017年，中国对美国出口占到中国总出口的19.1%，而同时美国出口到中国占其总出口的8.4%。① 对有些行业来说，对美国市场的依赖程度很大，如玩具、家具、纺织对美国的出口占到该行业全部出口的1/3左右。② 除此之外，一些资本密集型产业如电子机械对美依赖程度也在加大，出口规模远超过劳动密集型产业。理论上，中国可以通过市场多元化策略向其他主要贸易伙伴国家增加出口，但目前在这些国家和地区中，中国出口所占的比重已经很大，进一步提高占比的空间十分有限。而非主要贸易伙伴的需求本身就不大，也不可能起到多大的缓解作用。中国出口至美国的商品层次不高，主要集中于全球价值链的中低档环节，可替代性较强。因此，IMF的模型预测贸易战对中国的负面影响大于美国。

但贸易战的持续将造成中国经济基本面负面情绪徒增、信心不足，这种不确定性与阴影可能会对经济增长造成超过贸易层面的不利影响，在其他负面因素的叠加效应下，甚至可能造成恐慌，引发撤资。正如刘鹤副总理在接受中央媒体记者采访时指出的，中美贸易摩擦对市场也造成影响，心理影响大于实际影响。但不可低估这种心理影响的蔓延，毕竟微观市场主体的投资行为与心理预期息息相关。据媒体报告，美国加征关税之后，一些在华亚洲厂商正考虑或已列上议程将部分生产线转移到本国或其他不受影响的国家和地区。有些日本、韩国的企业也在将部分生产转移至其他国家，中高端生产转回本国，低端则转移到成本更低的国家和地区。虽然现在还未出现明显的大规模外资撤离，但如果贸易战规模持续扩大，2019年2000亿美元的关税由10%提到25%，更为严重的是，如果美国恫言的2670亿美元关税果真落实，会有越来越多的外资企业将生产转移出中国，以避免受到惩罚性关税的牵连，其他国家和地区如泰国、越南、墨西哥等将受益。这个时候情况就很严重，必然对中国经济造成严重打击。

更为严重的是，如果贸易战不断升级、冲突加剧，美国将有可能利用其

---

① CIA: World Fact Book.
② 沈建光：《论中美贸易战的八大误区》，《国际金融》2018年第5期，第19—24页。

全球唯一超级大国地位全方位地像制裁伊朗一样对中国实施同样制裁，欧美企业为避免得罪美国、失去美国市场不得不从中国撤出，而缺乏出口与外资的中国经济增速将不可避免地放缓。2018年第三季度中国GDP增速仅6.5%，为十年来最低，虽然并未低于预期目标值，但随着中美贸易战的不利影响的逐渐展现，未来中国经济增长将面临巨大压力。2018年10月31日，中央政治局也意识到，当前经济运行形势稳中有变，经济下行压力有所加大，部分企业经营困难较多，长期积累的风险隐患有所暴露。对此，要高度重视，增强预见性，及时采取对策。

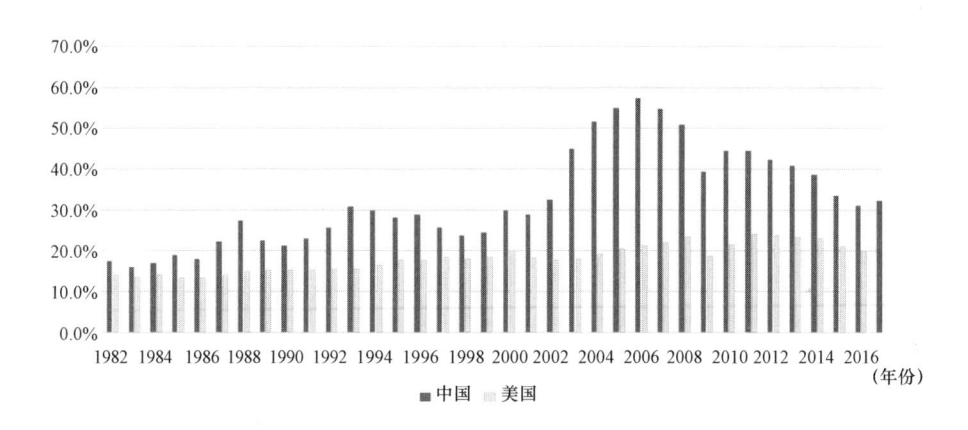

图2 中美两国对外贸易依存度（仅货物贸易）

资料来源：世界银行。

（三）中美贸易战沙盘推演

中美贸易战何去何从，这是一个很多人关心的话题，笔者也经常被问及有关中美贸易战的问题。从目前双方的实力来看，中国还无法对美国形成真正的挑战。美国是全球治理最重要的力量，有观点认为，中东动乱很大程度上源于美国实力的式微。美国把向世界推行普世价值观作为自己的神圣使命，对此具有强烈的积极性，是重大事件的制造者，在中美贸易战中也不例外。

表 2　中美贸易战沙盘推演

时间维度	事件推演	中方应对
短期内	中美两国为了各自利益争执不相上下，贸易战自始至终存在谈判可能。将沿着"贸易战升级——接触试探——再升级——再接触试探——中美双方相互妥协"的基本逻辑不断演化	根据形势与进展，对美国贸易战采取一定的反制措施。最重要的是展示开放决心稳住外资外贸，避免中美贸易战悲观情绪负面影响扩大
中期内	中美两国经济实力差距不断缩小，经贸竞争程度随之增强，两国相关产业受到显著影响，各自贸易格局发生转变。在"修昔底德"谶语下，美国打击中国崛起的力度不断加大，贸易战具有长期性和严峻性	设法联合东盟、南美、非洲、"一带一路"国家渡过难关，与欧盟、日韩等发达国家积极开展双边合作和自由贸易区谈判，尽可能避免与美国产生直接正面对抗，努力寻求WTO国际协调机制，尽力防止贸易战扩大
长期内	如果中美两国操作失当，可能会导致中美贸易战不断升级，并且由贸易战向金融战、资源战、地缘战、经济战扩延。作为头号强国，美国将不可避免地运用其全球影响力从贸易、金融、汇率、军事、政治等全方位遏制中国，逼迫中国国内经济产业政策做出调整	中国通过进一步加大改革开放力度来应对危机。贸易战是综合实力相互比拼的表象，中国最好的应对策略是以更大决心、更大勇气、坚定不移推动新一轮改革开放。毕竟高规模开放符合当前中国经济结构升级、动力转换的内在要求

资料来源：作者整理。

在中美贸易战之前，国内存在一种非常危险的过度膨胀、过度自信、过度宣张的思源，必须清楚地意识到中国在科技创新、研发能力、高端制造、金融、教育、关键核心技术、军事等领域与美国还存在巨大差距。中美贸易战是一场国运之争，涉及双方价值观冲突，在短期内无法得到解决。以美日贸易战为例，20世纪60—80年代，美国和日本的贸易战打了漫长的30年，并促使日本政府经济政策错乱，使日本陷入"失去的20年"。中美贸易战尤其是"中兴事件"，不啻为一剂强烈的清醒剂，除了暴露中美之间巨大技术差距外，也令我们认识到中国的经济增长模式难以为继，必须在经济结构、经济运行机制、社会治理等方面进行更为深刻的改革。

在中美贸易战影响下，国内经济受悲观情绪影响，从而引发货币再度开闸放水的呼声，这是非常不理智的，将金融去标杆成果付之东流，从而重蹈四万亿投资的资产泡沫覆辙，不利于中国经济高质量发展的推进。有观点指出，在日本主流社会看来，《广场协议》的签署并不如国人所广泛认为的是造成日本失落20年的原因，而是协议签订后，日本政府面对经济形势变化而做的接连错误决策，通过放松信贷维持经济增长。① 正值中国经济去杠杆化解金融风险关键期，应吸取日本这一教训。

但现在当两国矛盾溢出经贸领域向政治、军事、国家安全等领域蔓延，在美国实行步步进逼的战争边缘政策下，中国很可能面临新的冷战环境，但应该坚守"只要不发生大规模外敌入侵，就必须以经济建设为中心"这一战略定力，坚持发展是第一要务的信念，不断推进创新驱动，发展绿色产业，加大供给侧结构改革力度，控制系统性金融风险，增强科技与教育实力，努力实现"两个一百年"目标，让人民具有真正的获得感。

四、实施贸易强国战略的关键路径

2018年，中国改革开放40周年。1978—2017年，按照可比价格计算，中国国内生产总值年均增长约9.5%。按当年汇率折算，改革40年间（1977—2017年）中国人均GDP从185美元跃升到8836美元，从一个低收入穷国变为中等收入国家。② 中国经济增长的实现很大程度上是通过向发达国家开放并引进技术、知识及管理等国内稀缺要素，并通过"干中学"，模仿、代工等方式不断形成世界最大最全的产业链。实现贸易强国的目标在于提供好的土壤。中美贸易战提醒，与世界公认的美国、德国、日本三大贸易强国相比，中国还存在不小差距。我国依旧处于全球价值链的低端和低附加值环节，在全球分工中过度依赖外资企业、加工制造和加工贸易，竞争过度依赖成本优势，通过规模

---

① 余智：《中国不应误读〈广场协议〉而影响中美谈判》，《联合早报》2018年10月12日。
② 1977年人均GDP按官方人民币兑美元汇率1.84计算，但当时汇率严重高估，实际上的人均GDP应更低。

和数量取胜,产业链和价值链中的研发设计、营销、品牌和供应链管理等服务环节明显不足,导致质量和效益不高。而现有的贸易强国,包括美国、德国和日本在国际分工中,更多地是通过技术、品牌以及营销渠道等服务环节占据全球价值链的中高端环节。在此我们从三个关键方面进行深入探讨。

(一) 推进高水平开放

中美贸易战的实质很大程度在于开放问题。40 年改革开放证明,只有开放才能发展,开放还是改革的灯塔和坐标。应当时刻牢记当年邓小平先生的英明决断,1989 年面对西方国家的封锁,邓小平告诫全党,即使美国封锁,中国仅集中力量做好自己的事是不够的,"不搞改革开放,只有死路一条"。古语说,"与凤凰同飞,必是俊鸟"。从整体来讲,中国改革开放的成功主要归功于开放策略上的"西进东退"。20 世纪 60—70 年代中国与亚非拉国家站队交往也终究未能带来如今的发展成就。尤其是入世对中国经济产生巨大正向影响,根本原因还在于世界贸易组织的各项协定原则上与中国市场经济体制建设与完善、改革开放的宗旨高度一致。[①] 习近平总书记在 2018 年博鳌论坛主旨演讲中提到,实践证明,过去 40 年中国经济取得发展是在开放条件下取得的,未来中国经济要实现高质量发展也必须在更加开放条件下进行。在之前的经济社会条件下,前一轮开放可以发挥促进效应,但世界范围内整体开放水平也是水涨船高,原先做出的开放承诺已不能满足时代发展新要求,而且国内开放发展的基础不断夯实、改革已进入深水区,国内外环境的变化亟需更大力度的高水平开放才能继续发挥出推动作用。开放实际上是有技术含量的工作,往往还带有阵痛感,还有可能受到多种非理性因素的影响而面临搁浅。开放的本质还是一种价值观、规则的对接。在你很穷作为弱者的时候,一些不重要的非合规行为别人是可以接受的,但是当你变强大了,在很多方面就不可能继续我行我素,价值取向、基本信念等软的东西是不是比较接近就变得更为重要了。

虽然美国 USTR 的 301 报告结论并不一定站得住脚,但从自身来看,中国对 WTO 承诺的履行也确实存在一部分问题,301 报告里提到的一些针对性的

---

① 隆国强:《构建开放型经济新体制》,南方出版社 2018 年版,第 51 页。

指责也并非完全没有道理。在关税减让方面,到 2005 年 1 月 1 日,中国已对绝大部分进口产品实施降税的承诺执行到位;到 2010 年 1 月 1 日,中国已完成履行所有进口产品的降税承诺,关税总水平降为 9.8%,2015 年中国的贸易加权平均关税已降至 4.4%,超过世贸组织对发展中国家成员的要求。在服务业方面,中国实际上已开放 120 个部门,超过 WTO 要求,甚至接近于发达国家成员的开放水平,远超发展中国家。但是,在局部领域,中国的开放要滞后于自己的 WTO 承诺,如金融业。① 目前开放赤字主要存在于服务业领域,多种原因导致服务业开放在中美之间确实存在不对等。不管中美贸易战的进程与结果如何,中国都应根据计划逐步推进更高水平的对外开放,加速从政策性开放向制度性开放转变,对接先进的国际经贸规则,以负面清单管理模式和准入前国民待遇原则扩大服务业开放,扩大外商独资行业许可范围,加强政策制定透明度,避免以行政文件代替法律的随意性,加强政府部门现代化社会治理培训与建设。高水平开放意味着按国际标准对中国营商环境进行改善,也是十九大报告提出的满足人民美好生活、经济高质量发展、建设现代经济体系等任务的内在需求。虽然世界银行发布的《2019 年营商环境报告》显示,2018 年中国整体营商环境的全球排名为 46 位,从 2017 年的 78 位提升了 32 位,并首次跻身全球前 50 名,但中国的营商环境与国际先进经济体相比还存在很大差距,与经济社会高效率、高水平运行对应的要求还有不小距离。未来必须通过高水平开放倒逼国内大幅度改革,转换政府职能,避免政府过度介入市场化领域、杜绝执法随意性、避免管得太多太细,而是专注于提供高效的公共服务、公平的法治环境,更多地在提升现代化社会治理水平、事中事后监管等方面下功夫,从直接补贴转向间接补贴,不断提高营商环境。

(二)坚持市场化改革

面对美国发动的贸易战背景,中国应开展以市场导向的竞争政策改革。②

---

① 隆国强:《构建开放型经济新体制》,南方出版社 2018 年版,第 51 页。
② 杜永红:《中美贸易摩擦背景下中国对外经济发展策略》,《中国流通经济》2019 年第 33 期,第 99—111 页。

中国的经济改革能取得这么巨大的成就，很关键的一点就是政府放开经济管制使民营经济获得大发展。中国的市场经济体制改革就是从非国有经济的增量发展、资源配置的市场化、流通领域的市场化以及外贸体制改革等方面展开的制度创新和制度转型过程。田国强（2018）认为，辨析中国改革之所以取得巨大成就，应按照物理学中实验的基本方法论来谈什么是差异因素，还要找出哪些新的因素导致改革开放之前和之后经济增速的巨大差别。最重要的一个新因素就是邓小平松绑放权的经济自由选择和市场化的改革，以及推动民营经济大发展的改革。[①] 1992年党的十四大提出确立社会主义市场经济体制改革目标。1993年11月，党的十四届三中全会通过了《中共中央关于建立社会主义市场经济体制若干问题的决定》，勾画出社会主义市场经济体制的基本框架，明确了建立社会主义市场经济体制的改革方向。2003年十六届三中全会通过了《中共中央关于完善社会主义市场经济体制若干问题的决定》，标志着进入完善社会主义市场经济体制的新时期。2013年十八届三中全会《中共中央关于全面深化改革若干重大问题的决定》提出，经济体制改革是全面深化改革的重点，核心问题是处理好政府和市场的关系，使市场在资源配置中起决定性作用和更好发挥政府作用。

改革的渐进性不可避免地决定了中国的改革的不彻底性，[②] 直到今天仍有很多制度带有浓厚的计划经济色彩，甚至在某些方面与市场经济的要求相违背，这种情况在正式制度、非正式制度及制度实施机制上均有所体现。为此，一是推动政府自身改革。减少政府对经济的直接控制或干预，减少政府的市场投资行为，辨别市场失灵的背后原因究竟是市场本身规律所致还是政府行为所致，减少政府直接补贴转向间接补贴，建设与发达市场经济相符的服务型政府。二是推动民营经济高质量发展。民营经济对中国经济社会发展做出突出贡献，市面上流行着"56789"的说法，即民营经济贡献了超过50%的国家财政收入；贡献了超过60%的GDP和固定资产投资、对外直接投资；贡献了超过70%的企业技术创新和新产品；贡献了超过80%的城镇就业；以及

---

① 田国强：《大国战略之定力、改革与全球化》，财新网，2018年10月17日。

② 宋伟：《制度缺陷、破解思路与市场经济的完善——中国经济体制改革的新制度经济学视角》，《学习论坛》2007年第23期，第40—43页。

贡献了超过90%的新增就业。① 要为民营企业创造公平平等的发展环境，深化国有企业混合制改革，当前中小企业得不到贷款、资源与要素得不到保证、利润与实力发展不起来，很重要的一个原因是国有企业造成的挤压。三是大幅减税降费。在主体税制上增加直接税的比重，降低间接税的比重。

（三）建设创新型国家

面对贸易摩擦，最关键的是保持定力，继续加快创新型国家的建设。② 贸易强国首先是创新强国。十九大报告指出，创新是发展的第一动力。但问题的关键是如何创新。"中兴事件"让我们切实认识到中美在科技实力上仍存在很大差距。不可否认，由于市场容量巨大，中国在新兴技术的商业应用模式方面取得令世界侧目的成绩，但这些新技术的源头均来自欧美主要发达国家，中国在全球创新格局中的力量与地位还很弱小。近年来，中国的研发经费增长迅速，研发强度日益提高，经费支出规模已跻身世界第二。在如此高强度投入推动下，中国一些科技领域确实取得不小成就，在某些领域甚至走在世界前列。中国在规模型创新指标方面已走在世界前列，如专利授权量、论文发表数量、科研人员总量等，但在质量型指标，如研发强度、千人劳动人口中研发人员占比、高引用率论文、专利授权率等方面与发达国家的差距还较大。中国创新主要是局部性的、数量型的，某些先进领域也主要是通过国家不计成本地投入实现（如航空航天），而不是通过市场产业链发酵自发形成。在有些领域仅凭大规模的投入是很难实现突破的，如芯片，必须通过长时间的数据积累与分析才能保证稳定的应用。而且在目前短视化、赚快钱、急功近利等不利于创新的氛围驱使下，很多研发资本能否真实有效地被用于刀刃上还存在很大问题。尤其是国有企业，创新能力低下的一个主要原因在于没有创新动机。这也将改变民营企业的动机结构，影响它们的生产、投资和发展中创新的份量。知识产权保护强度远远不够、抄袭复制等不尊重原创的行

---

① 高云龙：《民营经济对经济社会发展做出了突出贡献有"56789"的说法》，新华网，http://www.xinhuanet.com/politics/2018lh/2018-03/06/c_137019922.htm，2018年3月6日。

② 刘翔峰：《加快创新型国家建设是化解中美贸易摩擦根本之道》，《经济参考报》2018年4月18日，第7版。

为和现象仍然存在,作为理性的经济人,企业的创新动力就会严重不足。糟糕的创新环境也不利于跨国公司和国外企业将创新产品与生产工艺引进到国内,导致我们失去获得技术外溢的机会。因此,要从根本上改变经济增长方式,大幅降低政府对资源和要素的垄断,加快国有企业改革,大力加强知识产权执法力度,在国家特定领域的研发之外,应主动通过市场途径、企业深耕细作与长期积累来获得。

第四篇　中美货物贸易全球格局演变与中美贸易战的内在逻辑[*]

朱福林

一、引言

中美关系是当今世界相当重要与复杂的双边关系之一。中美是目前世界上仅有的 GDP 规模超过 10 万亿美元的两个国家。据联合国贸发会数据，2017 年中美两国 GDP 规模加在一起占到世界的 40%。[①] 这两个重量级国家之间爆发贸易摩擦必然影响深远而受到全球关注。中美贸易摩擦的演化进一步加深了国际经济与政治环境的不确定性，对宏观经济趋势与微观主体行为决策均已产生相当大的影响。中美贸易摩擦发生的潜在原因相当复杂，仅从贸易角度来解构是完全不够的。中美贸易战的爆发掺杂着过多非理性因素，注定是一场持久的贸易战，标志着中美关系正式进入另一个阶段。2018 年美国《国防战略报告》将中国首次定位为"战略性竞争对手"，反映出华府上下对中国定位的转折，这一变化势必影响中美贸易摩擦的进展。

2017 年 8 月，美国国际贸易谈判代表莱特希泽宣布美国正式对中国发起"301 调查"，此项行动得到美国总统特朗普签署行政备忘录的授权。主要审查美国长期以来秉持认为的中国不公平贸易行为，尤其是针对中国在强制技

---

[*] 本文发表于《上海经济研究》2019 年第 7 期。
[①] UNCTAD 数据据，2019 年 3 月 22 日采集。

术转让、非法获取和使用美国技术等知识产权领域的行为。实际上，中美在知识产权领域的争端由来已久。20 世纪八九十年代，美国多次对中国发起特殊"301 调查"并展开双边谈判，但通过签署知识产权方面的谅解备忘录、在得到中国方面承诺加强美国在中国的知识产权保护及修改相关法律法规如《专利法》之后得到缓解。其间也发生过几次短暂的小型贸易战，例如 1994 年和 1995 年，美国贸易代表办公室两次针对中国采取了措施，对中国向美国出口的纺织品、服务及电子产品加征 100% 的惩罚性关税。中美之间的贸易争端一直持续不断，以至于国内对 2017 年美国新任贸易代表发起的"301 调查"未能引起足够重视，认为美国此举象征意义大于实际意义。

美国发动贸易战本身是一件非常复杂的事，掺杂了多种因素，因此需要撕开中美贸易摩擦的面纱探究其内在逻辑。贸易战并不是稀罕事，自人类社会产生国际贸易以来，国家之间爆发贸易纠纷冲突的案例比比皆是。但此次中美贸易摩擦不同于一般性的贸易摩擦，基于中美两国经济体量庞大，政治制度迥异、分属不同的文明圈、社会治理差异显著等原因，此次贸易摩擦带有很多特殊性，并有可能对世界贸易格局与多边贸易体制产生重大影响。

二、中美货物贸易国际占有率变化趋势

（一）中美货物贸易总规模国际占有率变化趋势

美国发动贸易战的直接缘由是中国对美国持续扩大的货物贸易逆差。据美国商务部公布的数据，2017 年美国货物贸易逆差创 9 年来最高纪录，达到 5660 亿美元，其中来自中国逆差为 3752 亿美元，占比达 66%。但来自中国海关的数据显示货物贸易逆差为 2758 亿美元。这里存在两国因统计口径和测算方法差别而造成的误差。抛开贸易数据层面来看，美国认为造成贸易不平衡的原因在于中国的不公平贸易行为。再加上"美国第一"、再工业化、失业率等众多政治社会因素综合起来实际上又加速了美国扣动贸易战的扳机。

从中美贸易全球格局的演变或许可以窥探美国发动贸易战背后的焦虑。中美货物贸易不平衡是中美货物贸易国际地位较量的结果。从图 1 可以发现，长期以来美国占世界货物贸易比重遥遥领先于中国，1948 年美国货物贸易占

世界 1/3 的份额，中国仅为 1.5%；1978 年美国的份额下降为 24%，但中国经过 30 年仅比 1948 年提高 0.1%，只有 1.6%。改革开放之后，中国通过向外扩大开放、对内实行市场化改革实现经济增长奇迹，同时带动货物贸易迅猛增长，但中美之间差距依然显著。2000 年，美国货物贸易所占世界份额达到 31%，而同期中国仅为 7%。中国入世成为中美贸易世界地位的转折点。2001—2012 年，中美货物贸易的世界比重呈现出非常显著的此消彼长的走势，形成明显的"剪刀差"态势，2013 年中国货物贸易规模超过美国成为世界第一大货物贸易国，并持续三年保持世界第一位，直到 2016 年美国以微弱优势重新占据世界第一大货物贸易国，但在 2017 年又被中国超越。说明中国货物贸易具有很强的发展势能，有可能说明在目前全球分工体系下世界贸易网络形成很坚固的供应链依赖，中国凭借性价比较高的人力资本优势及完备的工业产业配套体系具有不可替代性。

中国加入世界贸易组织之后，中美两国货物贸易的国际地位失衡越发显著，图 1 中"垂直线"右侧形似"剪刀口"式此消彼长走势十分突出。这种显著升降走势产生的根本原因仍在于中美两国比较优势及其决定的国际分工。改革开放 40 多年来，中国凭借廉价的劳动成本通过承接国际产业转移发展加工贸易促进工业化进程，从而形成规模庞大、种类齐全、配套完善的加工制造体系，为世界尤其是美国提供了大量性价比很高的生活消费品，从而造成中国货物贸易呈现出"大进大出"的特征。不管贸易结构及技术特征如何，美国货物贸易总额占世界比重的下降以及中国占比上升的局面在一定程度上不可避免地会对美国经济超级霸权的敏感心理产生一定刺激，毕竟世界占有率是衡量国际竞争力的重要指标之一，而美国对中国的心理变化是此次中美贸易战爆发的重要催化因素。

（二）中美货物出口国际占有率变化

出口代表着资源和生产能力的输出，在"资源诅咒"的前提下，国际竞争更多地依赖一国经济社会条件，更多地体现于有效组织或整合资源要素的能力。一方面，出口世界占有率一定程度上反映了一国经济实力；另一方面，在全球碎片化分工模式下，跨国公司在全球进行资源优化配置，中间贸易品占据主导，仅凭出口也难以得出一国真正的全球竞争力。

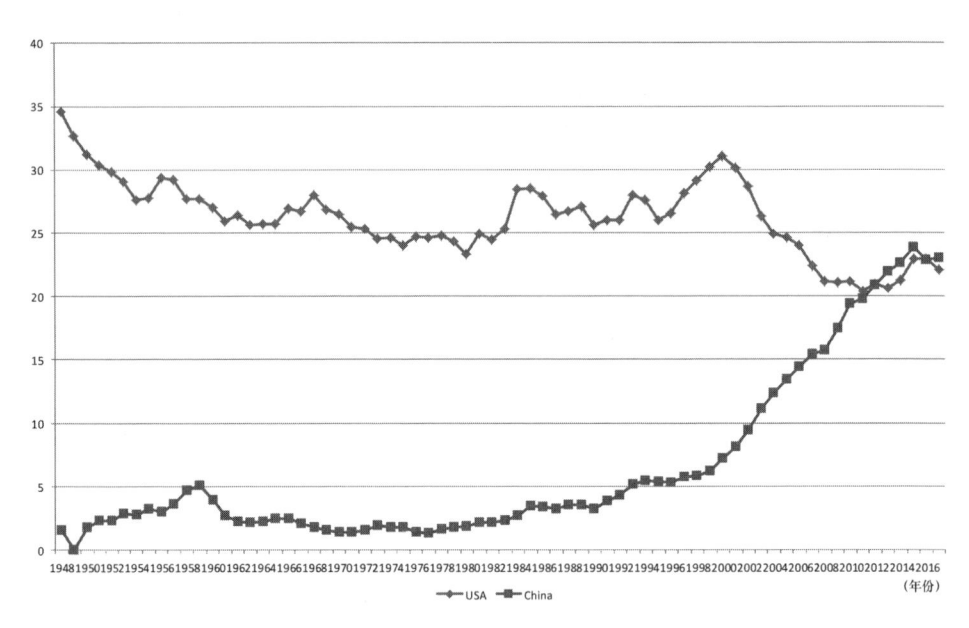

图1　中美货物贸易进出口总额世界占比趋势（%）

资料来源：UNCTAD（2018/3/19）。

第二次世界大战后，美国凭借强大的技术、美元地位、大批跨国公司等综合优势成为超级大国，主导着世界经济政治局势。1948年美国货物出口占到世界出口的22%，这一比例也是二战后美国经济强大的重要体现。但这一比例此后呈总体下滑趋势，1978年在中国改革开放元年之时，美国货物出口占世界比重降到11%，此后1979年至2002年基本维持在11%左右，2003年首次跌破10%，之后一直未能突破10%以上。与此形成鲜明对比的是，中国改革开放政策的实施，尤其是加入WTO之后，中国货物出口表现出强大势能。2007年中国货物出口占世界比重首次超过美国，两国比例分别为8.7%和8.2%。2010年中国货物出口占世界比重首次超过10%，2010—2015年间这一比值持续上升，但2016年和2017年出现连续下滑。二战以来，美国出口占世界的比重持续下降在一定程度上说明美国世界经济霸权地位呈不断式微状态。美国货物出口世界比重的下降，一方面由于其国内产业结构偏服务化、相当一部分消费品货物的生产在美国不具有比较优势等因素；另一方面，中国出口的崛起也起到很大的推波助澜作用。从图2可以发现，美国货物出口下降最严重的时期在2000年至2008年，这时也是中国凭借加入WTO深度获取全球化红利、促使货物贸易发展速度最为迅速的一段时间。

这里显然存在一个问题，即在当今条件下，美国是否需要一直保持较高的出口世界占比？第一，美元霸权的存在。美国前国务卿亨利·基辛格曾说过"如果你控制了货币，你就控制住了整个世界"。[①] 二战后，美国利用其占75%的黄金储备确立了布雷顿森林体系，其核心是美国与黄金挂钩、各国货币与美元挂钩，从而确立了美元霸权地位。1971年，随着布雷顿森林体系的瓦解，美元与黄金脱钩，变成以美国国家信用为基础的信用货币。此后，美国向其他国家购买资源与商品付出美元，不够时只需加大印钞机运转频率，不必担心黄金流失，从而形成美国对其他国家的大量对外债务。[②] 但各国出于稳健考虑不得不将所持有的美元又通过购买美债和美股回流至美国。美元霸权不可避免地刺激美国以无节制地印美元、发美债的模式获取其他国家的商品与资源，其结果必然是贸易项目的巨额逆差和资本金融项下的巨额顺差。第二，跨国公司的全球化资源配置。大量美国跨国公司凭借超强的产业链控制能力在全球进行布局，通过掌握行业标准与前沿科技将分布于不同国家的众多供应商纳入进来，运用强大的整合能力来分配各个供应商的任务活动。也就是说，生产组装环节虽然落在中国，但实际上受处于产业链顶端的跨国公司的调配，跨国公司对中国出口具有很强的影响力。美国是全球拥有跨国公司最多和吸收外商直接投资最多的国家，全球跨国公司群体中美资占有举足轻重的地位。2017年，外资在中国出口中的占比达43%。[③] 不难设想，既然美国可以通过产业链控制这种更有效的方式来整合包括出口在内的全球价值链，也就无须将没有任何比较优势的出口环节牢牢限制在国内。第三，美国经济产业结构高度服务化。经过战后新兴信息科技革命及经济全球化，美国国内工业很早就趋于饱和并开始向外转移，服务业成为吸纳就业的主要渠

---

① 何正全：《美元霸权、"斯蒂格利茨三步骤"及中国的对策》，《财经科学》2015年第5期，第21—33页。

② 经常项目逆差表现为对外债务的累积，货物贸易逆差是经常项目逆差的一个主要组成部分。

③ 数据来源：国家统计局。

道，2017 年美国服务业就业比重近 84%。[1] 近 20 年来，美国服务业增加值占 GDP 比重约为 80%。[2] 在以金融及科技为主导的服务业占据主导产业的同时，美国传统工业比重呈下降趋势，第二产业比重逐年递减，至 2017 年仅占 19%，[3] 其中制造业增加值占 GDP 比重低至 12%。[4] 在这种产业格局下，美国的货物贸易国际占有率势必会下降，继续保持二战后较高的国际占有率在现实中不具可行性且缺乏必要性。

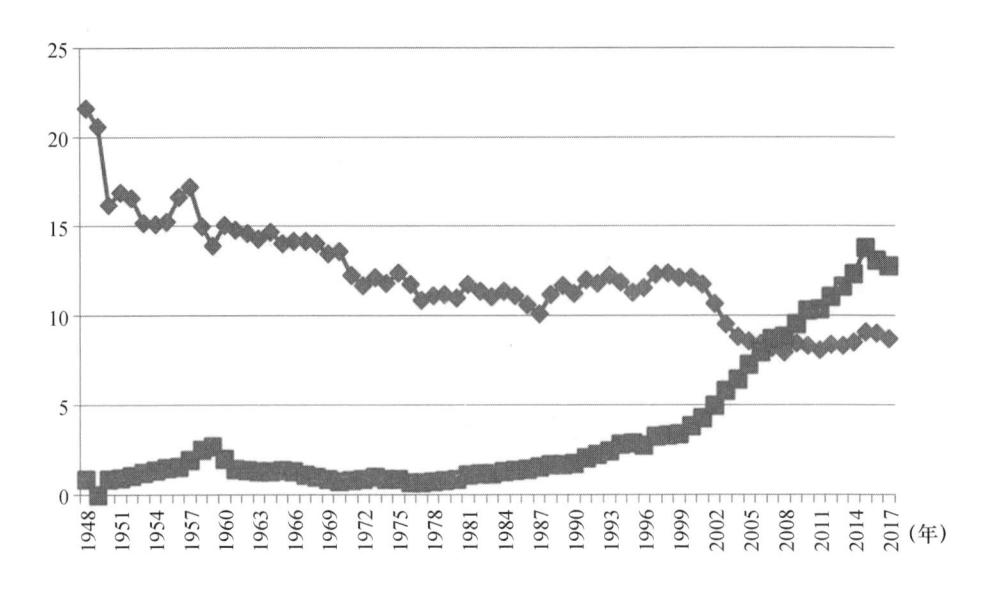

图 2　中美货物出口世界占比趋势（%）

资料来源：UNCTAD（2018/3/19）。

---

[1] 邓仲良：《从中美贸易结构看中美贸易摩擦》，《中国流通经济》2018 年第 10 期，第 82—94 页。

[2] 陈继勇、杨格：《中美货物贸易巨额逆差的真实原因》，《江汉论坛》2019 年第 1 期，第 15—21 页。

[3] 陈继勇、杨格：《中美货物贸易巨额逆差的真实原因》，《江汉论坛》2019 年第 1 期，第 15—21 页。

[4] 邓仲良：《从中美贸易结构看中美贸易摩擦》，《中国流通经济》2018 年第 10 期，第 82—94 页。

（三）理性认识中美货物贸易国际占有率变化

从上述分析可以看出，美国货物贸易国际占有率的下降有其必然性，在国际分工协作细化到产品内分工的条件下，美国也无须继续保有较高的货物出口国际占有率。美国货物贸易国际占有率的下滑并不代表着美国货物贸易竞争力的下降，中美货物贸易国际占有率的逆转也并不代表着中国货物贸易竞争力就强于美国，并不意味着中国就此步入贸易强国行列。

事实上，受中国经济增长模式的限制，中国出口的商品以技术含量较低的加工品为主，接近或处于"微笑曲线"的最底端，仅能获得微薄的加工费。在研发、品牌、专业服务等关键环节方面还比较滞后，虽然中国的机电产品与高技术产品出口增长较快，但多为采取贴牌生产，仅承担了高技术产品中的劳动密集型环节，产品附加值的创造很少，导致"中国制造"整体上还停留在低技术水平的组装上。[①] 以苹果手机为例，在售价约300美元的苹果手机中，中国通过组装获得的分工利益不到4美元。而美国公司凭借品牌、营销等分工优势获得大部分国际分工收益。

三、中美货物贸易逆差是两国比较优势差异的必然结果

造成中美货物贸易逆差的原因是多样的，有中美两国产业结构差异、两国统计标准和口径的不一致，美国对中国高科技产品的出口限制等因素。但归根结底，中美货物贸易逆差的根本原因在于比较优势，以及由此造成的国际分工路径依赖。理论与实践表明，国际贸易是国际分工的产物，国际分工的决定性因素在于比较优势。中美贸易存在逆差是中美两国比较优势差异导致国际分工不同的必然结果。美国从中国进口了大量日常必需品，这些产品从20世纪50年代以后在美国就不再生产，而且不可能再重新生产，因为美

[①] 莫兰琼：《迈向世界贸易强国的中国实践》，《上海经济研究》2017年第3期，第51—59页。

国生产这些产品根本没有比较优势。①

中国对美国货物贸易逆差的增加很大一部分原因在于东亚经济产业在区域结构上的演化。一开始，美国开始从日本进口消费品，随着日本国内工资水平和产业结构升级，美国又转向"亚洲四小龙"——中国香港、新加坡、韩国和中国台湾进口这些商品，最后相同的原理这些消费品的进口源头转移到中国。如图3所示，中美货物贸易逆差占美国全部货物贸易逆差的比重一直不断上升，与此同时，美国对亚洲其他国家的货物贸易逆差占比呈下降趋势。2005年，美国来自中国的逆差首次超过其对亚洲其他国家的逆差，标志着中国开始取代亚洲其他国家成为美国货物贸易逆差的主要来源国，这一转变说明原先由亚洲其他国家承担的一部分对美货物贸易逆差转移到中国，中国商品凭借物美价廉的优势成为美国居民消费品的主要来源。中国作为"世界工厂"，改变了原先由日韩等国直接向美国出口的东亚"三角贸易"格局，而构建了一种中国先从日韩等亚洲国家进口中间品、零部件经加工组装后再出口至美国的"新三角贸易"格局，中国对美国贸易顺差本质上包含了亚洲主要经济体对美国的贸易顺差。②

陈继勇指出，美国对中国的货物贸易巨额逆差的原因之一在于中美两国存在显著的比较优势差异。③ 从美国进口的中国商品也可以看出中国比较优势状况，2018年，美国自中国的进口商品以机电产品为主，进口额2685.4亿美元，占美国自中国进口总额的49.8%。值得说明的是，据笔者调研所知，目前美国从中国进口的机电产品仍以中低端为主。家具玩具、纺织品及原料和贱金属及制品分别居美国自中国进口商品的第二、第三和第四位，2018年进口649.3亿美元、405.0亿美元和282.0亿美元，占美国自中国进口总额的12.0%、7.5%和5.2%。2018年，中国的家具玩具和鞋靴伞等轻工产品占美

---

① 林毅夫:《中国的新时代与中美贸易争端》,《武汉大学学报（哲学社会科学版）》2019年第2期，第159—165页。

② 李晓:《中美贸易失衡与特朗普发动贸易战的目的》,《南开学报（哲学社会科学版）》2018年第3期，第10—13页。

③ 陈继勇、杨格:《中美货物贸易巨额逆差的真实原因》,《江汉论坛》2019年第1期，第15—21页。

国进口市场的 60.9% 和 56.2%，具有较大竞争优势。① 这说明中国出口为满足美国人民日常生活，使美国人民享受到物美价廉的商品福利做出重要贡献。

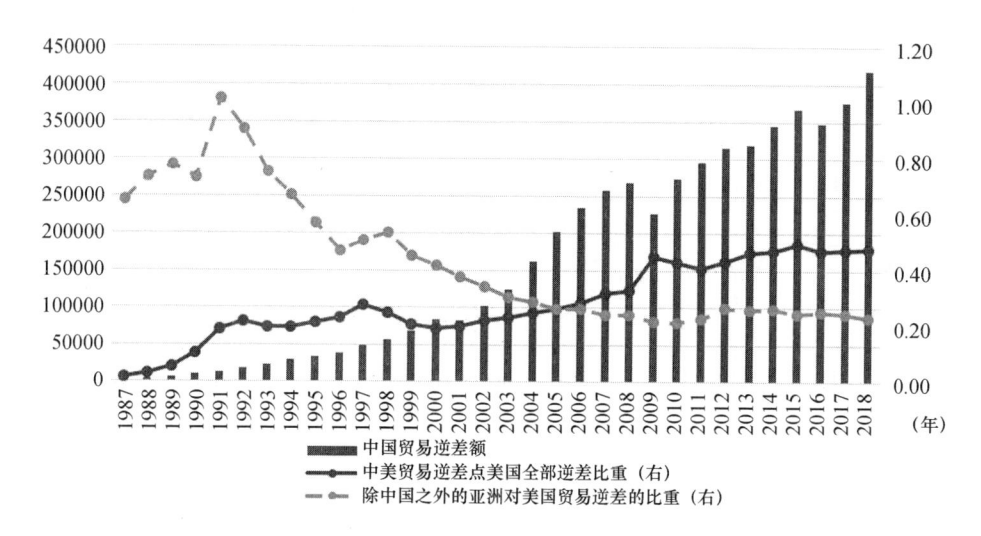

图 3　中美货物贸易逆差额及其占美国全部货物贸易逆差比重（单位：百万美元）

资料来源：US Census Bureau。

四、中美贸易战博弈焦点

中美贸易冲突不仅是一场经济贸易领域的对抗，更是涉及两国国家实力各方面的综合博弈。② 中美于 2018 年 7 月 6 日爆发了一场规模空间、旷日持久的史诗级贸易战。2018 年 6 月 15 日，美国白宫宣布对 1102 种产品共计 500 亿美元的中国进口商品征收 25% 的关税，其中第一组涵盖的征税范围为 340 亿美元，于 2018 年 7 月 6 日 12 时正式开征；同时美国贸易代表办公室对第二组 160 亿的加征范围进行评估。同时，中方宣布对同等金额的美国进口商品加征 25% 的关税。迄今为止世界贸易史上规模最大的贸易战正式开打。

---

① 《2017 年美国货物贸易及中美双边贸易概况》，https：//countryreport.mofcom.gov.cn/record/view110209.asp？news_id=58151，2019 年 4 月 26 日。
② 王文、刘典：《中美博弈与中国复兴——基于两国实力消长的视角》，《东北亚论坛》2019 年第 2 期，第 47—64 页。

截至 2019 年 3 月底，中美相互加征关税的商品贸易总额达到 3600 亿美元，其中美国向中国 2500 亿美元的商品征税，中国向美国 1100 亿美元的商品征税。2018 年 12 月 1 日，在 G20 峰会期间，中美两国首脑在阿根廷举行的"习特会"给贸易战的升级按下了暂停键，两国同意休战 90 天，以 3 月 1 日为期限，如未能达成协议，美国则要把对中国 2000 亿美元商品的关税税率从 10% 提升到 25%。2019 年 4 月 3 日，中美贸易代表团开启第九轮贸易谈判，美国总统特朗普于 4 月 4 日在椭圆形办公室再度会见中美全面经济对话中方牵头人刘鹤副总理。

首先，就美国方面来看，贸易战虽然始于特朗普政府指责中国对美国的巨大逆差，但更在于美国对中国 WTO 承诺、知识产权等领域的强烈不满，中国经济的结构性改革构成中美贸易摩擦的重要焦点之一。实际上，对美国来说，知识产权、经济规则问题比贸易逆差更是核心问题，这也是 2018 年 3 月 22 日贸易代表办公室发布的"301 报告"更多地谈论中国技术转让制度不合理、知识产权保护不力是导致美国利益相关人遭受巨大损失的原因。关志雄（2018）也指出，此份"301 报告"的焦点并非贸易失衡，而是技术转移。[①] 显然，美国发动贸易战的真实目的并不在贸易领域，而是中国经济的结构性问题。

改革开放以来，中国抓住国际产业转移机会、利用成本优势取得"世界工厂"的工业地位，在实现经济高速增长基数效应之后，自然会转向高质量发展阶段，其暗含之义是要大力发展高新技术产业，由于低附加值不利于一国长期经济实力的积累与上升，通过产业政策扶持向技术强国迈进成为崛起大国的必然选择。美国作为守成大国，凭借多年的优势在世界经济发展中占据主导地位，在面对崛起大国时心态难免会有所变化。美国的考虑是乘中国立足未稳打击中国的高科技产业，从美方加征关税的商品范围来看明显是针对《中国制造 2025》来的。中美贸易战本质上不是关于公平贸易的市场竞

---

① 关志雄：《中美经济摩擦进入新阶段：矛盾焦点从贸易失衡转向技术转移》，《国际经济评论》2018 年第 4 期，第 35—45 页。

争，而是两国在新产业革命上的战略竞争。① 近期发生的美国利用世界影响力在全球围堵华为迫使其 5G 技术的市场占有面临压力也显著表明了美方的焦虑。因此，此次中美贸易战也绝不仅是贸易不平衡问题，而有可能关系到未来 20—50 年内世界产业发展主导权的问题，是大国地位能否实现更替的战略问题。② 陈继勇也认为，从 19 世纪末世界经济发展的历史大视角来看，中美贸易摩擦的爆发并演变为贸易战反映了世界第一超级大国对世界第二大经济体快速崛起的防范与压制。③

其次，中美爆发史上最大规模贸易战，其实是一场不见硝烟的战争，亦是中美建交以来首度正面冲突，背后涉及的关键问题是"中国模式"与"西方模式"的较量，发展模式之争是中美贸易摩擦的另一个焦点。中国通过社会主义市场经济改革取得经济社会发展上的巨大成功并在国际上话语权和影响力日益提升，相反西方国家受金融危机、债务危机拖累，经济出现疲软以至质疑声不断、国际感召力趋于下降，两种模式的发展绩效形成鲜明对比。当年美国政界支持中国入世，目标是希望中国通过经济发展促进中国朝西方式政经体制转变，然而，入世后的十多年，美国发现中国不仅未向"西方模式"拉近，反而形成独树一帜的"中国模式"。正如郑永年教授在不同场合多次表示过的，中国走不了西方的道路，中国是"越来越像它自己"。作为"西方模式"的代言人，美国的战略目标自然要遏制中国的崛起。过去数十年来，中美关系格局一直处在"斗而不破"的边缘状态，随着特朗普发动对华贸易战，原先的格局被推翻，中美关系迎来不确定时代。随着中国这一新兴大国的崛起，对现存大国美国势必构成一定挑战，因此不少学者认为中美贸易战是"修昔底德陷阱"的外在显像，倘若美国无法通过经贸领域压制中国，则其势必会动用其他一切可能的外交与军事手段施压，两国之间的对抗极有可能外溢至其他领域，中美有可能进入新冷战。

---

① 张幼文：《中美贸易战：不是市场竞争而是战略竞争》，《南开学报（哲学社会科学版）》2018 年第 3 期，第 13—15 页。

② 佟家栋：《中美战略性贸易战及其对策研究》，《南开学报（哲学社会科学版）》2018 年第 3 期，第 6—8 页。

③ 陈继勇：《中美贸易战的背景、原因、本质及中国对策》，《武汉大学学报（哲学社会科学版）》2018 年第 5 期，第 73—82 页。

再者，中美贸易战的部分本质还在于科技战，这可从美国不遗余力地利用其全球影响力围堵华为的一系列事件可见一斑，对未来科技主导权的争夺是中美贸易战的又一个焦点。多年的经济增长为中国发展科技事业打下良好的基础，中国的科技实力与创新活跃度不断提高，随着中国加大科技研发及中高端制造业的支持力度，将来有可能在科技领域成为美国的有力竞争者。根据《2017年全球创新指数报告》，中国全球创新指数排名第22，是前25名中唯一的中等收入经济体。中国的科研经费名列世界第二、专利申请量连续居世界首位，在某些局部领域中国科技已达到世界领先水平。中国领导人适时发出了建设世界科技强国的号召，提出到2050年要建成世界科技强国。中国在科技发展速度上的基数效应与西方发达国家成熟科技体制的慢匀速度形成显著对比，从而让美国产生一定的忧患与焦虑。从美国对中国加征关税的领域来看，其不是针对中国更具比较优势的中低端制造商品，而是《中国制造2025》中计划发展的高科技产业，包括航空、新能源汽车、新材料等。而并未对贸易逆差比重较大的纺织衣物加收关税，可见美国限制对象瞄准了中国高技术产业。[①] 这与美日在20世纪80年代末和90年代初爆发的半导体贸易战如出一辙。1987年4月，里根政府对日本3亿美元的半导体及相关产品征收100%惩罚性关税。美国由于担心在半导体这一核心竞争力上输给日本，运用"减少贸易逆差"之名行科技压制之实。基于美日之间的特殊关系，日本在贸易战中选择屈从较多，其结果导致日本的半导体产业未能发展成日本的优势领域。

五、中美贸易战背后"文明的冲突"

保罗·亨廷顿在其名著《文明的冲突与世界秩序的重建》中提出，世界范围内在告别意识形态层面的冲突过后，以"文明的冲突"为主旋律的下一个时代则取而代之。在整个历史上，文明为人们提供了最广泛的认同。人类历史上各种不同形式的主要冲突都能找到文明差异的影子，冲突更多地在文

[①] 邓仲良：《从中美贸易结构看中美贸易摩擦》，《中国流通经济》2018年第10期，第82—94页。

明断层线上频繁发生，即使同一国家内不同文明板块的群体之间冲突更显著，而且不同文明之间的对抗具有很难被消弭的顽固性特征。所谓文明的冲突其实就是价值观的冲突，中美在价值观上的矛盾是决定中美关系的核心与关键。自工业革命以来，西方文明凭借领先的科技和有效的经济组织方式开启了全球扩张时代。对世界非西方国家或民族来说，所谓的现代化其实就是一个不断向西方文明学习的过程。尽管特朗普也对欧盟、加拿大等盟国挥舞贸易战大棒，美国与其他西方国家也有贸易摩擦和其他立场上的不同，但它们之间的纠纷因同属一文明而具有"内部"性质，完全不同于与美国对中国的指责。2018年美国将中国定位为"制度竞争关系"；如今布鲁塞尔将中国称为"制度性对手"，美欧同性西方文明核心区域的共同价值观注定着他们在处理中国议题时从根本上保持相当高的一致、不自觉地走到一起。2019年3月欧盟委员会发布的《欧中战略前景》中将中国看成是科技方面的经济竞争者和治理模式上的全面对手。欧盟对中国市场开放问题的抱怨与美国本质上是一致的。2018年中国欧盟商会发布的《商业信心调查》显示，[①] 48%的欧洲企业感觉到中国的经营环境正变得更加困难；并且提到了中欧投资关系的不平等，即市场准入不对称，中资公司在欧盟可以几乎不受限制地投资一些领域，但欧洲公司想要在中国投资这些相同领域常常面临重重困难。这一点与特朗普政府对中国长期存在的市场限制、未能履行WTO开放承诺的诟病如出一辙。事实上，美国与欧盟同属一个文明，在贸易战方面，欧盟与美国的目标是一致的，只是在具体措施设想方面与美国有差异，欧盟倾向于使用多边手段，与联合国及日本通过改革世界贸易组织规则解决中国贸易政策与结构性问题。

亨廷顿指出，当其他文明的力量相对增强，西方文化的感召力消退之时，非西方国家的人民对其本土文化的自信心和责任感随之增强。[②] 2008年金融危机使西方国家奉为圭臬的市场自由主义受到质疑，与此同时，十分亮眼的

---

① 2018年7月中旬，中国欧盟商会与罗兰贝格共同发布了2018年《商业信心调查》年度报告，该调查针对532家在华欧洲企业，涉及工业品、专业服务、消费品等各个行业。《商业信心调查》已经持续12年之久，见证了数十年间欧洲公司对在中国发展的感受。

② ［美］塞缪尔·亨廷顿著，周琪、刘绯、张立平、王圆译：《文明的冲突与世界秩序的重建》，新华出版社2002年版，第199页。

中国经济增长使国际上甚至出现中国模式超越西方模式的论断。他同时指出，那些拥有与西方极为不同的文化传统，并自认为其传统比西方优越的国家或民族，随着其权力和自我伸张的增强，它们与西方在价值观念和利益方面的冲突日益增多和加剧。① 亨廷顿带给我们的最大启示是，中美两国因价值观不同而很容易走向"文明的冲突"。改革开放 40 多年来，中国实现高速增长奇迹，成功从低收入国家迈入中等收入国家行列，自 2010 年保持世界第二大经济体地位，2017 年中国 GDP 达 12.3 万亿美元，相当于美国 GDP 的 63%，② 占世界经济总量的 15% 左右，近年来中国对世界经济增长的贡献率超过 30%，中国的综合国力和国际影响力显著提升。正如亨廷顿所预言的一样，随着中国经济实力的增强，中国不断强调"四个自信"，即中国特色社会主义道路自信、理论自信、制度自信、文化自信。而且，中国在国际上提出"一带一路"倡议，用实际的经济、金融行动寻求自我伸张。在中国不断获得自信的同时，以美国为首的西方世界似乎失去了原有的底气。这一消一涨的势头使得西方某些政客感到焦虑，从一定程度上看，特朗普当选及其推行的贸易政策正是这种焦虑症的表现之一。如果中国特色的经济发展模式是成功的，则其示范作用在国际上势必会分流或减弱西方经济政治制度的感召力。

中美之间"文明的冲突"演化到经济层面就是中国发展模式问题。回顾历史，中美两国实现邦交关系正常化之后，美国国内其实就是否支持中国融入其领导的全球自由市场经济体系经历了长久争论，结果如大家所见，"对华接触派"胜出，中国顺利加入世界贸易组织。但在 2015 年新一轮中美关系的盘点中，美国上下形成新的共识，即中国没有兑现当初加入 WTO 时的承诺。2016 年 12 月 12 日是中国加入 WTO 的 15 周年，按中国入世议定书第 15 条内容，中国原本期待成为 WTO 协定下的"市场经济"国家，从而今后在计算反补贴反倾销案例中不再被使用"替代国"价格的做法，但美国、欧盟和日本

---

① [美] 塞缪尔·亨廷顿著，周琪、刘绯、张立平、王圆译：《文明的冲突与世界秩序的重建》，新华出版社 2002 年版，第 201 页。

② 数据来源：UNCTAD 数据库。1978 年，中国的 GDP 仅为美国的 6%，此后 10 多年一直保持在 7% 左右，直到 1995 年达到 10%，这一比值在加入 WTO 之后迅速攀升，2014 年达到 60%，2015 年继续上升达 61%，2016 年有所下降回到 2014 年 60% 的水平，2017 年又强势扭转达 63%。

世界主要三大经济体均拒绝承认中国是市场经济国家，根本原因是中国政府在整个经济系统中施加了过多干预，正如美国贸易谈判办公室早在2017年1月向国会呈交的第15次《中国WTO合规报告（2016）》中所说，"美中贸易和投资关系中出现的许多问题，可以追溯到中国政府的干预政策和做法，以及国有企业和其他国家机器在中国经济中的重要作用，这些政策和做法继续造成严重的贸易扭曲，不可避免地导致贸易摩擦"。[①] 中美贸易战的导火索其实就在美国朝野对中国未能履行承诺达成共识的那一刻就已埋下。

如果缺少从文明冲突的视角去窥视中美贸易摩擦升级问题则可能会得到理论上通过但与现实不符的有偏结论。如邝艳湘通过构建多阶段动态博弈模型并对退出成本、门槛成本与预期收益进行分析后得出机械性结论：随着中美经济相互依赖程度的加深，中美由贸易摩擦升级为贸易战的概率在下降，[②] 但后续事实却与之相反，因此仅从经济角度而不考虑文明因素显然不能把握中美贸易摩擦的内在逻辑与推演。在2017年8月美国总统特朗普签署备忘录、指示贸易谈判代表莱特希泽依据《1974年贸易法》对中国大陆在智慧财产权、创新及科技之法律、政策及措施或行为是否损及美国利益启动调查时，国内一些舆论认为鉴于特朗普商人本性给点实惠和好处就能摆平，此调查只不过是威胁而已。类似的形势误判根本在于缺乏对美国价值观的理解。虽然导致中美贸易摩擦升级甚至贸易战爆发的因素是多重的，但对美国核心意图的把握仍需从根植于两国不同的社会传统文明的冲突性因素当中去探寻，否则不仅会错估两国贸易摩擦演化形势，还会采取不正确的对策以致对将来造成难以挽回的损失。中美两国分属不同文明的时间很长，近期美国特朗普主

[①] 原文为："Many of the problems that arise in the U.S. – China trade and investment relationship can be traced to the Chinese government's interventionist policies and practices and the large role of state – owned enterprises and other national champions in China's economy, which continue to generate significant trade distortions that inevitably give rise to trade frictions。"其中，national champions 在此翻译成国家机器，表示具有政府背景的其他组织或机构。长期以来，"国家队"在许多未充分竞争领域保持一枝独秀的态势，"民间队"则发展弱小。这与美国"小政府、大社会"的力量结构形成鲜明对比，这本身就是"文明的冲突"的重要展现。

[②] 邝艳湘：《经济相互依赖与中美贸易摩擦：基于多阶段博弈模型的研究》，《国际贸易问题》2010年第11期，第36—43页。

义的盛行以及中美竞争面的不断扩大促使"文明的冲突"背景下的遏制最终以"贸易战"的形式显现出来。

六、客观评价中美贸易战在中国改革开放历史进程中的外溢作用

从改革开放历程来看，中美关系是中国改革开放最重要的国际环境基础。美国作为世界最大经济体不可避免地对中国对外开放进程具有很大影响。1977年，邓小平同志一手推进国内改革，一手积极落实中美建交问题。1978年7月中美开始展开建交谈判，12月即发表联合公报，1979年1月1日正式建交。美国是当今世界上唯一的超级大国，是二战后国际政治经济秩序确立与维护的事实领导者，因此与美国的关系能搞定则意味着与其他国家的关系大致也能搞定了。中美关系曾拥有过蜜月期，克林顿时代中美构建的"战略合作伙伴"助力中国加入WTO，布什时代中美在打击恐怖主义问题上达成一致从而构成"负责任的利益攸关方"，2008年金融危机之后，鉴于中国强劲的经济增长为世界经济注入强心剂，奥巴马政府将中美"合作伙伴关系"升级为构建"中美新型大国关系"。但现在，通过美国某些政府高官近段时间以来的言论以及发布的官方报告来看，中国已滑向美国头号"竞争对手"的位置。可能正如基辛格博士所言，中美关系再也回不到从前。

中美两国互为经贸与投资的伙伴关系相当紧密。两国贸易额从1979年的25亿美元增长到2018年的6598亿美元，[①] 增长了264倍。虽然2018年两国贸易战开打，但贸易额却同比上涨4%。[②] 中美双向投资累计超过2400亿美元，美国还通过境外附属机构在中国持有巨大利益。美国作为头号资本强国不可能轻易错过中国巨大的潜在市场机会，只要中国还坚持对外开放，则美国资本必定想方设法分一杯羹。在一些专家们看来，特朗普掀起的贸易战恰恰可以促使处于停滞状态的中国经济改革产生推动力，从而倒逼国内改革。美国要求中国所做的结构性改革，包括加强知识产权保护、更公平的贸易

---

① 1978年数据参见沈建光《中美贸易战的八大误区》第20页，2018年数据来源于US Census Bureau。

② 根据US Census Bureau数据测算所得。

（如取消补贴）等，对中国经济长期而言实际是剂良方，如果真能借机推动改革可能会在更大维度上给中国经济带来巨大利益。中国入世首席谈判代表龙永图先生也在一次论坛上说过，贸易摩擦可能是"好的事情"。事实上，通过外部挑战加速中国改革的案例也不少。入世前国有企业改革一再被推迟，但为了争取入世并满足WTO的要求，很多体制改革得以顺利推行。事实上，中国的改革开放就是一部通过开放促进改革、借由改革进一步扩大开放的当代史，外部力量在中国改革开放进程中扮演着至关重要的角色。中国在通过对外开放引进资金、技术和项目的同时，更为重要的是，引进了改革的动力，在与国际接轨过程中产生健康的压力不断推动中国往前走。[①]

从一定程度上讲，中美贸易摩擦争议的核心议题之一就是中国的开放或中国的对外开放程度。整个改革开放是一个放弃原来的计划经济转向市场经济，同时又是不断适应和融入国际体系的过程。[②] 从1978年算起，中国开放型经济已发展了四十多年，通过经济特区开启中国改革开放的突破口，目前进入到自贸试验区和自由贸易港制度建设阶段，中国的开放取得很大进步，并对中国经济增长奇迹的实现具有不可替代的贡献。作为权威"裁判者"，WTO多次对中国入世承诺进行审议时得出基本履行了入世承诺的结论。但中国的开放还面临着诸多问题与挑战，例如关税税率仍偏高，服务业开放滞后（如图4所示），国内营商环境与国际标准仍存在很大差距，"大门开了，小门没开"的尴尬局面依然存在，导致"玻璃门"现象屡见不鲜。服务业开放的不对等是欧美一直诟病的，中国企业去美国和欧盟开展服务业投资可以享受到很高的市场准入待遇，而他们的企业在进入中国时却享受不到同等的市场准入待遇。

从特朗普的角度来看，美国向中国加征关税主要是基于"美国优先"的思维，推动中国的改革并不在他的政治考量之内，但贸易战客观上能对中国的改革具有无可比拟的积极影响力。

[①] 此观点为龙永图先生在2019年博鳌亚洲论坛"70年与40年的记忆"分论坛上表达的。他还指出，中国只有在和外面不断交往、不断相互促进当中，才能不断加快自己的改革。欧美很多国家要求中国进一步改善知识产权保护的做法，是一个很合理的要求。

[②] 宋泓：《对外开放四十年：从适应者到影响者和引领者》，《国际贸易》2018年第10期，第6—16页。

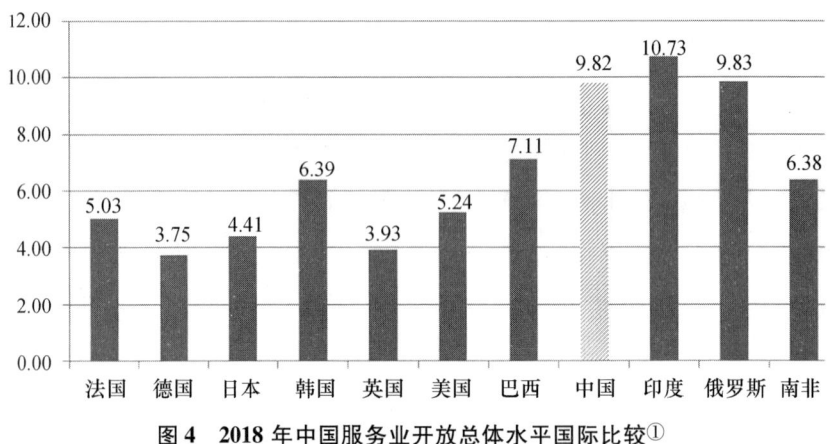

图4　2018年中国服务业开放总体水平国际比较①

法国 5.03　德国 3.75　日本 4.41　韩国 6.39　英国 3.93　美国 5.24　巴西 7.11　中国 9.82　印度 10.73　俄罗斯 9.83　南非 6.38

资料来源：OECD 服务贸易限制指数。

（注：数值越大代表限制越多，即开放程度越低）

七、理性应对中美贸易战的策略

理性应对中美贸易战的最佳策略是继续深化改革、扩大开放。正如吉林大学李晓教授所言，可借机有条件、顺水推舟进行新一轮改革开放，把中美贸易争端作为贯彻十九大报告"建设现代化经济体系""构建全面开放新格局"的重大契机。②自1979年建交以来，中美两国已形成优势互补、利益交融、互利互惠的经贸格局，③据商务部数据，2018年中美两国货物贸易超过

---

① OECD 服务贸易限制指数对包括 34 个 OECD 成员国和 6 个新兴经济体在内的共 40 个国家，在计算机、建筑工程、法律、会计、建筑业、工程、电信、流通、广播、电影、录音、商业银行、保险、空运、海运、公路运输、铁路运输、速递这 18 个服务业领域开放水平进行评估。服务贸易限制指数分值介于 0 到 1 之间，0 代表一国对该服务领域的贸易与投资是完全开放的，而 1 代表完全不开放。OECD 未给出整体服务贸易限制指数，图 3 中数值是通过加总而得到。

② 李晓：《中美贸易失衡与特朗普发动贸易战的目的》，《南开学报（哲学社会科学版）》2018 年第 3 期，第 10—13 页。

③ 隆国强：《理性认识当前的中美贸易摩擦》，人民网，http：//opinion. people. com. cn/GB/n1/2018/0829/c1003 – 30257035. html，2018 年 8 月 29 日。

6300亿美元，双向投资累计超过2400亿美元，中美经贸关系已形成"太大而不能倒"的"巨量效应"。然而，特朗普发动的对中贸易战使中美关系面临着严重挑战，甚至有媒体惊呼，中美之间的"新冷战"迫在眉睫。在新关系格局下，战略竞争已成为中美关系的主导面。中美关系是中国继续推进开放必须面对的最重要的大国关系之一，因此妥善应对中美贸易摩擦事关中国改革发展稳定大局。[①] 过去41年，中国通过改革开放和加入WTO深度融入国际主流经济体系并获取全球化红利从而实现高速发展，从人均GDP不到300美元的经济体蜕变成人均GDP近1万美元的全球第二大经济体。改革开放前后中国自身条件并未发生根本变化，之所以形成鲜明对比，最主要的因素在于开放，在于主要面向发达国家的开放。[②] 十九大报告明确指出，"开放带来进步，封闭必然落后"。2018年12月21日中央经济工作会议首次提出，"推动由商品和要素流动型开放向规则等制度型开放转变"。然而，很多开放政策在实施过程中遭遇诸多困境，导致实质开放度与名义开放度存在一定距离。现阶段进一步推进对外开放的关键在于落实与执行，为此，必须营造市场化、法制化、国际化营商环境，增强政府部门在履行经济管理职能过程中的透明度，避免使用突击式和"一刀切"的行政手段，保持政策的稳定性和连续性，提高政府现代化社会治理能力，着力解决长期被外资诟病的"玻璃门"问题。同时，对标国际标准，实行高水平的贸易和投资自由化便利政策，全面实行准入前国民待遇加负面清单管理制度，大幅度放宽市场准入，扩大服务业对外开放，内外资一视同仁、保护外商投资合法权益。

面对中美贸易战，中国还需保持战略定力，不犯颠覆性错误，吸取苏联在与美国冷战中失败的教训，坚持以经济建设为中心，一心一意谋发展，不断改善人民生活。[③] 要继续坚持社会主义市场经济改革，加快推进全面深化改革。高尚全指出，改革开放40多年的历程也是市场作为资源配置手段的地位

---

① 隆国强：《理性认识当前的中美贸易摩擦》，人民网，http：//opinion. people. com. cn/GB/n1/2018/0829/c1003－30257035. html，2018年8月29日。
② 宋泓：《对外开放四十年：从适应者到影响者和引领者》，《国际贸易》2018年第10期，第6—16页。
③ 隆国强：《理性认识当前的中美贸易摩擦》，人民网，http：//opinion. people. com. cn/GB/n1/2018/0829/c1003－30257035. html，2018年8月29日。

不断提升的历程；回顾40多年的改革经验，最核心的一条是坚持市场化的改革取向。① 放眼中国，改革事业还有很长的路要走。十八届三中全会指出，改革进入攻坚期和深水区。并提出要使市场在资源配置中起决定性作用和更好的发挥政府作用，必然积极稳妥地从广度和深度上推进市场化改革，大幅度减少政府对资源的直接配置，推动资源配置依据市场规则、市场价格、市场竞争实现效益最大化和效率最大化。就目前来看，与十八届三中全会提出的经济体制改革目标还有较大差距。2019年4月19日，中央政治局会议强调，国内经济下行压力增大，这其中既有周期性因素，但更多是结构性、体制性的。不仅如此，当前阻碍改革全面深化的很多也是体制性因素，要以壮士断腕的决心、背水一战的气概全面深化改革。另外，充分借鉴20世纪80年代日本应对美国贸易战的历史教训，贸易战只是日本经济增长停滞的导火索，元凶在于日本央行错误的货币政策。② 为此，应避免货币放水刺激这种短视行为，以免重蹈日美贸易战中日本泡沫经济的覆辙。

---

① 高尚全：《中国改革开放40年的回顾与思考》，《同舟共进》2018年第1期，第4—8页。

② 董德志、金佳琦：《贸易战之危与机：美日贸易战史鉴》，《金融市场研究》2018年第4期，第131—139页。

第五篇　我国外贸体制改革与国际竞争新优势培育[*]

王　拓　李　钢

经过40多年的改革开放，我国成为世界第二大经济体，对外贸易位居世界第一，居民生活水平得到巨大提升，取得世界瞩目的成绩。从1978年起，外贸体制改革成为贯穿改革开放的主要政策抓手，通过对外开放水平的不断提高，不断清除我国体制机制中存在的制度性阻碍，形成外贸体制改革为切入点，向产业政策、法律法规、政府职能等各个领域延伸的改革模式。外贸体制改革成为不断推动经济发展、国际竞争优势形成和变迁的重要动力。

当前，国际国内形势发生重大变化。在国内，我国经济从高速发展向高质量发展转变，传统的增长动力、增长模式、产业结构、禀赋优势、全球价值链所处地位等各方面都发生了重大变化；国际上，各国竞争加剧，世界主要发达经济体或通过引领国际规则构建利益同盟或施行单边主义以已优先，世界格局发生重大改变，国际局势面临"百年未有之大变局"。在此情形下，我国需要加大外贸体制改革力度，以高水平开放、深层次的体制机制改革推动实现高质量发展，构建国际竞争新优势。

---

[*] 此文发表于《改革》2019年第5期。

一、相关文献综述

国际竞争优势一直是理论界的热门话题，属于国际竞争力理论研究的主要内容。而国际竞争理论一直与国际贸易、产业组织、制度经济等理论紧密联系，主要围绕竞争力的主要来源来展开研究，其中制度的质量和创新成为影响一个国家竞争优势形成和释放的关键因素，通过作用于一个国家的贸易和产业，进而影响和塑造了这个国家的国际竞争优势。

（一）国际竞争力理论

国际竞争优势是一个国家国际竞争力的表现，目前世界范围内形成对国际竞争力的众多理论研究。朱小娟认为国际竞争力是各国同类产业或企业之间相互比较、通过国际市场销售其产品所反映出的生产力，最终表现在国际市场上的占有份额。王涛生认为国际竞争力是指一个国家在生产过程中形成的、在国际市场竞争中所表现出来的贸易竞争能力，即一个国家能为国际市场提供产品和服务的能力。而所谓的国际竞争优势，则是一个国家在国际市场竞争中超越竞争对手的竞争能力，表现为可以更有效、更高利润地为国际市场提供产品和服务的能力。因此，国际竞争优势与国际贸易、产业组织等具有紧密关系。

（二）国际竞争优势来源的探寻

从国际贸易的理论来看，国际贸易竞争优势是国际竞争力的主要组成部分，关于国际贸易的竞争优势来源，也逐渐向微观层面探寻。从新古典经济学至今出现了诸多理论探索，李嘉图（Ricardo）和 H-O 模型主要以资源禀赋的相对差异来阐释比较优势，之后克鲁格曼（Krugman）以规模经济为基础构建内生规模报酬理论，梅利兹（Melitz）则认为企业的生产率差异构成外贸产生的重要动力。产业组织理论认为竞争力源自于企业面临的外部环境，由此迈克尔·波特提出著名的钻石模式，认为生产要素、需求状况、支持产业、企业战略、政府和机会等构成一个国家国际竞争优势的要素，即著名的"钻石模型"，为国家的竞争优势提供了一个比较全面的分析框架。

(三) 制度对于国际竞争优势的重要作用

"钻石模型"理论虽然提供了一个覆盖较全面的框架，但是依然无法解释各个因素最终转变为国际竞争优势的机制，依然无法解释竞争优势的来源问题。新制度经济学为此提供了新思路，诺斯（North）和托马斯（Thomas）提出制度变迁是一个国家经济增长的决定性因素。战略性新兴贸易理论认为，在规模经济和不完全竞争市场下，产业组织理论和市场结构作为主要分析方法，主要通过采取包括出口补贴在内的政策手段干预以实现产业的保护、垄断的利润和贸易的竞争优势。外部经济理论认为外部经济可以共享，因此政府需要提供适当帮助，以实现战略性产业的发展，提高本国产业的竞争力。在制度对于贸易的影响研究中，弗朗西斯（Francois）和约瑟夫（Joseph）指出，国家的制度质量和基础设施决定了一个国家的出口和贸易流量。艾斯莫卡洛（Acemoglu）和西蒙（Simon）指出高效的制度及合同执行较高的国家可以提高自由配置、降低贸易成本。Li 和威·丁斯基（Vertinsky）认为，贸易国的制度质量越好，则越可以降低机会主义，降低贸易成本，进而推动贸易出口；而制度质量较差则会由于较高的贸易成本对贸易产生阻碍作用。杨小凯等率先将交易成本引入国际贸易领域，认为只有当国际贸易中交易效率提高，交易成本降低到小于其比较优势时，才会发生国际贸易，而交易效率的提高则依赖制度环境。

二、外贸体制改革对于国际竞争优势培育的作用机制

根据国内外相关理论研究，一个国家的国际竞争优势不仅体现在外贸方面，而且综合了要素禀赋、市场主体、产业结构和国际贸易在内的一个多层次的系统，而这个系统内各个层次优势的建立与培育，都需要国家的体制机制作为基础。

外贸体制改革作为主要改革动力制度改变，对于国际竞争优势的培育是一个系统性的过程，通过开放水平的调节、市场主体的培育、营商环境的塑造、高级要素的积累、国际规则的引领等各个方面作用，带动要素、市场主体及产业各个领域的深层次改革，从而促进要素流动、激发市场主体活力、

促进产业发展，进而形成一个国家整体的竞争优势。

（一）国际竞争优势的培育需要相关体制作为基础

从整体来看，一个国家国际竞争优势的形成需要政府、产业、市场主体及生产要素多个层面共同参与，也需要形成国际国内供给与需求的一致性，但这些因素作用的发挥，都需要相关的体制机制作为基础。

从供给侧的角度来看，国内与生产相关的要素、市场主体和产业协调发展均需要相关的体制机制作为制度基础。林毅夫提出的新结构经济学指出，一个国家的要素禀赋结构决定了其产业结构，并且随着要素禀赋结构的变迁，推动其产业结构不断升级。因此，政府需要引导国内要素禀赋的变迁与升级，这就需要建立保证要素能够适应产业发展需求的流动机制。从市场主体来看，市场主体的结构以及企业的生产率成为竞争优势的重要因素，一个充满竞争力的市场应该是由生产率较高的市场主体构成的。而企业生产率的提高与市场的竞争机制、营商环境、技术要素积累等因素密切相关，这些需要相关的体制机制进行完善和引导。从产业角度来看，产业是一个国家经济的重要组成，也是一国竞争力的重要主体。产业结构、产业链条的完整性及未来产业结构的升级都需要政府制定相关的体制机制进行引导，尤其是发展中国家在进行产业升级过程中，需要政府因势利导。

从需求侧的角度来看，体制机制是与世界建立关系、引导本国优势释放、推动内部优势转变的动力。一个国家的竞争优势需要通过参与经济全球化来体现。国家的竞争优势是国与国之间相对的，是一个国家与其他国家相比较为突出的地方，表现为世界话语权更大、经济效益或效率更高、掌控的世界资源更多、世界市场占有率更高等方面。这些指标的体现需要国内的产业、市场主体通过参与国际竞争、生产要素跨国有序流动来实现，是一个国内与国际深度融合的过程，这种融合需要体制机制及国际规则的引导。以美国为例，美国在金融和科技领域具有较强的竞争力，因此在世界范围内推动美元的货币主导地位，以贸易自由化为出发点打开别国市场，推动其高新技术产业的国际化。

综上所述，政府通过制定相关的体制机制，对供给侧的产业开放、影响市场主体的竞争机制及营商环境、影响要素交换和积累的开放及便利化措施等多方面产生影响，同时在需求侧上，引导本国产业开放、参与国际竞争、引导企业利用世界资源都需要相关的体制机制。因此，一个国家国际竞争优势需要有相关体制机制建设作为制度基础。

（二）体制改革促进我国国际竞争优势形成的两种路径

我国的比较优势从培育、建立、释放和转化经历了一个渐变过程，体制机制改革始终贯穿其中。在竞争优势培育过程中，形成两种路径：一是倒逼机制，推行改革开放的基本国策，打开国门；二是促进机制，通过制定促进政策将我国自身的优势进行有效释放。

在改革开放中，我国以开放促改革、以开放谋发展，通过开放打破体制机制束缚，增强本国的竞争力。首先，加大开放力度，放宽外资准入限制，并出台外资企业的法律法规，维护外资企业利益。其次，下放管理权限，不再对外贸企业进行指令性规划，推动企业自负盈亏，激发市场主体活力。再次，积极加入国际组织，尤其是加入 IMF 和 WTO，建立了与世界接轨的国际货币体系和贸易制度，并按照国际入世承诺对国内相关法律法规进行清理，扫清了与世界融合过程中的体制机制障碍。通过不断扩大开放，吸引外资进入本国市场。在提高国内有效供给的同时，对开放的领域形成竞争和外溢效应，外资企业的竞争力逼迫国内企业为生存而进行学习和创新，学习外资企业高效的管理模式、先进的技术和生产服务理念，有效提高了本国企业的生产率。并通过竞争效应淘汰市场上生产率较低的企业。

在促进我国禀赋优势释放及推动竞争优势转换过程中，体制机制有效改革发挥了重要的推动作用。我国是劳动力要素丰裕国家，在发挥本国比较优势，并成功转化为国家竞争优势的过程中，一方面是融入世界经济体系，通过大力发展加工贸易，形成以加工制造为主的产业形式。在此过程中，我国制定了出口退税政策，制定了保税区、边合区、综改区等降低企业成本、促进国际合作的制度和政策，形成了我国的贸易促进体系。另一方面，通过贸易谈判，将国内体制机制与多、双边规则进行有效衔接，为本国竞争优势赢得发展释放空间。通过加入世界多边贸易组织和制定区域贸易协定，与各国签订双边贸易协定，开拓国际市场，有效与世界各国形成投资和贸易合作机制。通过参与国际分工，嵌入全球价值链，成为"世界工厂"；并进行自主创新，推动产业链向微笑曲线两端延伸。

三、改革开放以来我国外贸体制改革的演进与国际竞争优势变化

我国的体制机制改革，主要集中在外贸体制方面，以商务领域改革作为主要动力和主线，带动内部体制机制的深层次改革。经过改革开放 40 多年的演变，在体制机制改革不断深化的同时，我国的国际竞争优势也在发生变化，其过程大体可以分为以下几个阶段。

（一）1978 年至 2001 年，实行改革开放政策，开始发挥传统竞争优势

为推动经济发展，开始突破权利集中的限制，逐步构建市场经济体制基础，实行改革开放政策。1978 年，我国政府首先开放了广东和福建两省的贸易通道，利用与中国香港和中国台湾接近的地理位置，开发其贸易潜力。在外贸方面，通过下放外贸经营权，施行出口承包经营责任制，打破"吃大锅饭"的局面，开始调动企业积极性。政府开始放权，逐步改变行政管理过僵过死的状况，增强市场的力量。1984 年，中国共产党第十二届中央委员会第三次全体会议通过了《中共中央关于经济体制改革的决定》，成为我国经济体制改革全面铺开的标志。该文件明确了在外贸体制改革方面，必须继续放宽政策，积极扩大对外经济技术交流和合作的规模，努力办好经济特区，进一步开放沿海港口城市；吸引外商来我国建立合资经营企业、合作经营企业和独资企业。1987 年党的十三大《沿着有中国特色的社会主义道路前进》文件提出改革的核心主要是通过建立和完善以汇率、税收等为主要杠杆的经济调节体系，推动外贸企业自负盈亏。邓小平"南方讲话"之后，我国深化外贸体制机制改革力度，努力建立适应社会主义市场经济、符合国际贸易规范的新体制。1993 年，十四届三中全会通过了《中共中央关于建立社会主义市场经济体制若干问题的决定》。此时，在外汇方面实行官方汇率和市场汇率并轨，以人民币为基础有管制的浮动汇率制度，实现了与国际金融体系的链接。进一步放开外贸经营权，对企业施行赋税制，对外贸企业进行产权重组，国家各部委所属企业与主管部门脱钩，为企业进行独立自主的贸易行为打下制度基础，激发企业的积极性。一系列举措之后，政府管理的权限进一步收缩，

市场活力进一步得到激发，企业具有更大的外贸自主权和经营权，我国外贸也开始迅速发展。1992年我国外贸体制初步建立起来后，通过推动沿海地区开放，大力推动加工贸易发展。此时我国充分发挥自身劳动成本低、市场广阔的比较优势，成功嵌入全球价值链体系。"大进大出"的贸易方式带动了整个国内经济的发展，伴随着贸易的大进大出，我国外汇储备与日俱增，逐渐成为拥有美元储备最多的国家。但在此阶段，我国政府对贸易发展干预较多，导致出口歧视和资源消耗，同时贸易摩擦加剧。

（二）2002年至十八大之前，我国加入世界贸易组织后，竞争优势跃升阶段

我国遵照入世约定，不断履行入世承诺，中央集中清理了2300多部法律法规和部门规章，地方政府共清理地方性法规和政策19万多件。在开放政策的推动下，我国充分发挥人力成本低的比较优势，释放竞争合作潜能；同时，逐渐形成规模经济效应，区域集中化和企业的规模化发展趋势明显，成为进一步融入世界的合作优势。此阶段，随着市场开放的深入，我国深度融入世界，世界产业不断转移，中国成为"世界工厂"。国际上，深度融入全球价值链，积极加入多、双边组织，要素流动加强，与世界绝大多数国家建立经贸合作关系，与发达国家以及周边东盟、日韩经贸成果显著。这一阶段，我国劳动力成本不断上升，旧竞争优势不断转换，新竞争优势尚待形成。劳动力成本持续上升，员工平均工资不断上涨，2000—2014年我国年均工资水平从9333元上升到56360元，增长5倍多，与周边国家相比劳动力成本上升趋势明显。资源和环境的约束不断增强，水、电、工业用地价格大幅上涨。传统企业中有不少是高污染、高消耗、低收益的企业，它们以资源和环境为代价来换取经济的短暂发展。这种粗放式的经济增长模式给我国的资源和生态环境造成了很大的压力，已成为制约我国经济可持续发展的一大障碍。与此同时，我国技术追赶发达国家的空间收窄，生产效率提升速度放缓。我国制造业成本与部分发展中国家，甚至与发达国家部分地区相比几乎没有明显优势，传统比较优势明显弱化，但新的竞争优势尚未完全形成。

（三）党的十八大以来，国际竞争新优势培育阶段

党的十八大以来，十八届三中全会通过了《中共中央关于全面深化改革

若干重大问题的决定》，提出"完善和发展中国特色社会主义制度，紧紧围绕使市场在资源配置中起决定性作用深化经济体制改革，加快完善现代市场体系、宏观调控体系、开放型经济体系，加快转变经济发展方式，推动经济更有效率、更加公平、更可持续发展"。我国从一个封闭落后的农业国家发展成为世界第二大经济体，外贸规模位居世界第一；同时，也从低收入国家提升为中高收入国家，成为世界强国，在国际影响力、产业发展、市场主体、要素禀赋等各方面均取得长足发展，形成本国的国际竞争优势。从整体上看，我国体制机制改革分为对外开放和对内改革两部分，形成以开放促改革的倒逼机制和国内改革的促进机制。

对外开放，我国继续深入推动改革开放进程，以开放促发展。以"一带一路"建设为重点，推动京津冀一体化发展、长江经济带建设、长三角一体化战略、粤港澳大湾区战略，构建陆海内外联动、东西双向互济的开放格局。我国贸易方式不断优化，高附加值贸易不断增多。贸易方式、贸易主体、商品结构、市场多元化、贸易条件以及对经济社会发展的贡献等方面，都呈现出不断优化的发展态势。据商务部数据显示，2018 年我国民营企业出口占比提升至 48%，已经成为第一大经营主体；贸易结构不断优化，一般贸易出口占比提升至 56.3%。除了劳动力密集型普通工业产品加工外，资本密集型产业也成为我国新的比较优势，高附加值产品出口稳步提升，成套设备出口超过 1300 亿美元，汽车出口 121.6 万辆。[①]"一带一路"倡议不断实现高质量发展，2018 年我国与"一带一路"沿线国家进出口占比提升至 27.4%；双向直接投资达到 156.4 亿美元，同比增长 8.9%。不断扩大进口规模，成功举办进口博览会，吸引了全球 172 个国家、地区和国际组织参会，3617 家境外企业参展，成交额达到 578 亿美元。完善区域布局，推动全面有序开放，先后成立了包括上海在内的 13 个自由贸易试验区，建设北京市服务业开放试点，以及在海南探索建立自由贸易港、服务贸易创新发展试点等，形成从国际到国内，从区域到城市，从产业到贸易的立体式布局。先后出台《北京市服务业扩大开放综合试点总体方案》《上海开放 100 条》《中国（上海）自由贸易试

---

① 2018 年商务部工作综述，《进出口规模创历史新高 外贸高质量发展取得积极成效》，http://www.mofcom.gov.cn/article/ae/ai/201901/20190102829079.shtml。

验区跨境服务贸易特别管理措施（负面清单）》《海南自由贸易试验区》《海南自由贸易试验区总体方案》等，着重提升对外开放水平，全面推进"负面清单＋准入前国民待遇"的管理模式，深化简政放权、放管结合，打造法制化、国际化、便利化的营商环境和公平开放统一高效的市场环境。以更高水平的开放政策倒逼国内体制机制改革，促进要素有序流动。

对内改革，关键是建立市场化的要素资源配置。通过三个途径完善要素市场化资源配置，盘活现有资产、促进要素流动、保护现有资产，而优化营商环境、降低制度性交易成本是重要手段。激发市场主体活力，完善国有资产管理体制，国务院印发了《关于改革和完善国有资产管理体制的若干意见》，改革国有资本授权经营体制，优化经济布局，推动结构性、战略性重组，促进国有资产保值增值。推动优化营商环境，发展混合所有制经济，培育具有全球竞争力的一流企业。对国企、民企、外企平等对待；强化知识产权保护、创造、运用，先后印发了《知识产权认证管理办法》《专利标识标注不规范案件办理指南》等，加大知识产权保护和对侵权行为的打击，完善创新管理体制。降低企业营商成本，简化行政管理程序，提高政府效率，建设服务型政府。我国营商环境不断优化，成为全球外商投资的首选地之一；吸引外资规模一直保持在较高水平，已连续24年居发展中国家首位。在世界银行发布的《2019年营商环境报告：为改革而培训》中指出，中国在近1年内对中小企业实施的改革数量创下记录，在开办企业、办理施工许可证、获得电力、纳税、跨境贸易等七类改革中取得突出进展，全球营商环境排名从78位跃升至46位，一次性提升了32位之多。

四、我国国际竞争优势培育的新要求以及外贸体制改革面临的难题

目前，我国已经逐步从高速增长向高质量增长转变，世界影响力不断提升，成为世界第一货物贸易大国；产业结构不断升级，形成以服务业为主导的产业结构；增长动力发生转变，成为消费和服务驱动型增长国家。同时，世界也面临百年未有之大变局，国际竞争格局发展深刻变化。值此国内外发展重大变化之际，我国国际竞争优势的培育面临更高的要求。

(一) 我国国际竞争优势培育的新要求

为实现我国"两步走"目标，到本世纪中叶建成富强民主文明和谐美丽的社会主义现代化强国，我国需要提高国际竞争力，培育新型国际竞争优势，这需要从国际影响力、发展动力、产业升级、主体活力、要素流动等多方面共同发力，推动我国从世界大国向世界强国迈进。

在国际影响力上，需要提高国际规则制定的参与度及国际话语权和定价权。推动经济全球化发展，打造开放、包容、可持续发展的全球治理体系。深化国际合作，以"一带一路"建设为重点，构建全面开放新格局。

在发展动力上，我国已经从投资驱动型向消费驱动型转变，未来需要向消费和创新"双轮驱动"型方向发展。提高我国高端产品和服务的供给，促进消费升级；大力发展物联网、大数据、人工智能等新型技术，注重新技术与实体经济和服务经济的深度融合，突出关键性技术、颠覆性技术创新，形成创新发展新动能。

在产业发展上，需要推动我国产业迈向全球价值链中高端。一方面，支持传统产业优化升级，对高污染、高能耗的产业进行技术升级，对落后产能进行淘汰和重组，提高产业生产率；另一方面，大力发展高新技术产业，培育先进制造业，打造若干世界级先进制造业集群。发展现代服务业，培育现代旅游业、大健康产业、现代金融服务业、现代咨询服务业等，以国际标准提高发展水平。

在市场主体上，需要激发主体活力，保护企业家精神。提高国有企业生产率，促进国有企业保值增值，推动国有资本做强做优做大。支持民营企业发展，形成以民营企业为市场主体的市场结构，鼓励民营企业"走出去"。保护外资企业合法权益，对企业主体做到一视同仁，打造国际一流的营商环境。

在要素禀赋上，需要促进要素禀赋升级，实现生产要素的市场化配置。目前，要素禀赋结构不断升级，劳动力优势正在逐渐转变为人力资本优势。我国是具有14亿人口的劳动力大国，随着教育水平的不断提升，我国正在逐渐将劳动禀赋优势逐渐转变为人力资本优势。禀赋结构的转变，为未来竞争优势奠定了良好基础。未来，需要继续推进劳动丰裕型禀赋向具有知识和技术密集型的转化；通过开放市场实现国内与国际在资金、技术、人才、信息等高级要素的自由流动。促进高级要素与实体经济的深度融合，实现要素结构升级向产业结构升级的转变。

（二）我国外贸体制改革面临的现实难题

1. 以高水平开放为引领的"突破型制度创新"推进阻力大

为了全面深化改革，我国大力施行改革开放战略。以商务领域高水平开放为引领，向产业和微企业营商环境以及政府职能定位深入，推动深层次改革，不断探索新制度、改革并完善传统体制机制，以适应新型经济的发展要求。但是由于我国改革开放属于渐进式探索开放，是从区域到全局的改革，容易产生新模式、新制度与传统体制机制之间的矛盾，导致在推动改革过程中出现推进受阻，进程缓慢的现象。

"突破型制度创新"受到的现有体制机制束缚较大。在我国进行的各种试验区和试点城市中，各地方政府往往对标国际高标准，为建立与国际发展前沿趋势相符的规则体系进行探索，尝试新制度、新规则、新模式，目的是为了在试点范围内进行相关制度和体制机制的探索，并形成可复制可推广的经验。在探索过程中，新型的业态和模式往往需要与之相适应的新型的管理体制，这必然会对现有体制机制产生冲击。所以想推进体制机制改革，只有两条路可走：一种是制定可以与目前体制机制相适应的新型制度，即创新的制度与当前制度之间不冲突，属于"包容型制度创新"；另一种是适应新型制度需要，改变甚至打破原有制度，即为了适应新型规则或新经济业态，对原有制度进行改变，属于"突破型制度创新"。但是，地方政府的运行依然是在现有体制机制下，如果未完全得到授权，那么就必然受到现有制度的束缚，从而产生阻碍体制改革的现象。例如对服务出口实行免税政策，在具体执行过程中，这与我国以前的税收制度不符，地方并没有税收赦免权利，因此在政策落实过程中推行阻力很大。

2. 开放试点政策协调性不足，政策落地难

当前，我国在各试点地区推行新型改革开放政策时，会出台多种改革和促进举措。但这些举措在落实过程中存在较大困难，这主要是因为政策之间较为独立、协调性差，政府在推动政策落实和企业享受政策引导过程中存在各种各样的限制和阻碍。

造成政策落地难的原因主要有以下几个方面：一是制度改革不系统，造成政策碎片化严重。我国在制定政策时，往往是一个部门根据自身掌握的情况，对现有体制机制存在的问题进行创新或者改良，是本部门的单一行为。但在政策落地过程中，可能就会出现该项政策的落实与其他部门的政策产生矛盾或相互冲突，因此导致政策出台但无法实施。二是由国家宏观调控，统一出台的政策，经过国务院的部级联席会议讨论通过，但是在地方政府执行过程中，要么与地方现有政策产生冲突，要么地方出于责任和风险意识，不敢完全执行。三是一项政策的落实往往牵扯到地方政府多个部门，受到多头管理，政策配合的部门在推动过程中，又受到上级部门的限制或者国家部委管理机制的限制，只要某一个部门出于权责意识考虑，则该项政策就难以落地。

比如，现在全国推行负面清单制度，其目的是为了扩大外资准入，降低准入门槛，但是负面清单的制定与一些传统的法律和指导政策产生矛盾，导致地方政府在执行过程中并不敢完全按照负面清单执行外资准入，造成"准入不准营"的现象。

3. 高水平开放需要更完善的法律制度

现有法律体系建设存在不足。我国的试点改革是以政策出台为先导，而后逐步上升为法律，因此我国法律体系建设存在滞后现象。一方面，诸多政策尚未上升至法律层面，大部分停留在政策性的文件之中，导致我国的开放政策受到各种体制机制的束缚，也受到一些指责。另一方面，我国的法律体系存在空白。目前，我国外贸法律中关于贸易促进制度存在较大空白，有关税率、税收征管和退税等内容，仅仅在税务和财政部门规章制度中有所体现，因此地方政府在推动税收相关的外贸制度时，受到很大约束。尤其是在服务贸易方面的法律制度欠缺较为严重，由于服务贸易涉及的领域众多，因此与服务贸易相关的法律往往是各个行业领域的专业法规，近年来我国颁布了《中华人民共和国商业银行法》《中华人民共和国广告法》《中华人民共和国保险法》《中华人民共和国会计法》等，同时于2012年修订了《外资参股证券公司设立规则》《机动车交通事故责任强制保险条例》等，但与发达国家相比，我国服务贸易整体法律体系不健全，法律执行度较低。

4. 知识产权制度不健全

现有知识产权制度不健全。但是在知识产权体制机制建设中，仍存在较大不足。一是知识产权保护体系尚未完全建立。在知识产权保护措施中，缺乏强有力的保护措施和健全的管理网络。二是知识产权市场机制不完善，尚未健全知识产权的市场交易机制。三是对知识产权侵权行为打击力度仍显不足，虽然目前我国不断加大对知识产权侵权行为的打击力度，但是仍然缺乏法律制裁和长效保护机制，企业自身的保护意识也较为单薄。目前，我国专利申请量已经跃居世界第一位，但是成果转化率较低。这是因为我国知识产权保护机制不健全，很多企业在申报专利时，仅仅将非核心技术申请专利，而核心技术作为内部机密，坚决防止外流，因此导致我国专利市场出现数量较多但可应用可转化程度低的现象。这种保护措施不健全导致的市场机制缺失，已经阻碍我国要素资源市场化配置、科技创新的有效发展，是技术创新驱动型增长的不利因素。

5. 市场主体待遇存在差异

在我国，国企、民企及外资企业的地位并不对等。在我国的市场主体中，外资企业享受超国民待遇，国企受到政策倾斜较大，民企地位较低。对于外资企业，我国地方政府受到吸引外资的业绩要求，十分注重对外资企业的吸引，因此会对外资企业的进入制定各种优惠政策，比如在用地、融资等方面给予更多倾斜。对于民营企业，现在融资困难问题较为严重，地方政府对民营企业的融资往往是根据民营企业实际拥有的资产作为借贷标准，而在资产方面，主要看中的是土地和资产的实际拥有量。但是对于民营企业来说，尤其是服务业企业，以占地小、高级人力资本密集和模式创新等居多，并不具备重型资产和土地所有，因此在融资过程中受到诸多限制。市场主体待遇的不平等，阻碍了市场主体经营的创新活力。

6. 要素流动的壁垒障碍较多

建设现代化经济体系，发展创新型经济，需要众多高级要素的积累，生产要素的自由流动成为推动经济发展的重要内容。目前，生产要素已经从传统的土地、人力、资本向知识、技术、信息、数据等要素转化。但在要素流动中，制度性交易成本较高，国内资源的垄断性较强。我国存在国内与国际、国内区域之间的要素流动割裂情况。国内与国际层面，在外籍人才的流动方面存在限制，各行业办理入境手续时间较长，国内停留时间较短。在国内人才出境方面，许多智库是事业单位，与一般公务员出境要求一致，在国外逗留时间受到严格限制，出国访问交流次数严重受限。在国内，各地区资本和信息的流动存在阻碍，信息孤岛现象频出，政府部门之间信息沟通不畅，也经常出现各部门信息不统一情况。

7. 国际规则的制定和引领能力不强

由于世界贸易组织框架下多边服务贸易谈判僵持不下，以美国为首的发达国家推动 TPP 和 TISA 谈判，从传统的商贸、旅行等领域到新兴的信息、金融、保险、跨境电子商务和知识产权等领域制定高标准服务贸易规则，推动全球服务贸易进一步开放发展。同时，全球数字技术和数字贸易的蓬勃发展，美国、欧盟等发达国家和经济体推动数字贸易规则建设，在数字跨境自由流动、数据本地化、个人隐私保护等方面交换意见，并以此为基础探索建立数字贸易统计规则，对数字贸易与货物贸易和服务贸易关系进行探讨，试图占领数字贸易规则高地。而我国目前尚未形成具有自身特色的产业和贸易促进政策体系，与国际之间存在一定差距。

五、深化外贸体制改革培育我国国际竞争新优势的建议

为培育我国国际竞争新优势，根据以上体制机制存在的问题，特提出以下建议：

（一）对试点地区进行放权，给予政策自由度

对自由贸易试验区，尤其是走在改革开放前沿阵地的上海和海南等，中央应该给予充分放权，鼓励探索创新型体制机制。在改革开放之初，广东成为全国改革开放先行阵地，得益于中央给予充分的放权，在立法层面进行改革，打破了当时全国外贸统一规划的政策。现在，全面深化改革的前沿阵地，依然受到各部门基于以前规章制度垂直管理的限制，导致地方创新出的政策难以真正落实，在外资准入方面，出现了"准入不准营"的问题。因此，在中央放权过程中，应大胆给予地方政策自由度，在守住基本底线的原则上，从法规到政策应给予最大程度的放权。提高地方创新政策的可操作性和可执行性，才能达到试验区的政策"实验"目的。

（二）以企业实际运营为出发点，建立问题反馈机制，增强政策体系的协调性建设

以企业实际经营为出发点，建立问题反馈机制。各试点地区进行政策创新时，应注重政策的具体落实。鉴于当前存在的政策出台易、落实难的问题，应该以企业为出发点，建立企业与政府之间的问题反馈机制。切实跟踪政策相关企业在了解政策、享受政策过程中所遇到的难点，以企业切实享受政策为出发点，打通各个限制性节点。在了解政策执行过程中，一方面了解政策制定的合理性，另一方面也容易发现政策之间的衔接过程，增强不同领域的政策协调性，尤其是在财税、金融、产业和贸易等政策之间的衔接和配合。应直接找出现有政策体系中存在的问题，加强政策协调性，以解决"碎片化"的问题。

（三）创新发展模式，以高水平开放倒逼国内体制机制改革

以珠海和深圳为新型试点，以港澳的制度为模板，倒逼国内体制机制改革。目前，我国已经建立粤港澳大湾区发展战略，其中应以毗邻港澳的深圳和珠海两地作为制度试验区，建立与港澳管理体制机制对接的创新试点。香港和澳门具有世界认可的开放度，高效灵活的管理机制，因此可以选择深圳与珠海作为与港澳制度对接的高地，探索港澳机制在内地施行的新型试验区。深圳和珠海一方面与港澳毗邻，具有先天发展优势；同时，这两地产业基础较好，容易与港澳形成产业和资源的优势互补；并且，这两地也是中国最早一批推动改革开放的前沿阵地，思想和管理模式较为开放。只要守住基本底线，香港地区和澳门地区可以成为国内与国际规则进行等高对接、新型经济体制建设的前沿阵地，也将成为深化"一国两制"的新型试点。

（四）健全法律制度，加快法律更新

由于我国存在法律制度滞后现象，因此需要根据国际管理制度和规则，不断对现有法律进行修订和完善。一是将各地试验较为成功的政策上升为国家政策，并根据新业态新模式进行法律修订，确保政策有法可依，依法执政。二是依据加入 WTO 时的承诺，系统性修改现有法律的不协调之处。对现有制

度之间存在矛盾和阻碍的地方进行系统性清理，从中央到地方，对各级政府、各主管部门之间的政策进行阻碍性清理，让法律与政策之间协调一致。三是根据国际管理制度和规则，对现有法律不足之处进行填补，让市场和企业行为受到法律规范，让市场主体和个人利益受到法律保护。

（五）强化知识产权制度建设，加大侵权执法力度

完善知识产权交易制度，推动知识产权交易平台建设，建立知识产权交易体系，促进研发成果与企业深度对接，促进知识产权市场化经营体制建设。完善知识产权融资制度，探索知识产权质押风险分担机制及质押登记机制，推动知识产权证券化，鼓励知识密集型企业以知识产权进行融资。加大知识产权侵权打击力度，强化政府在市场中的监督执法作用，保护国家和各类市场主体核心知识产权不受侵犯，对知识产权侵权行为进行严厉打击。加强知识产权保护知识和法律的宣传，增强企业和个人的自主知识产权保护意识！促进知识产权贸易发展，实施知识产权出口促进转型计划，针对拥有自主知识产权的关键领域和重大技术，制定专项出口支持计划；积极鼓励知识产权自主引进，制定相关税收减免措施，鼓励本土企业独立进行知识产权进口，为技术的深度开发利用打开知识产权约束。

（六）进一步优化营商环境，激发市场主体活力

建立公开、透明、高效的市场营商环境，实施公平竞争审查制度，实现各类市场主体依法平等经营，对在国内经营企业一视同仁，除鼓励性行业外，不分企业性质，让外资、国企、民营企业享受同等待遇。加强企业诚信体系建设，探索建立规范企业经营秩序新模式，加强企业及产业政策的合规性审查。建立价值评价体系完善信用评价体系，对轻资产企业和高新技术产业及新型服务业进行价值估算，结合信用等级对民营企业进行融资放贷，探索融资市场新秩序。加强对社会资金的引导，改善公共服务，促进优化贸易和产业结构及布局；提高公共服务能力，加强对重点市场相关法律、准入政策、技术法规等收集发布，加快技术性产业和贸易措施公共信息服务平台建设，加强人才培养，营造良好的人才发展环境。

（七）降低要素流动壁垒，构建要素市场化配置

提高便利化水平，降低制度性交易成本、打破资源流动障碍，纠正要素价格扭曲现象。探索利用数字技术实现人员、货物和信息的跨境流动管理体系，利用数字技术，通过大数据手段等实现信息的有效对接，利用互联网技术搭建要素对接平台，实现要素信息在网络上的对接，降低信息不对称和信息获取成本。推进通关建设，增强海关查验的针对性和有效性，建立完善国际贸易供应链管理机制。提高人员货物通关便利化水平，尤其是对港澳地区，建立通关合作机制，简化通关手续，做到人员流动的便利化。探索跨境电子商务通关管理新模式，满足数字技术下的电子商务发展需求。

（八）提高国际规则的制定和引领能力，注重探索数字技术规则

未来要建立创新驱动型竞争优势，需要在新技术、新业态方面抢占国际规则高地，以实现自身优势的国际转化。当前数字技术快速发展，由大数据、云计算、物联网、人工智能、5G等新技术引领的新业态新模式不断涌现，未来必然会成为推动创新驱动发展的重要动力。我国在相关方面不断取得突破性进展，国际各方都在探索建立新型的数字贸易规则。为了推动我国技术创新、抢占未来技术高地，应该着重在数字技术推动的数字贸易方面加强规则引领，包括数字的跨境流动、监管机制、数字关税、保护措施等方面积极与世界各国进行探讨，以本国利益为出发点引导建立符合我国发展的新型数字贸易规则，并探索相关的新型货物及服务贸易规则，占领规则领域制高点。

第六篇　进博会为构建开放型世界经济贡献中国力量*

李　俊

第二届中国国际进口博览会如期召开。与 2019 年一样，习近平总书记出席开幕式，并发表重要讲话。从披露出来的信息看，第二届进博会相比首届进博会，参展企业数量、层次及重视程度更高，不少跨国公司高管亲自带队参展，不少企业交易规模相比 2018 年有明显扩大。如果说不少企业在首届进博会上还处于观望、试水状态的话，那今年的第二届进博会，由于看到中国政府坚定不移地推进改革开放、打造这一世界级的展会平台，世界各国和跨国公司更加坚定了对中国市场的信心，明显投入了更多资源，更加深入地参与 2020 年的进口博览会。正如习近平总书记所说的那样，中国市场那么大，欢迎大家都来看看。但是，从这两届进博会来看，进博会的意义远不止为世界客商看看中国市场提供一个展会平台那么简单，中国召开的国际进口博览会有着更深远的战略意义。

进博会为进口，更为开放与合作。进博会虽然以进口为主题，而且是世界上唯一以进口为主题的世界级博览会，但是它的意义远不止于此。进博会是中国用实际行动建立的扩大进口的展会平台，更是中国坚定不移推进对外开放、促进各国合作共赢的平台。在第二届进博会上，习近平总书记首先回顾了首届进博会上宣布的扩大开放举措的落实情况，2019 年又宣布推出新的

---

*　本文发表于《人民画报》（43770）。

一系列对外开放举措，这是向世界展示中国扩大开放、加强与世界各国合作共赢的决心与信心，将为共建开放合作、开放创新、开放共享的世界经济作出中国贡献，也必将通过进博会这个平台，把中国的开放发展水平一年一年推向更高层次。

进博会为交易，更为对话与共识。进博会作为国家级展会平台，促成采购交易是其重要功能之一，也是衡量进博会成效与生命力的重要指标。从披露出来的第二届进博会的参展商及成交规模看，进博会的交易功能发挥出色，这吸引众多跨国企业热情参展，甚至出现一展难求的局面。与进博会配套同时举办虹桥国际经济论坛，这是一个就国际经济与全球治理展开对话，并努力寻求共识，共同推动世界开放发展的舞台。第二届虹桥国际经济论坛将延续首届论坛"1+4"的模式，即1场主论坛加4场分论坛，在2019年的主论坛开幕上，习近平主席提出开放合作、开放创新、开放共享的倡议，获得来自世界各国参会参展的政府首脑和参展企业领袖的认同。同时，4场分论坛议题分别聚焦营商环境、人工智能、世贸组织、电子商务等展开对话，形成坚定支持多边贸易体系、推动开放合作、构建开放型世界经济的诸多共识。

进博会为中国，更为他国与世界。进博会由中国发起主办，但属于世界；进博会为了中国，更为他国和世界。一方面，随着中国的发展阶段演进，当前需要通过扩大进口来促进国内消费升级和产业升级。扩大进口的好处，不仅在于为国内提供了优质的商品和服务，更好满足国内中高端消费需求，助力建设强大国内市场、繁荣国内消费；同时扩大进口，开放市场，可以引入更充分的竞争，竞争带来压力，压力促进创新、促进产业升级，为经济产业高质量发展营造更加开放的市场环境。另一方面，中国扩大进口、开放市场更为世界其他国家带来了机遇。中国迅速成长的规模巨大的国内消费市场，为其他国家扩大对华出口，带动他国经济增长和就业提供了空间。更重要的是，通过中国坚定不移开放市场，以实际行动扩大进口，为维护世界多边贸易体系，构建开放型世界经济做出贡献。

第七篇 "一带一路"沿线国家参与全球价值链位势分析

——基于多区域投入产出模型和增加值核算法*

孙铭壕 侯梦薇

一、引言

20世纪80年代以来，伴随运输成本降低及信息技术的普及，跨境生产布局成为可能。在WTO等国际经济组织的推动下，全球关税及非关税壁垒不断减少，通关效率稳步提升，生产要素的跨境流动加快。要素成本差异及跨境流动效率提升共同促进生产的垂直专业化，产品供给链不断细分、碎片化，生产从一国范畴中跳出，"全球价值链"逐渐形成。

巴拉萨（Balassa）和芬德利（Findlay）指出产品的生产过程变成一条垂直生产链，各国根据自己的禀赋优势承担生产的某些环节，他们将这种生产过程称为"垂直专业化"。胡梅尔斯（Hummels）首次用出口中进口投入所占的比例衡量一国生产的垂直专业化程度（VS）。胡梅尔斯通过投入产出模型计算了10个OECD国家和4个新兴工业化国家的VS指数，发现从1970年至1990年，这些国家产品垂直化程度提高了30%。技术冲击、跨国公司生产、

---

* 此文发表于《湖北社会科学》2019年第2期。

协调成本降低和贸易障碍减少共同促使生产阶段增加并极易分离，中间品贸易兴起。中间产品多次跨越国界成为普遍现象，工业革命前建立的传统贸易统计核算体系极易导致"重复计算"问题，造成贸易规模被扭曲，并不能反映一国贸易的真实利得。库普曼（Kooprnan）、王直、魏尚进在胡梅尔斯等人的研究基础上，提出无论是国家层面还是产业层面，传统贸易统计体系中的总出口都可以分解为被国外吸收的国内增加值、出口后复进口的国内增加值、国外价值增值及重复计算4部分，建立了一套相对完整的增加值贸易核算体系。随着生产进一步碎片化，单国投入产出模型仅能对一国投入品和出口品的来源及去向进行追溯，对多国参与的全球价值链供给体系各国贸易利得分析稍显不足。约翰逊和诺古哈（Johnson & Noguerra）利用多国投入产出模型及全球贸易分析项目（GTAP）数据，对增加值出口进行精确定义，将贸易增加值指数（VAX）作为衡量贸易增加值的重要指标。

近年来中国与"一带一路"沿线国家经贸合作不断，研究沿线国家参与全球价值链的成果颇丰。魏龙和王磊利用KPWW方法和WIOD数据库对中国与沿线国家产业内及产业间合作可行性进行实证分析，结果表明中国与沿线国家产业互补性高于竞争性，具备产业合作的基础。孟祺通过工业竞争力指标分析沿线区域工业竞争力水平，提出根据不同国家要素禀赋进行产业合作的可行路径。张茉楠通过对中国在全球价值链分工体系中的优势进行分析，提出"一带一路"价值链与国际产能合作的推进策略。黄先海和余骁认为我国与沿线国家具备共同的发展诉求，通过"一带一路"建设"嵌套型"分工体系，拓宽沿线不同发展水平国家的多领域合作。在新的分工体系下，我国应当从环节专业化、生产链本土化、生产网络深入化三个层面提升在国际生产体系中的地位。李建军和孙慧利用投资一般化模型对中国向沿线国家投资区位选择的影响因素进行实证研究，是对全球价值链分工模式下发展中国家对外直接投资区位选择理论的重要补充。王领和胡晓涛从企业构建全球价值链的角度出发，提出中国企业应与东道国企业构建利益共同体，统筹国内与国际价值链。

当前研究集中于在全球价值链生产体系中，中国与沿线国家产能及产业合作的可行性及实施路径，但从增加值贸易核算角度分析沿线国家参与全球价值链的研究相对较少。本文基于多区域投入产出（MRIO）模型和贸易增加值核算方法测度沿线各区域全球价值链的参与度及贸易利得，便于掌握沿线国家贸易发展的真实情况。根据各区域经济设施基础、贸易增加值呈现的特征及变化趋势，针对性提出各区域提升全球价值链参与水平的政策建议。

由于数据样本涉及"一带一路"沿线63个国家和地区，数据量较为庞大，本文采用由联合国贸易与发展组织（UNCTAD）及欧洲城市研究中心（Eora）共同开发的全球价值链数据库。UNCTAD—Eora全球价值链数据库涵盖187个国家、26个行业的投入产出数据，时间跨度从1990年到2012年。由于涉及国家较多，一些数据存在一定程度的估算。但UNCTAD—Eora全球价值链数据库与世界投入产出数据库（WIOD）所测算的增加值比重相关度高达90%，能够较为准确地反映贸易增加值的发展趋势，为研究发展中国家参与全球价值链提供参考。

本文将包括中国在内的"一带一路"沿线63个国家从地理区位角度划分为：东亚、西亚、南亚、中亚、东盟、独联体、中东欧7个区域。① 根据发展水平差别将这些国家划分为：最不发达国家、发达国家、新兴工业化国家和发展中国家。②③

---

① 东亚2国：中国、蒙古国；西亚15国：伊朗、伊拉克、土耳其、叙利亚、约旦、黎巴嫩、以色列、沙特阿拉伯、也门、阿曼、阿联酋、卡塔尔、科威特、巴林、埃及；南亚8国：印度、孟加拉国、阿富汗、斯里兰卡、马尔代夫、尼泊尔、巴基斯坦、不丹；中亚5国：哈萨克斯坦、乌兹别克斯坦、土库曼斯坦、吉尔吉斯斯坦、塔吉克斯坦；东南亚11国：新加坡、马来西亚、印度尼西亚、缅甸、泰国、老挝、柬埔寨、越南、文莱、菲律宾、东帝汶；独联体7国：俄罗斯、乌克兰、白俄罗斯、格鲁吉亚、阿塞拜疆、摩尔多瓦、亚美尼亚；中东欧16国：波兰、立陶宛、爱沙尼亚、拉脱维亚、捷克、斯洛伐克、匈牙利、斯洛文尼亚、克罗地亚、波黑、黑山、塞尔维亚、罗马尼亚、保加利亚、马其顿、阿尔巴尼亚。其中巴勒斯坦、东帝汶、罗马尼亚数据缺失，不计入统计分析。

② 最不发达国家：缅甸、老挝、柬埔寨、孟加拉国、阿富汗、尼泊尔；发达国家：新加坡、以色列、斯洛文尼亚、捷克、匈牙利；新兴工业化国家：马来西亚、印度尼西亚、泰国、菲律宾、土耳其、印度、中国；其余均为发展中国家。

③ 新兴工业化国家是指各项经济指标低于发达国家，但经济增长速度、工业结构、城市化、工业化水平均优于发展中经济体的国家。国际货币基金组织（IMF）根据基尼系数、人类发展指数、国内GDP实际增长率和人均实际增长率4项指标将南非、墨西哥、巴西、马来西亚、印度尼西亚、泰国、菲律宾、土耳其、印度、中国划归为新兴工业化国家，"一带一路"沿线新兴工业化国家占到总数的70%。

二、分析模型

MRIO 模型需要满足两个假设条件：（1）为了构造平衡的投入产出表，每一个产业的总产出必须与总投入相等；（2）中间品投入与产出是线性关系，并且代表产业技术水平的生产函数系数是固定的常数。

为了便于分析，将对 MRIO 模型简化为 2×1 的投入产出模型，A、B 国部门 C 总产出按照使用途径分为中间品、最终品，X = T + Y。如表 1 所示，从第一行来看，A 国总产出 $X_A = (T^{AA}+T^{AB}) + (Y^{AA}+Y^{TB})$，即 A 国的中间品、最终品或用于本国生产使用或向 B 国出口，本表灰色部分构成 A 国对 B 国的出口。从第一列来看，$X_A = (T^{AA}+T^{AB}) + V_A$，本国中间品投入 T^{AA} 与从 B 国进口的中间品投入 T^{BA} 与 A 国要素结合创造了价值增值 V_A。该式反映出本国中间品投入与进口中间品投入对总产出的贡献程度，即中间品投入 T 与总产出 X 存在比例关系：

$$X = T + Y \Leftrightarrow X = AX + Y$$
$$\Leftrightarrow (I-A)X = Y$$
$$\Leftrightarrow (I-A)^{-1} = LY \quad (1)$$

A 为技术系数矩阵，$L=(I-A)^{-1}$ 为里昂惕夫逆矩阵。将公式（1）扩展为 $N\times1$ 模型，可表示为：

$$\begin{pmatrix} X^{11} & \cdots & X^{1n} \\ \vdots & \ddots & \vdots \\ X^{n1} & \cdots & X^{nn} \end{pmatrix} = \begin{pmatrix} L^{11} & \cdots & L^{1n} \\ \vdots & \ddots & \vdots \\ L^{n1} & \cdots & L^{nn} \end{pmatrix} \begin{pmatrix} Y^{11} & \cdots & Y^{1n} \\ \vdots & \ddots & \vdots \\ Y^{n1} & \cdots & Y^{nn} \end{pmatrix} \quad (2)$$

将公式（2）应用于贸易增加值核算中，（2）式可改写为：

$$\begin{pmatrix} T_v^{11} & \cdots & L_v^{1n} \\ \vdots & \ddots & \vdots \\ L_v^{n1} & \cdots & L_v^{nn} \end{pmatrix} = \begin{pmatrix} v^{11} & 0 & 0 \\ 0 & \ddots & 0 \\ 0 & 0 & v^n \end{pmatrix} \begin{pmatrix} L^{11} & \cdots & L^{1n} \\ \vdots & \ddots & \vdots \\ L^{n1} & \cdots & L^{nn} \end{pmatrix} \begin{pmatrix} e^1 & 0 & 0 \\ 0 & \ddots & 0 \\ 0 & 0 & e^n \end{pmatrix} \quad (3)$$

表 1　简化版 MRIO 模型

		中间品		最终品		总产出
		国 A	国 B	国 A	国 B	
		产业 C	产业 C	产业 C	产业 C	
国 A	产业 C	T^{AA}	T^{AB}	Y^{AA}	Y^{AB}	X_A
国 B	产业 C	T^{BA}	T^{BB}	Y^{BA}	Y^{BB}	X_B
价值增值		V_A	V_B			
总投入		X_A	X_B			

资料来源：作者自制。

公式（3）中等号右侧第一项为贸易增加值占比，即一单位总产出中所包含的贸易增加值（v = V/X）。第三项中的向量 e 表示一国出口中间品与最终品的总和，即总出口。三项相乘便得到等式左侧的贸易增加值矩阵 T_v，矩阵 T_v 的对角线上的向量 $T_v^{11} \cdots T_v^{nn}$ 即为各国出口贸易的国内增加值（DVA）。以国 1 为例，从第一列来看，T_v^{11} 表示出口的国内价值增值，T_v^{11} 以下的向量表示国 1 出口中进口国外投入品的价值，即国外增加值（FVA）。从第一行来看，T_v^{11} 右侧的向量表示各国出口中进口国 1 投入品的价值，库普曼称其为"出口的间接价值增值"（DVX）。以此类推，每一列除对角线向量以外的向量反映一国出口产品的进口投入来源，每一行除对角线外的其他向量则反映出一国出口产品的价值流向。从世界范围来看，一国通过别国出口实现的本国间接价值增值必须等于该国出口中所进口的国外价值，即 FVA = DVX。

三、"一带一路"沿线国家参与全球价值链区域分析

（一）"一带一路"沿线国家经济及基础设施发展概况

一国参与全球价值链的深度及提升空间与本国的经济发展水平和基础设施水平息息相关。良好的经济发展水平不仅能够反映一国经济增长的潜力，也为该国更广泛和更深层次参与全球价值链提供物质基础。基础设施是影响跨国企业跨境生产布局最重要的因素之一，直接决定跨国企业的生产成本。

83%的沿线国家为发展中经济体，以参与跨国企业在东道国子公司的生产活动作为参与全球价值链的主要方式。因此，高效的运输和通讯体系有助于多数沿线国家获得参与全球价值链的机遇，也为本国企业吸引外商直接投资创造条件。如表2所示，本文参照商务部投资促进事务局中国服务外包研究中心发布的《"一带一路"战略下的投资促进研究》和Wind宏观经济数据库，构建经济基础和基础设施评估指标体系，对沿线国家参与全球价值链的基本能力进行评估。经济基础评估指标主要用以考察一国的经济总量及增长潜力、产业结构的合理性、对外贸易平衡度及实际利用外资的能力，而基础设施评估指标则是对一国陆、海、空运输体系和通信体系的考察。

表2 "一带一路"沿线国家经济基础和基础设施评估指标体系

经济基础评估指标	经济总量指标	GDP
		GDP年均增长率
	经济结构指标	农业增加值占GDP比重
		工业增加值占GDP比重
		服务业增加值占GDP比重
	贸易结构指标	进出口总额
		出口占总贸易额的比重
		进口占总贸易额的比重
	外资指标	实际利用外商直接投资额
基础设施评估指标	交通设施指标	铁路运输量
		航空运输量
		港口集装箱吞吐量
		班轮航运连接指数
	通信设施指标	互联网普及率
		电话线路覆盖率
		固定宽带覆盖率

资料来源：中国一带一路网国别宏观数据、Wind宏观经济数据库。

经过对沿线不同发展水平国家和不同区域2010—2015年的指标对比，可以看出经济基础和基础设施的各项指标基本与国家发展水平相对应。其中，新兴工业化国家无论是GDP总量、贸易规模、交通设施水平、利用外资金额均优于其他发展中国家，新兴工业化国家是沿线最具发展潜力的国家。但与发达国家相比，新兴工业化国家服务业对经济的贡献程度仅为51.6%，远低于发达国家的65%，经济结构还有待优化。此外，新兴工业化国家基础设施软实力欠缺，通信设施的三项指标仅优于最不发达国家，电话线路覆盖率、固定宽带普及率仅为发达国家的31%、28%。发达国家是沿线经济结构最为合理，基础设施最为完善的国家，但发达国家在GDP、进出口规模、利用外商直接投资等指标远低于新兴工业化国家和发展中国家，对沿线国家的经济影响力有限。最不发达国家GDP年均增长6.4%，是沿线经济增长速度最快的国家，但最不发达国家经济结构较为落后，工业、服务业增加值占GDP比重平均为24.7%、47.6%。再者，最不发达国家基础设施水平严重滞后，铁路运输量、航空运输量仅有发展中国家的7.2%、7.4%。基础设施指标与其他国家相差更大，每百人中仅有0.33人使用固定宽带。即便最不发达国家在自然资源和人力成本上具备比较优势，也会因为低端的设施水平增加企业固定成本，降低其对跨国企业的吸引力，很难融入全球价值链并从中获益。

从区域角度来看，东亚、东盟、南亚是沿线经济增长最快、实际利用外资最多的区域，前两个区域是沿线的"制造中心"，工业增加值占GDP比重偏高，分别为39.7%、36.4%。然而，东盟和南亚的基础设施水平与增长需求显著不符。东盟的铁路运输体系严重滞后，铁路运输量只有东亚的0.4%，陆路交通体系的滞后直接影响国内的生产调度和衔接。南亚除铁路运输相对完善外，其余交通和通信设施建设均处于沿线区域的最低水平，长此以往会妨碍南亚在全球生产体系的升级。独联体和中东欧地区的经济结构、贸易平衡度、基础设施水平均优于其他区域，但近年来上述两区域经济增长乏力，对外资吸引力逐年减弱，中东欧地区近年实际利用外资平均值为529.93万美元，仅占东盟地区的0.7%。作为沿线最大的经济体，中国在经济、贸易、利用外资总量及增速方面都遥遥领先，基础设施尤其是交通设施运输规模比沿线其他所有国家总和还要高，铁路运输量和航空运输量分别是其余国家总和的1.29、1.34倍，班轮航运指数平均为156.92，全球领先，中国是沿线最具发展活力和基础设施规模最大的国家。

（二）DVA 是衡量一国出口竞争力的重要指标

一国的出口 DVA 是本国要素竞争优势的体现，是衡量一国在全球价值链中贸易利益的重要指标。2012 年，沿线国家出口 DVA 为 272.77 亿美元，是 1990 年的 10.23 倍，年均增长 13%。沿线国家在全球价值链中贸易利益逐年增长，占世界贸易增加值的比重也从 1990 年的 14% 增长到 2012 年的 30%。如图 1 所示，除 1998 年、2009 年受金融危机影响较大以外，各国出口 DVA 增速均保持正增长。其中，新兴工业化国家出口 DVA 增长最快且波动较小，年均增长 14%。发达国家与最不发达国家年均增长均为 13%，但最不发达国家增长波动过大。最不发达国家在全球价值链生产体系中并未找到能够发挥自身比较优势的生产任务或生产环节，DVA 增长随外部市场对本国产品需求变动而剧烈变化，DVA 增长的不确定性较大。

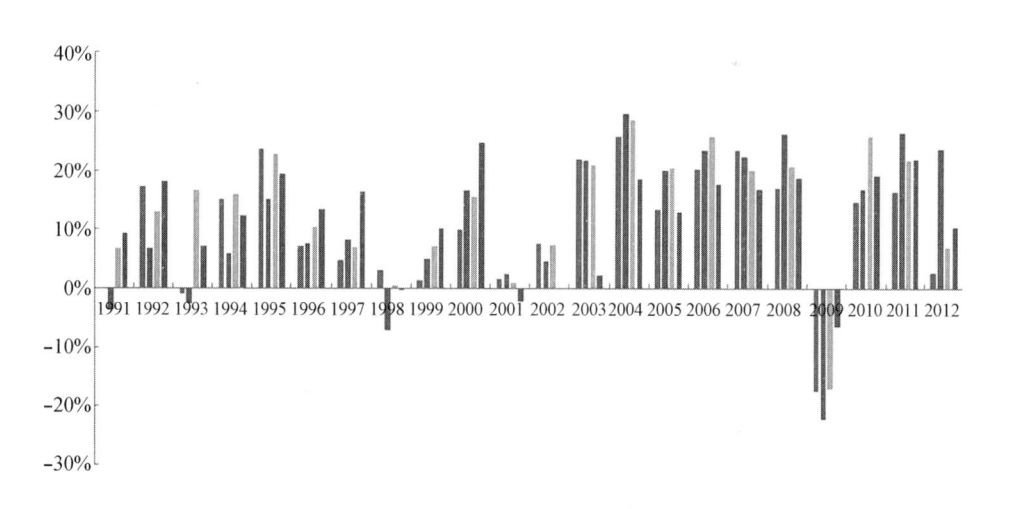

图 1 "一带一路"沿线国家 DVA 增长率变动情况

受益于日本在 20 世纪七八十年代构建的"东亚雁行分工体系"，东亚、东南亚的新兴工业化国家参与到以日本为核心的区域分工体系当中，新兴工业化国家借此机遇将本国劳动成本优势与日本的技术优势结合，提高了自身的出口能力和就业水平。由于跨国公司的技术、管理的外溢效应，新兴工业化国家国内生产链不断延长，中间品生产自给能力增强，出口产品国内增加值比重稳步上升。20世纪90年代以来，新兴工业化国家一直是沿线国家中总出口DVA占比最高的国家，从过去的46%上升至60%。虽然，近年来发展中国家与发达国家出口DVA总额不断增长，但其在沿线国家的占比却一直在下降，分别从过去的39%、14%降至30%、9%，可见沿线发展中国家与发达国家实际出口能力提升速度远低于新兴工业化国家。最不发达国家出口DVA占比微乎其微，一直保持在1%左右。

DVA是一国出口贸易的真实收益，出口DVA占比反映出本国要素的出口竞争力。作为发达国家产业转移和跨国投资的热门选择，新兴工业化国家出口DVA占比远大于其余国家。相比沿线的发达国家，新兴工业化国家不仅有更低廉的劳动成本，而且国内市场消费潜力巨大，便于跨国公司直接销售，因此成为跨国公司中间产品组装、加工、直接销售的目的地。

从20世纪90年代开始，新兴工业化国家经历了出口DVA占比先减少后增加的"U"型增长路径。在WTO等世界性经济组织的推动作用下，世界平均关税率从1995年的34%降至2012年的2.9%，关税壁垒的减少直接导致进口中间品的成本大幅降低，新兴工业化国家开始通过大量进口中间产品简单加工的方式获得贸易利益，参与到全球价值链生产体系当中。因此，起初DVA占总出口规模的比重一直在下降，在"干中学"的过程中，新兴工业化国家逐渐掌握更多的技术密集型生产环节并不断完善自身的产业结构。原先进口的中间产品逐渐实现本土化生产，国内的产业价值链延伸，出口DVA占比提升。发达国家及发展中国家出口DVA占比变化跨度较小，基本保持在60%、50%左右。最不发达国家出口DVA波动过大，波动主要源自本国资源类产品出口国际市场价格的变动。

从地理区位来看，出口DVA占比具有鲜明的区域特征。除柬埔寨以外，东盟各国出口DVA占比均高于60%。马来西亚、印度尼西亚占比更高达70%以上，两国不仅国内劳动力充足，且自然资源充沛，能够在产业供给链上承担资源开采、加工、装配等多个环节，故而出口的DVA比例更高。但从动态数据来看，东盟出口DVA占比有逐年下降的趋势。大多数东盟国家经济规模

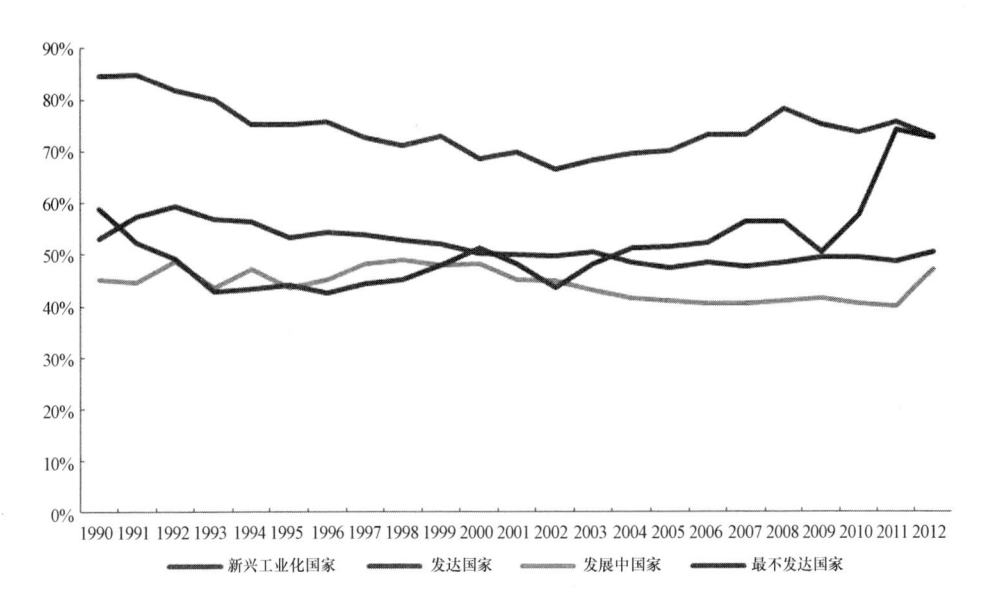

图 2 "一带一路"沿线国家出口 DVA 占比

资料来源：作者自制。

偏小，产业体系的完整度无法与中国、印度相提并论。受制于产业升级能力，多数东盟国家在全球价值链中依然处于加工制造的低端环节，面临"低端锁定"的问题。南亚、东亚的出口 DVA 占比都具有相同的"U"型轨迹，作为两区域中最大的经济体，中国、印度 DVA 占到所在区域总值的 90% 和 70%，"U"型轨迹是两国 DVA 变动的写照。"U"型轨迹变动原因在上文已得到说明，但驱动两国出口 DVA 增加的主导产业分别为制造业与服务业。中印是世界上最大的制造业外包和服务外包目的地，服务业、制造业出口 DVA 占到总增加值出口的 55% 以上。

相较于其他地区，中东欧国家市场制度健全、贸易开放程度高、基础设施完善，跨国企业向中东欧地区投资的壁垒较少，加之与发达市场临近的地理优势和低廉的高素质技术工人优势，中东欧国家是西欧发达国家跨境投资和产业转移的重要聚集地。中东欧国家凭借与西欧国家构建的区域价值链充分利用本国的要素禀赋，在运输设备、电力、制药、资讯科技等领域形成一批优势产业。1995 年之前，中东欧地区的出口 DVA 占比达 65% 左右，是"一带一路"沿线国家出口贸易竞争力最强的区域。受益于良好的工业基础和市场制度，中东欧国家出口 DVA 总体波动小于其他区域。但是，伴随着亚洲国家工业化进程的加快，东盟、南亚、东亚国家凭借更加低廉的人力成本优势成为承接发达国家产业转移的目的地，中东欧国家原先在区域价值链中承担的生产环节分流至东南亚地区。2008 年金融危机后，随着西欧发达国家市场的低迷和原先比较优势的减弱，中东欧国家出口 DVA 出现缓慢减少的趋势。

中亚、西亚、独联体国家多为资源型出口国，这些国家共同的特点是国内经济结构较为单一，本国生产和出口产品多为初级农牧产品和石油、贵金属类资源。出口石油、天然气、贵金属资源的国家，如俄罗斯、卡塔尔、科威特、沙特阿拉伯、哈萨克斯坦、吉尔吉斯斯坦出口 DVA 占比较高，多在 60% 以上，而出口资源以农产品为主的国家，如摩尔多瓦、亚美尼亚，出口 DVA 占比不到 40%。与石油等战略资源相比，初级农牧类产品价值较低，价值增值较高的食品加工环节受制于本国薄弱的工业基础而难以实现。因此，同为资源出口国，以农牧类初级产品出口为主的国家仅在全球价值链生产体系中承担获利最少的原料供应环节。为了摆脱对资源出口的依赖，沙特阿拉伯、卡塔尔等以石油出口为主的西亚国家都在实施多元化发展战略和市场私有化改革，增强经济抵御风险的能力。阿塞拜疆、格鲁吉亚等独联体国家不断改善交通与通信设施，构建良好的投资环境。随着出口产业的多元化和设施条件的改善，2005 年后上述 3 个区域的出口 DVA 都出现不同程度的上升。

出口 DVA 是本国要素所创造的价值被国外消费的部分，属于国内生产总值（GDP）的范畴。DVA 占 GDP 比重可以反映出贸易对经济的真实贡献，同时反映出经济对贸易的实际依赖程度。2010 年，DVA 占 GDP 的世界平均水平为 22%，新兴工业化国家和发达国家均高于世界平均水平，分别达 33%、30%，这与沿线发达国家和新兴工业化国家的经济结构有关。这些国家大多属于外贸驱动型经济，例如新加坡、马来西亚、泰国、捷克，DVA 占到 GDP 的一半以上。同为外贸驱动型经济，新兴工业化国家需要面对更多发展中国家全球价值链同等环节的竞争，培育新的竞争优势迫在眉睫。最不发达国家 DVA 占 GDP 比重仅为 10%，还未能发掘国内要素的出口潜力。从纵向来看，发达国家、发展中国家和最不发达国家的 DVA 占 GDP 比重除 2008 年偶有下降外一直处于上升趋势，新兴工业化国家自 2008 年达到 39% 的峰值以后一直在下降。可能的解释是随着新兴工业化国家市场制度和工业体系的完善，新兴工业化国家的经济规模扩张速度快于本国 DVA 的增速。

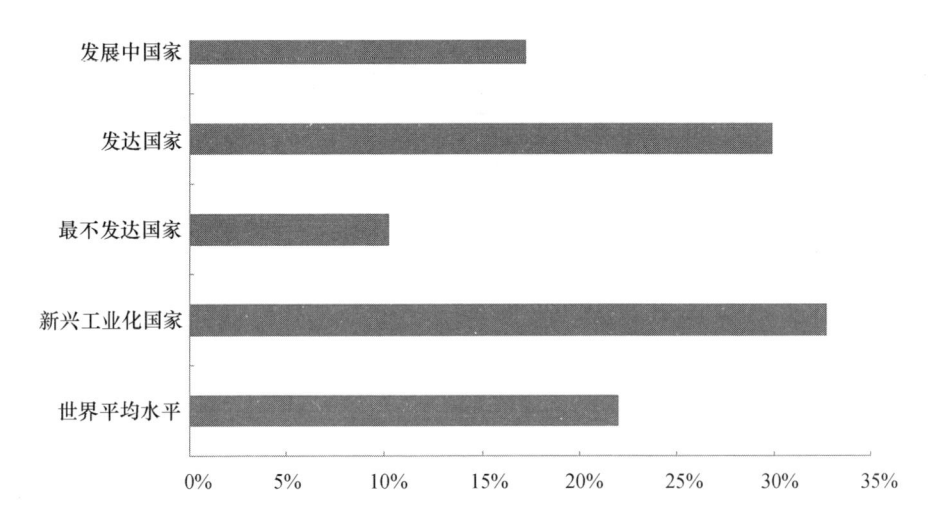

图 3　2010 年"一带一路"沿线不同发展水平国家 DVA 占 GDP 比重

资料来源：作者自制。

（三）FVA 是一国全球价值链后向参与度的体现

FVA 体现一国出口中他国投入品的价值增值，衡量一国产业对统一生产体系的依赖程度。对于发展中国家和最不发达国家，出口 FVA 占比是衡量一国参与全球价值链程度的必要参考，FVA 是进口能力和市场开放程度的重要体现。

如表 3 所示，沿线国家出口 FVA 呈现两极化的发展态势。在进口市场开放的条件下，最不发达国家一般通过进口中间产品简单加工的方式来参与全球价值链生产活动。因此，最不发达国家 FVA 的出口占比一般较高，缅甸年均 23% 的出口 FVA 占比正是这一参与方式的体现。但是，除缅甸、尼泊尔以外的其他最不发达国家出口 FVA 占比常年维持在 6% 左右，并且变动极小，这说明沿线最不发达国家进口能力尚未得到开发。最不发达国家主要增加值

表3 2000—2012年"一带一路"沿线国家出口FVA占比（单位：%）

		2000	2001	2002	2003	2004	2005	2006	2007	2008	2009	2010	2011	2012
发达国家	新加坡	30%	34%	35%	37%	38%	38%	39%	42%	43%	41%	40%	42%	52%
	以色列	23%	25%	27%	29%	31%	32%	35%	35%	34%	30%	31%	33%	32%
	斯洛文尼亚	46%	44%	40%	43%	44%	44%	46%	45%	46%	44%	49%	50%	49%
	捷克	52%	50%	45%	48%	44%	40%	43%	44%	44%	40%	44%	46%	43%
	匈牙利	53%	52%	47%	51%	51%	50%	53%	52%	53%	51%	56%	58%	60%
新兴工业化国家	马来西亚	35%	36%	35%	38%	40%	40%	43%	44%	44%	42%	47%	48%	51%
	印度尼西亚	16%	16%	14%	14%	17%	17%	17%	18%	19%	15%	14%	15%	16%
	泰国	30%	31%	29%	31%	31%	32%	36%	33%	35%	28%	28%	31%	33%
	菲律宾	36%	44%	42%	48%	53%	55%	52%	51%	55%	50%	50%	56%	47%
	印度	10%	9%	9%	11%	11%	11%	12%	12%	13%	10%	10%	12%	16%
	中国	20%	19%	17%	18%	19%	18%	18%	18%	18%	15%	17%	18%	17%
最不发达国家	缅甸	28%	40%	45%	31%	32%	30%	28%	20%	15%	11%	10%	12%	2%
	老挝	5%	5%	5%	5%	6%	6%	5%	6%	6%	4%	4%	4%	5%
	柬埔寨	3%	3%	3%	4%	5%	4%	5%	5%	6%	4%	5%	6%	7%
	尼泊尔	8%	8%	9%	13%	15%	17%	20%	22%	23%	21%	27%	29%	33%
	蒙古国	14%	11%	11%	12%	10%	10%	9%	9%	16%	13%	9%	9%	14%
发展中国家	越南	21%	18%	17%	18%	21%	18%	19%	17%	16%	13%	12%	11%	9%
	文莱	4%	4%	5%	5%	5%	5%	5%	5%	6%	6%	7%	7%	9%
	约旦	11%	10%	9%	11%	12%	13%	13%	13%	12%	11%	12%	13%	17%
	黎巴嫩	13%	12%	11%	13%	8%	9%	11%	12%	13%	10%	11%	13%	8%
	也门	2%	2%	2%	3%	3%	3%	3%	3%	3%	3%	4%	6%	6%
	阿曼	6%	6%	6%	5%	6%	5%	6%	7%	1%	6%	5%	6%	6%
	卡塔尔	3%	3%	3%	3%	3%	2%	2%	2%	1%	2%	1%	1%	2%

（续表）

	科威特	2%	3%	3%	3%	2%	2%	2%	2%	3%	2%	2%
	巴林	4%	4%	4%	5%	4%	5%	5%	5%	4%	4%	6%
	斯里兰卡	10%	9%	10%	11%	13%	13%	12%	13%	10%	12%	17%
	不丹	10%	10%	12%	14%	13%	15%	14%	11%	15%	18%	22%	34%
	哈萨克斯坦	13%	13%	12%	11%	10%	10%	10%	9%	10%	8%	9%	12%
	乌兹别克斯坦	3%	3%	4%	3%	3%	3%	3%	3%	3%	3%	5%
	土库曼斯坦	7%	6%	6%	7%	8%	7%	8%	6%	6%	6%	6%
	塔吉克斯坦	5%	5%	6%	5%	5%	12%	14%	14%	15%	14%	18%	26%	22%
	吉尔吉斯斯坦	20%	15%	15%	14%	15%	17%	19%	16%	16%	14%	17%	20%	31%
	俄罗斯	7%	7%	6%	6%	7%	6%	6%	6%	7%	7%	7%	9%
	乌克兰	11%	10%	9%	12%	13%	14%	17%	14%	14%	20%	21%	23%	35%
	白俄罗斯	7%	9%	8%	7%	7%	7%	7%	7%	7%	8%	6%	10%
	格鲁吉亚	8%	6%	6%	6%	6%	9%	10%	12%	10%	11%	12%	15%
发展中国家	阿塞拜疆	7%	7%	7%	8%	5%	4%	3%	3%	2%	2%	2%	4%
	亚美尼亚	17%	14%	13%	12%	10%	11%	9%	11%	11%	11%	12%	15%
	波兰	25%	23%	23%	25%	25%	26%	26%	25%	23%	24%	25%	28%
	立陶宛	42%	40%	36%	38%	38%	40%	42%	39%	38%	39%	39%	42%
	爱沙尼亚	56%	53%	49%	50%	48%	50%	47%	47%	44%	46%	45%	49%
	拉托维亚	27%	26%	25%	28%	27%	28%	26%	25%	22%	25%	27%	31%
	克罗地亚	17%	15%	14%	14%	14%	15%	16%	16%	13%	15%	16%	19%
	波黑	9%	9%	8%	7%	8%	8%	11%	10%	8%	9%	10%	15%
	阿尔巴尼亚	12%	10%	10%	9%	8%	8%	8%	8%	6%	7%	7%	11%
	保加利亚	32%	30%	28%	28%	20%	27%	23%	22%	19%	20%	20%	26%
	马其顿	39%	43%	47%	43%	38%	40%	35%	37%	40%	40%	39%	50%

注：部分国家由于个别年份数据缺失，不计入表中。
资料来源：UNCTAD-Eora全球价值链数据库。

出口产业为啤酒、烟草、服装生产、农产品加工、木材加工等低技术制造业，在进口市场开放度较低和进口能力不足的背景下，仅能对本国资源简单再加工，因而出口 FVA 占比极低。由于没有进口投入的拉动，最不发达国家的建筑业、高技术制造业、服务业出口潜能受到极大限制。

发达国家与新兴工业化国家除 2009 年外，出口 FVA 占比一直保持增长趋势。发达国家无论在出口 FVA 占比还是增长速度上都明显高于新兴工业化国家。这种不寻常的发展态势与沿线发达国家的出口行业复杂度密切相关。"一带一路"沿线发达国家出口主导产业依次为汽车制造业、机械设备制造业、运输设备制造业、集成电路仪器设备制造业、化学、橡胶及塑料制品业，占到出口增加值的 40% 以上。① 高技术制造业生产过程较为复杂，生产环节细分程度高，尤其是电子设备和汽车制造业，产业链垂直专业化程度高，即便是发达国家也不能独立生产，需进口大量中间投入品才能完成生产，行业出口 FVA 占比超过 35%。

沿线最大的经济体中国、印度、俄罗斯年均出口 FVA 占比分别为 17%、10%、6%，远远低于其他发展中国家。一方面，较大经济体在生产或出口过程中具备更强的自给能力，进口需求低于发展中国家；另一方面，这是由三国的出口结构决定的。服务业、资源出口对中间品需求较低，因而印度、俄罗斯出口 FVA 占比比中国更低。

沿线国家出口 FVA 地域特征较为明显。以资源出口为主的中亚、独联体、西亚的海湾国家出口 FVA 平均占比分别为 10%、7%、7%，低于多数沿线国家。工业基础良好和基础设施完善的西亚国家出口 FVA 占比更低，仅为 5%。在保持石油、天然气输出等上游优势的基础上，卡塔尔、巴林实施产业多元化战略，金融业及其他服务业已经成为本国出口增加值来源的第五大产业。同为资源型出口国家，卡塔尔、巴林具有更低的出口 FVA 占比（3%），出口对外部中间品的依赖程度低。东盟作为沿线参与全球价值链生产体系最早的国家，年均出口 FVA 达 23%。与东中欧国家由行业复杂度引起的 FVA 占比过高不同，东盟出口增加值占比较高的产业如食品加工业、化学、橡胶、塑料

---

① 根据世界一体化贸易解决方案（WITS）提供的数据计算所得 https：//wits.worldbank.org/Default.aspx? lang=en。

制品业行业复杂度偏低，FVA 过高说明东盟国家位于全球价值链生产体系的下游，对已有的一体化生产体系依赖性较高。生产体系中一旦发生需求或技术冲击，都会影响东盟各国的出口和经济的持续增长。

四、结论及政策建议

本文运用 MRIO 模型和由 UNCTAD – Eora 共同开发的全球价值链数据库，基于贸易增加值和全球价值链视角，对沿线不同发展水平、不同地理区位的国家参与全球价值链生产体系进行分析，得出如下结论：

从发展水平上讲，新兴工业化国家是沿线经济、贸易规模最大和增长最快的国家，具备参与全球价值链的良好物质基础。此外，出口 DVA 占比和增长也是沿线最高的国家，具备较强的出口竞争力。但新兴工业化国家经济增长对出口依赖过大，且在全球价值链中承担的生产环节不具备完全的竞争优势。作为沿线经济结构最合理、设施完善度最高的区域，发达国家出口 DVA 占比总体波动小于沿线其他国家。但随着亚洲国家在相同生产环节的竞争，发达国家面临生产环节分流的危机，出口 DVA 占比有逐年放缓的趋势。沿线多数最不发达国家依然通过出口本国资源或低技术制造业产品参与全球价值链，由于没有一定的经济基础和设施条件，加之国内进口能力尚未开发，最不发达国家在全球价值链中收益甚微。

从区域上看，东盟是目前沿线国家参与全球生产体系最早且程度最深的区域，但出口 FVA 的比例一直在上升，DVA 却在逐年下降，东盟国家在价值链中面临"低端锁定"问题。中亚、独联体、西亚多为资源型出口发展中国家，但实施产业多元化发展战略的国家明显具备更高的出口能力和更低的进口需求。

全球价值链的"碎片化"生产特性导致国家比较优势固化，各国尤其是发展中国家若不进行适当的政策干预，极易陷入"环节锁定"这一困境。因此，针对沿线不同发展水平国家和地区参与全球价值链暴露出的问题提出如下建议：

第一，根据最不发达国家参与价值链的属性制定灵活的贸易和产业政策。最不发达国家参与的价值链可以分为垂直型价值链（vertical specialized value chains）和顺序型价值链（additive value chains）。在垂直型的价值链中，专业化部件和中间产品可在不同的区域同时生产，而在顺序型价值链中，生产步骤及区域相对固定，最不发达国家参与后者居多。对于顺序型价值链，政策的重心应集中于增强供给能力和提升出口国内增加值。例如，对出口的产品提出具有明确时效性的出口产品国内价值要求和出口关税优惠政策，鼓励出口企业在短期内提升产品的本国价值含量。而对于垂直型的价值链，政策应集中于如何消除贸易障碍和提升贸易设施水平。最不发达国家应尽可能落实《贸易便利化协定》条款，简化行政程序，改善海关通关设施，推动海关管理信息化与国际化，增强进口效率。从长期来看，《贸易便利化协定》通过降低进口成本的方式增加最不发达国家可参与的生产环节，提升出口竞争力，帮助其更好地融入全球价值链。此外，对于交通设施和信息技术设施等贸易硬件设施的改进，最不发达国家可借助由世界银行提供的贸易便利化支持项目和经济合作与发展组织提供的贸易援助项目，获得改善贸易硬环境的资金支持。国内的产业政策应更集中于帮助中小企业参与具体的生产任务或生产环节，使中小企业通过提供中间产品或服务参与到全球价值链生产体系中，而不是盲目构建产业生产体系。

第二，对于沿线已广泛参与全球价值链生产体系的新兴工业化国家和发展中国家，政策措施应偏重于实现参与环节多元化。随着多边区域贸易经济一体化进程加快，贸易壁垒已从边界外转向边界内，各国政府政策的作用空间变窄。对跨国企业推动的行业标准变更导致的贸易壁垒，政府应当通过与私营部门合作推动行业标准提升，消除贸易障碍。新兴工业化国家和发展中国家较为集中的东亚、南亚、东盟地区，可在原有区域贸易协定的基础上，缔造更大范围的贸易与投资协定，构建区域贸易投资促进机制。通过共同投资促成多边产业集群的形成，并在集群内进一步统一行业、环保和劳工标准，形成区域一体化生产体系，减少对发达国家主导的产业一体化生产体系的依赖。在低水平发展中国家更低劳动力成本的竞争压力下，新兴工业化国家和发展中国家在全球价值链生产体系中在保持传统优势环节的基础上，向生产活动的前后方延伸，实现"任务捆绑"。经过多年的发展，新兴工业化国家和发展中国家在生产前的调研、设计、研发、品牌推广、融资及物流、售后等生产后环节都具备一定参与能力。因此，将生产前中后部分环节捆绑承担，不仅有利于跨国企业减少中间产品进口和降低协调成本，也有利于实现东道国生产性服务的多元化发展，为出口增加值的可持续增长提供动力。将生产性服务嵌入制造业出口，需要新兴工业化国家和发展中国家为要素跨境流动提供更自由的市场环境，不断扩充国际知识产权保护的范围。

第三，沿线发达国家的政策重心应集中于保持本国在全球价值链中的比较优势和竞争力。面对乏力的经济、贸易增长态势，发达国家需对国内产业环节重新布局，专注优势环节。对于本国竞争优势不突出的化学、橡胶、塑料制造类部门，可将其转移至工业基础良好、资源丰富的西亚、独联体国家，将制造业中间品生产外包至南亚、东亚、东盟地区，国内人力、技术、资本则集中于技术开发、品牌推广、生产线设计等供给链上游环节。在优势行业培育世界级人力资本是发达国家保持出口竞争力的关键。因此，发达国家专业性技术培训机构、地方大学及跨国企业三方应密切合作，确保市场需求和技术研发走向的一致性；不断完善国家技术认证体系，确保技术人才质量；发挥私营企业、行业协会、非政府组织和政府投资项目的角色作用，为行业发展提供人才储备。

第四，对于中亚、独联体、西亚地区，产业链在国内的延伸是关键。以初级农牧类产品为出口主体的国家，可适当引入外资并放宽出口产品本国价值的比例，进口加工设备及生产线，将农牧产品增值最多的加工环节留在国内。以石油、天然气、贵金属等资源类产品出口为主的中亚、西亚部分国家，需要不断完善以产业为主体的配套设施体系和运输网络，提高出口效率。对于国内出口主导产业发展基础良好的国家，可进一步尝试产业多元化发展，在巩固原有优势的基础上进一步拓宽出口渠道，保持出口国内价值增值的可持续性。

第五，作为沿线最大的新兴工业化国家和"一带一路"倡议的发起者，中国有能力为沿线国家深入参与全球价值链和提升基础设施水平提供条件和平台。中国将充分利用本国在基础设施建设方面的比较优势，在沿线加快构建海运、河运、高速公路、铁路运输体系、光纤通讯体系和石油天然气管道运输体系，全方位增强沿线国家间的"互联互通"，满足东盟、南亚等地区大规模基础设施建设的需求，为部分发展中国家和最不发达国家融入全球价值链创造基础条件。

沿线国家多为经济发展水平较低的发展中国家，受制于经济基础和设施条件，很难从现存的全球价值链中获益。因此，根据产业优势及在全球价值链中承担任务和环节的不同，中国可与沿线国家共同构建新"雁阵模式"，即"一带一路"区域价值链。新"雁阵模式"以价值链上游的发达国家及新兴工业化国家中的印度、中国为雁首，承担产品标准化设计、研发、高技术制造等环节，其余新兴工业化国家和部分发展中国家为第二梯度，利用自身资源和工业基础，发展资本技术密集型产业，经济基础薄弱的发展中国家和最不发达国家为第三梯度，承接由第二梯度国家转移的中间产品加工环节。新"雁阵模式"应当随着沿线国家经济发展而进行动态改进。在现阶段的第二梯度国家中，可先由中东欧、独联体等经济基础良好、基础设施完善的区域承担资本技术密集型生产任务。随着南亚、中亚等其他国家设施、技术条件的完善，这些国家可以承接中东欧、独联体地区现阶段的生产环节，而中东欧、独联体地区可根据本国的生产优势重新进行布局，朝着附加值更高的生产环节演进。

中国可以边境经济合作区、境外经贸合作区、跨境经济合作区作为构建"一带一路"区域价值链的载体，推动与沿线国家的价值链分工。引导沿线各国企业入园投资，通过特色工业园的示范作用带动东道国产业价值链升级。此外，由中国筹建的丝绸之路发展基金和亚洲基础设施投资银行，能够为正处于产业升级和基础设施建设阶段的发展中国家和进口激增导致外汇赤字的最不发达国家提供资金支持，弥补亚洲开发银行、世界银行支持亚洲发展的资金缺口。

第二部分

服务贸易

第一篇　全球服务贸易竞争格局与我国的地位[*]

——基于《全球服务贸易发展指数报告》的视角[**]

李　俊　李西林　朱福林　王　拓　王舒曼

近年来，全球服务贸易增速持续高于货物贸易，成为拉动世界经济增长的重要动力。一国服务贸易的发展水平，也日益成为大国竞争优势的重要内容。商务部研究院依据反映服务贸易综合发展水平的规模、结构、地位、产业基础、综合环境5类一级指标及相应的14项二级指标，对全球87个高度参与服务业全球化的国家和地区服务贸易综合发展水平进行评估，研究发布了《全球服务贸易发展指数报告》。研究报告显示，全球服务贸易竞争格局呈现一系列鲜明特点，我国在提升服务贸易发展水平方面优势与短板并存，亟待通过提升开放水平等途径增强未来竞争力。

一、全球服务贸易发展总体格局

根据《全球服务贸易发展指数报告》的研究，全球服务贸易发展格局呈现以下特点。

---

[*]　此文发表于《城市住宅》2018年第11期。
[**]　此文发表于商务部政策研究室编《调研与参考》2019年2月15日。

（一）从规模指标看，美国等大国服务贸易总量规模位居前列，而爱尔兰、新加坡、香港地区等小型经济体人均服务贸易规模排名靠前

从总量规模指标看，排名靠前的均为大型经济体，如 2017 年美国服务贸易 1.28 万亿美元，遥遥领先其他国家，中国服务贸易 6957 亿美元，位居世界第二位。从人均规模看，一些高度开放的小型经济体排名靠前，如爱尔兰人均服务贸易超过 8 万美元，高居世界第一位；澳门地区和新加坡人均服务贸易额分别接近 7 万美元和 6 万美元，位居世界第二、第三位。综合来看，规模指标排名靠前的主要是大型经济体，如美国、中国、德国、英国、法国等，以及服务贸易高度开放发达的小型经济体，如爱尔兰、澳门地区、新加坡等。

（二）从结构指标看，高度开放的小型经济体服务贸易发达，在服务贸易占对外贸易比重，以及新兴服务贸易占服务贸易比重两方面的排名相对靠前

从各经济体外贸结构看，即一国服务贸易占对外贸易的比重，全球均值为 24%，排名前 20 的国家和地区大多是服务业发达，且以旅游或离岸金融为主的小型经济体，其中澳门地区和爱尔兰分别以 80%、63% 位列世界第一和第二位，显著领先于其他地区。从服务贸易内部结构来看，即一国新兴服务贸易占服务贸易总额比重，全球均值为 35%，排名前 20 的国家和地区大多集中在 50%—70%。爱尔兰以 92% 位列第一，这一绝对优势来自于该国极具竞争力的计算机服务、商业服务和金融服务业。

（三）从服务贸易地位看，美国、中国等大型经济体服务贸易占全球比重较高，服务贸易国别区域分布较为集中是显著特点

全球服务贸易发展不平衡，少数国家和地区参与了大部分的服务贸易活动。2017 年，全球服务贸易出口排名前 20 的国家占全球服务出口总额的 70.31%，其中前 10 位国家占 53.3%，前两位的美国和英国分别占 14.43% 和 6.58%。全球服务进口排名前 20 的国家占全球服务进口总额的 69.50%，其中前 10 位国家占 52.7%，前两位的美国和中国分别占 10.17% 和 9.15%。

（四）从产业基础看，服务贸易发展水平与服务产业基础高度相关，服务业发达的经济体一般服务贸易发展水平也较高

服务产业是服务贸易的基础。凡是服务贸易发达的地区，要么其服务产业规模大，要么其服务产业国际化程度高。例如，美国作为世界第一的服务贸易大国，其服务产业增加值占全球约25%，2017年服务业增加值达15万亿美元，领先世界排名第二的中国5.77万亿美元两倍之多。对于一些服务贸易发达的小型经济体来说，虽然其服务产业规模不大，但其服务产业的国际化程度高。例如在爱尔兰、新加坡和澳门地区，服务贸易占服务业增加值比重均超过100%，爱尔兰更是达到201.54%。

（五）从发展环境看，服务业开放环境和营商环境是影响服务贸易发展水平的重要因素

一般来说，服务贸易发展水平较高的经济体的服务业开放程度普遍较高，且国内营商环境较为宽松。从全球服务贸易限制指数（STRI）来看，美国、爱尔兰、新加坡等服务贸易发展水平较高的经济体其STRI指数也较低，而中国在服务贸易发展水平前20位的经济体中服务贸易限制指数却相对较高。从营商环境指数（DTF）来看，美国、爱尔兰、澳门地区、新加坡、英国等服务贸易发展水平位居世界前列的国家和地区均超过80，营商环境相对宽松，全球均值为67.62，而中国为65.29。

总体来看，服务贸易与经济发展水平高度相关。研究发现，服务贸易存在一定的"富人俱乐部"现象。服务贸易发展指数越高的国家，其人均GDP排名也越靠前，反之亦然。因此，从某种程度上讲，中国若要成功晋入高收入国家行列，须把服务贸易发展水平提升至相应水平。全球服务贸易综合发展指数排名前10的国家和地区——美国、爱尔兰、澳门地区、新加坡、英国、荷兰、德国、法国、香港地区和比利时，均为高收入经济体。我国排名第20位，是跻身前20的唯一发展中经济体。在综合发展指数高于全球平均值的31个经济体中，有25个为高收入经济体，5个为中高收入，仅1个为中低收入（格鲁吉亚）。

二、我国服务贸易具有优势

（一）服务贸易规模优势明显

近年来，我国服务贸易综合竞争实力稳步提升，服务贸易在对外贸易中的比重提升至 15% 以上。经测算，我国服务贸易规模指数（包括总量规模和人均规模）排名全球第 7 位，地位指数（包括出口和进口占世界的比重，以及竞争力地位等）排名第 6 位。从规模来看，2017 年我国服务进出口总额 6975 亿美元，仅次于美国的 1.28 万亿美元，排名全球第 2 位。其中，我国服务出口额占全球比重为 4.29%，排名第 6 位；服务进口额占全球比重为 9.15%，排名第 2 位。

（二）服务业基础提供有力支撑

我国积极融入服务全球化进程，庞大的服务业基础为我国参与全球服务市场竞争提供了有力支撑。虽然服务业占 GDP 比重在世界排位较为靠后（第 77 位），但我国服务业总体规模较大，2017 年服务业增加值为 5.77 万亿美元，位居全球第 2 位，仅低于美国。

（三）区域协调发展空间广阔

从城市层面看，2017 年北京、上海、广州、深圳的服务贸易综合发展指数在 50 以上，其中北京、上海超过 70，远高于全国平均值（24.1），是我国服务贸易发展的第一梯队，并引领辐射形成环渤海、长三角、粤港澳三大服务贸易集聚圈。从其他省级层面看，广东、江苏、天津等服务贸易发展指数排名靠前。其他城市和地区的服务贸易发展差距十分明显，这也意味着这些地区发展服务贸易，推进服务产业国际化的空间很大。

（四）数字领域集群效应明显

我国数字产业化与产业数字化交互促进，数字经济规模扩张至近 30 万亿元，占国内生产总值比重接近 1/3，推动跨境电子商务、计算机和信息服务、在线旅游、在线医疗、网络游戏、影视动漫等服务贸易快速发展。例如，2013—2017 年我国计算机和信息服务贸易持续较快增长，平均增速达 17.6%。依托龙头企业、大型平台载体，在北京、上海、深圳、广州、杭州、成都等国家级区域级中心城市形成集群式发展的数字创新创业生态体系，服务贸易发展动力强劲。

三、我国服务贸易存在短板

（一）出口竞争力有待提高

我国服务贸易持续逆差，近 20 年来逆差规模呈现快速扩大之势。2017 年我国服务贸易竞争力指数（进出口差额/进出口总额）为 -34.43%，排名全球第 76 位。人均服务贸易额相对较低，2017 年我国人均服务贸易额仅为 489 美元，排名第 59 位，处于中等水平。

（二）结构有待优化

我国服务贸易结构指数排名位列全球第 72 位，较为靠后。从服务贸易占对外贸易比重来看，2017 年这一指标值仅为 14.4%，排名第 75 位。从新兴服务贸易额占服务贸易总额比重来看，2017 年这一指标值仅为 31.3%，排名全球第 51 位。

（三）综合环境有待提高

我国服务业对外开放程度相对滞后，综合环境指数排名第 59 位，处于中等水平。此外，根据世界银行发布的服务贸易限制指数，我国开放程度排名第 78 位，服务业限制指数为 36.6，而美国、英国、日本等发达国家的限制指数普遍位于 15—25 之间，发展中国家巴西、墨西哥的限制指数分别为 22 与 30，都低于我国。

（四）产业基础有待进一步夯实

我国服务业总体规模大，但"大而不强"，产业基础指数排名仅全球第

41位。2017年,我国服务业增加值占国内生产总值的比重为51.56%,排名第77位。而同期发达经济体这一指标值均超过60%。2017年,我国服务业从业人员占全体从业人员比重为54.85%,排名第50位;服务业劳动生产率排名第51位。

四、政策建议

(一)深化服务贸易改革开放

一是加强自由贸易试验区、服务业扩大开放综合试点、服务贸易创新发展试点、跨境电子商务综合试验区等多类型开放平台的联动,以扩大服务业双向开放激发服务贸易创新发展活力。二是在双边服务贸易工作组和有关协定等框架下,将地方开展国际服务贸易合作事项列入相关机制,构建国别服务贸易发展的地方支点。三是支持地方开展服务贸易改革开放试点,例如支持在广东横琴新区设立对澳门地区的服务贸易合作的试验区,探索一国两制体系下的服务贸易自由化、一体化制度安排。四是持续完善服务贸易考核评价标准,切实发挥统计考核的指挥棒作用。

(二)强化服务出口能力建设

一是壮大市场主体,评选认定服务贸易新技术、新业态、新模式("三新")企业,同等享受技术先进型服务企业所得税政策。二是以建设文化、数字服务和中医药出口基地为抓手,打造基于服务贸易的产业链和产业生态体系,形成产业与贸易、服务与制造、生产与消费相融合的现代化、国际化、服务化的产业新生态。三是支持各类服务贸易企业赴境外参展推介,提升国际市场开拓能力,持续跟进支持企业对接项目落地。四是加强对全球和重点国别服务贸易发展现状、趋势和最新动态研判,支持地方城市与国外城市开展地方层面的服务贸易交流合作。五是积极推进服务贸易制度型开放,加强服务业和服务贸易国际标准规范及规则对接。

（三）提升服贸创新发展试点溢出效应

一是加快推进现有服务贸易创新试点政策落地，如面向出口的服务贸易企业所得税政策、医疗旅游签证等，扩大企业享受服务贸易试点优惠政策的覆盖面。二是加强单项试点政策的评估与调研，针对财政、税收、便利化、金融等单项试点政策的实施效果开展针对性评估，分析在政策落地实施过程中的具体障碍，并在深化实施过程中加以改进。三是含金量较大的税收等部分试点政策可适时向全国推广，推动支持服务贸易创新发展的全国普惠政策出台。

第二篇 我国服务贸易高质量发展取得积极成效

崔艳新　赵若锦

随着我国经济由高速增长向高质量发展阶段转变，服务贸易成为经济高质量发展的重要推动力量。2019年我国服务进出口规模创历史新高，贸易逆差持续收窄，结构持续优化。1—10月，我国服务进出口总额44392.7亿元人民币，同比增长2.6%；服务出口15772.3亿元，同比增长9.0%；服务进口28620.4亿元，同比下降0.7%；服务逆差12848.1亿元，同比下降10.4%。其中知识密集型服务进出口额为15135.5亿元，同比增长10.7%，高于服务进出口整体增速8.1个百分点；在服务贸易总额中的占比为34.1%，较上年同期提升2.5个百分点。

一、中国成为全球服务贸易发展的强大引擎

中国服务进口和出口均保持高速增长态势。国际金融危机以来，在全球经济复苏缓慢的大背景下，中国服务贸易仍逆势保持了较高的增长速度。2009—2018年间，全球服务出口保持4.0%的平均增长速度，其中发达经济体、转型经济体、发展中经济体的服务出口年均增长速度分别为3.3%、3.4%、6.0%；全球服务进口保持3.9%的年均增长速度，其中发达经济体、转型经济体、发展中经济体的服务进口年均增长速度分别为2.8%、3.2%、6.0%。相比较而言，中国服务出口保持7.3%的年均增长速度，高于美国服

务出口年均增速（4.6%），也高于全球服务出口年均增速 3.3 个百分点；进口保持年均 13.6% 的高增长速度，远高于美国服务进口年均增速（3.2%），高于全球服务进口均增速 9.7 个百分点。

中国成为全球服务贸易增长的最大贡献者。自金融危机以来，中国在刺激全球服务市场需求方面发挥了建设性作用。2009—2018 年间，中国服务出口规模由 1225.6 亿美元增长为 2668.4 亿美元，规模增长了 1.2 倍，在全球服务出口中的占比由 3.4% 提升为 4.6%；进口规模由 1459.8 亿美元增长为 5250.4 亿美元，规模增长了 2.6 倍，在全球服务进口中的占比由 4.2% 提升至 9.4%，位列全球第 2 位。2018 年，中国服务出口同比增长 17.0%，对世界服务出口的贡献率达 9.3%；进口同比增长 12.3%，对世界服务进口的贡献率达 14.9%，中国成为推动全球服务进口增长的最大贡献者。

二、服务业转型升级为服务贸易发展创造条件

服务业为服务贸易结构优化提供有力支撑。随着供给侧结构性改革的深入，服务业日益成为国民经济的支柱性行业。2018 年我国服务业增加值在 GDP 中占比为 52.2%，服务业对 GDP 的贡献为 59.7%。同时，服务业转型升级步伐加快，推动服务贸易逆势增长。随着 5G、大数据、人工智能、工业互联网、车联网等新一代信息技术的发展与应用，服务业新技术、新业态、新模式不断涌现，促进信息传输、软件技术服务、商务服务业等新兴服务业蓬勃发展。2019 年 1—10 月，我国信息传输、软件和信息技术服务业，租赁和商务服务业生产指数分别增长 16.9% 和 11.3%，增速分别快于全国服务业生产指数 10.3 和 4.7 个百分点。信息技术与服务业的深度融合，促进服务贸易的高质量发展。1—10 月，我国电信计算机和信息服务、其他商业服务进出口总额分别为 4475.4、6841.2 亿元，同比分别增长 19.1%、9.5%。

服务外包产业逐步向价值链高端迈进。服务外包规模较快发展，1—10 月，我国企业签订服务外包合同额 1487.9 亿美元，执行额 994.5 亿美元，同比分别增长 4.4%、9%；其中承接离岸服务外包合同额 901.7 亿美元，执行额 613.1 亿美元，同比分别增长 9.8%、9.9%。服务外包产业结构不断优化。1—10 月我国管理咨询服务、测试服务、互联网营销推广服务、信息技术解决

方案服务、电子商务平台服务、检验检测服务等新兴生产性服务外包离岸执行额分别为 2.1、21.3、3.1、3.8、7.1、8.3 亿美元，同比分别增长 59.2%、65.4%、53.6%、72.3%、34.7%、36.5%。服务外包市场呈现多元化发展。1—10 月，美国、香港地区、日本、新加坡、韩国稳居我国离岸服务外包前五大市场。其中，我国承接美国、香港地区、日本、新加坡、韩国离岸服务外包执行额分别为 128.9、101.3、56.1、34.7、27.9 亿美元，同比分别增长 7.5%、7.7%、18.8%、7.8%、0.9%。

三、数字技术的发展为服务贸易注入新动力

数字服务贸易成为拉动经济增长和贸易扩张的新趋势和新动力。数字技术的创新发展改变了传统的贸易方式，大力发展数字服务贸易成为世界各国深化合作的重要领域，也是各国深度融入经济全球化进程，提升全球价值链地位的重要途径。我国数字经济规模巨大，互联网基础设施完善，在 5G、云计算、人工智能、大数据等新兴技术领域都积累了较强的优势。"十三五"以来，我国软件出口规模明显提升，持续向全球价值链高端环节跃升。2018 年我国软件出口执行金额 412.3 亿美元，同比增长 9.8%；与云计算相关的运营服务收入同比增长 21.3%，在信息技术服务中的占比达到 30.0%，云服务商规模和实力仅次于美国；数字内容领域出口规模迅速扩大，2009—2019 年间我国自主研发游戏海外市场实际销售收入由 1.1 亿美元增长至 115.9 亿美元，11 年间销售收入增长了 104 倍。

数字技术驱动的知识密集型服务出口保持快速增长。从进出口规模来看，2019 年 1—10 月，我国知识密集型服务进出口额为 15135.5 亿元，同比增长 10.7%，高于服务进出口整体增速 8.1 个百分点；在服务贸易总额中的占比为 34.1%，较 2018 年同期提升 2.5 个百分点；其中，个人文化和娱乐服务、电信计算机和信息服务进出口额分别为 293.6、4475.4 亿元，同比分别增长 27.6%、19.1%。从出口来看，知识密集型服务出口额为 7959.8 亿元，同比增长 13.0%，高于整体增速 4 个百分点；在服务出口额中的比重为 50.5%，较去年同期提升 0.9 个百分点。其中，知识产权使用费、电信计算机和信息服务出口额分别为 378.9、2966.4 亿元，同比分别增长 25.3%、19.1%。

四、政策体系日益完善促进服务贸易联动发展

服务领域全方位开放格局正在形成。2019 年以来，我国进一步简化外资准入负面清单，新增批复设立了 6 个自贸试验区，在交通运输、基础设施建设、文化娱乐、增值电信等领域，放宽对外资的准入限制，先后修订了《服务出口重点领域指导目录》《鼓励进口服务目录》等 5 个服务贸易领域关键重点目录。服务外包示范城市与服务贸易创新试点地区出台多项举措，进一步完善服务贸易管理体制和政策体系，创新发展模式与监管模式，提升服务贸易自由化与便利化水平。加快推动 13 个文化出口基地建设，并启动了中医药服务出口基地建设，重点领域服务贸易不断取得新进展。此外，中国国际进口博览会、中国国际服务贸易交易会等服务贸易平台呈常态化、多元化发展趋势，为中国乃至世界服务贸易进出口提供新平台。相关政策措施的落实推进完善了中国服务贸易管理体系，在推动服务贸易区域协调发展的基础上，实现服务贸易的高质量发展。

服务贸易创新发展试点地区引领示范作用不断增强。自国务院批复同意在北京、天津、河北雄安新区、重庆两江新区等 17 个省市（区域）深化服务贸易创新发展试点以来，试点地区逐步放宽或取消服务贸易市场准入，鼓励新兴服务出口和重点服务进口，对服务出口实行免税，符合条件的可实行零税率。随着政策效益的不断完善，政策红利逐渐显现，服务贸易创新试点地区服务出口额不断增长，占比不断提升。2018 年，我国 17 个服务贸易创新发展试点地区服务进出口合计 39870.1 亿元，占全国的比重为 76.7%，高于全国增速 5.1 个百分点。其中，17 个试点地区服务出口额为 13749.9 亿元，同比增长 18.1%，高于全国出口增长速度 3.5 个百分点；17 个试点地区服务进口额为 26120.2 亿元，同比增长 15.8%，高于全国进口增长速度 5.8 个百分点。

第三篇　我国服务进口进入持续增长阶段[*]

孙铭壕

改革开放以来，我国不仅货物贸易总量跃居世界第一，服务贸易也实现快速发展，并日益成为发展对外贸易和深化对外开放的新引擎。1982—2018年，服务进出口总额从46.9亿美元提高到7919亿美元，年均增长15.3%，服务贸易占外贸比重从1982年的10.1%，提高到2018年的14.7%。随着我国经济实力的持续增长，经济由高速增长阶段转向高质量发展阶段，人民群众对物质和精神生活的要求不断提升，我国生产性与生活性服务进口进入持续增长阶段，当前服务进口已占到服务贸易总体规模的60%左右，成为推动服务贸易发展的支撑力量。党的十八大以来，我国服务进口年均增长12.16%，高于服务出口平均增长率近3个百分点，保持高速增长态势。

首先，人民群众对美好生活的需求极大地刺激了生活性服务消费进口。随着经济发展和国民收入水平的提高，个性多元化的生活服务需求逐渐增加，文化创意、留学、旅游、健康医疗和影视版权等个性化生活服务需求逐渐涌现。个人文化和娱乐服务进口是我国唯一持续保持20%以上年增长率的服务行业，2012年至2018年年均增长25.55%，2019年1—8月我国个人、文化和娱乐服务进口同比增长30.33%。我国与"一带一路"沿线国家与地区签署了开展文化贸易与合作的协议，先后举办了中法文化年、中俄文化年等各

---

[*] 此文发表于《国际商报》2019年11月。

类大型文化交流活动,在全世界30多个国家设立了中国文化中心,以文化中心为平台进口各国优质视听、娱乐产品版权,满足国内消费者对文化产品与服务的偏好。

教育服务方面,为了寻求国际化的视野、全面的知识储备、多维度的思考方式以及跨文化的交流能力,出境留学成为越来越多国内学生的选择。根据人力资源和社会保障部于2019年6月发布的《2018年度人力资源和社会保障事业发展统计公报》,我国出境留学人数从2012年的39.96万人次增长至2018年的66.21万人次,年均增长9%。

旅游进口方面,自1983年中国普通公民正式获批自费出境以来,旅行服务进口进入快速发展时期。2010年以来,中国政府逐步对在华外资旅行社开放中国公民出境游业务,持普通护照的中国公民可以免签证或落地签前往的国家数量增至68个,出境旅游选择范围的扩大为旅行服务进口的增长提供了持续性增长空间。如今,中国是日本、泰国、新加坡、韩国、越南、印度尼西亚、俄罗斯、柬埔寨、马尔代夫、南非的第一大入境旅游客源国,连续6年保持世界第一大出境旅游客源国与消费国,贡献了1/6左右的世界旅游业增加值,创造了1/4左右的世界旅游就业岗位。

其次,经济高质量发展对高端生产性服务进口需求强劲。十九大报告指出我国经济已由高速增长阶段转向高质量发展阶段。迈向高质量发展是遵循经济发展规律的必然要求,是破解现实经济发展难题的根本出路。从价值形态上看,生产性服务贸易贯穿于货物产品生产的各个环节,为产品增值提供跨国境的服务投入。为了适应实体经济升级需求,为实体经济提供各种非物质形态的生产性服务进口逐渐增长。

运输、加工服务、维护和维修服务以及建筑行业是我国的传统服务行业。在我国传统服务行业中,运输、加工服务、维护和维修服务进口实现持续稳定增长,2012—2018年年均增长率分别为11.97%、11.17%、33.98%。自2014年上海开始在自贸区内率先探索全球维修业监管并逐步向区外复制推广以来,迄今上海自贸区、苏州工业园区内外已有24家企业获入境维修/再制造业务资质,我国"全球维修试点"的建立带动了大批相关维修服务进口。2012—2018年,我国维护和维修服务进口增长率高达33.98%。

与此同时,新兴服务进口大幅跃升。在电信、计算机和信息服务领域,我国始终保持着贸易顺差。究其原因，一方面，我国信息技术产业在相关制造和技术开发领域位居国际前列，既有相关服务出口的能力，也有服务进口的市场需求；另一方面，中国传统制造业的数字化升级和新兴平台经济、共享经济的发展，释放了大量的电信计算机和信息服务进口需求。2012—2018年，我国电信、计算机和信息服务年均增长31.36%，是我国服务进口增长最快的领域。

在知识产权使用费领域，随着我国知识产权保护水平的日益提高，知识产权使用费进口逐年增长。2012—2018年，我国知识产权进口年平均增长率为19.63%，知识产权使用费进口约占服务进口总额的7%。中国的知识产权进口主要集中在专利、商标和版权三个领域，主要进口国为美国、日本、德国等发达国家。

金融服务领域，在金融业扩大开放的推动下，中国居民金融消费加速升级，金融服务进口需求日益增长。2012—2018年，中国金融服务进口年均增长10.14%，进口规模扩大了约6倍。在金融"新十二条"的推动下，我国允许外资银行参与进出口通关缴税和关税保函业务，不断推进企业增信担保、企业集团财务公司担保和关税保证保险改革，降低了外贸服务企业的融资成本，部分服务业开放试点以著作权、专利权、商标权等无形资产融资租赁，使具有创新力的服务企业获得资金融通，具备进口技术、版权、咨询等知识密集型服务的资金实力。

未来，我国服务进口还将持续保持高速增长态势。一方面，服务进口持续增长是满足新时代中国人民美好生活需要的必然趋势。中国将全面建成小康社会，居民生活水平不断提高，对健康医疗、文化创意等生活性服务需求快速增长。扩大服务进口有利于推动经济高质量发展，满足人民对美好生活的向往，提高中国人民的幸福感和获得感。另一方面，持续扩大服务进口是经济高质量发展的必然选择。我国正处于经济转型升级和高质量发展的重要时期，对研发设计、节能环保、信息技术、金融保险、第三方物流、商务咨询、品牌建设等生产性服务需求旺盛。同时，我国还将进一步优化营商环境，出台一系列政策，大力推动先进技术与优质服务的进口。

一是全面、持续推进服务业扩大开放和服务贸易创新发展工作，扩大服务进口。依托北京市服务业扩大开放试点、海南自由贸易港、上海自贸试验新片区和全国服务贸易创新发展试点，引导各类资本进入文化、旅游、保健、医疗等生活性服务领域，优化服务供给。

二是以国家级展会为平台，拓宽服务进口的领域和范围。2018年11月，我国成功举办了第一届中国国际进口博览会，进博会除了为产品进口搭建交易平台，还为相关服务进口创造新的机遇，为各类产品维修、保养、技术产权、影视版权、咨询服务等新兴服务的进口搭建了平台。第二届进博会将在新增"进博会发布"平台、增设企业展区新题材和室外展场、加强国际高水准知识产权保护、促进交流合作和开辟上海非遗和老字号展示区五大方面创新，必将带动服务进口大幅增长。

三是我国将提升跨境服务贸易便利化水平，提高服务进口效率。我国在吸取各个自贸区贸易便利化试点经验的基础上，将"单一窗口"功能覆盖至跨境电商、服务贸易领域，探索完善跨境交付、境外消费、自然人移动等模式下服务贸易市场准入制度，研究进一步放宽或取消限制措施，提高服务贸易便利化水平，扫除服务进口障碍。

第四篇　中国与"一带一路"沿线国家和地区服务贸易合作现状及对策研究[*]

张　琼

当前，世界已进入服务经济时代，服务贸易不仅为国际贸易发展提供了新动能，也成为世界经济增长的新引擎。特别是在逆全球化思潮涌动的形势下，大力发展服务贸易，既符合我国经济转型升级、实现高质量发展的战略要求，也有助于突破当前全球化中的阻力和障碍，推动形成全球化新格局。"一带一路"倡议提出6年来的实践证明，我国优先发展服务贸易的战略抉择是完全正确的，而且得到"一带一路"沿线国家和地区的积极响应，取得丰硕成果，并呈现出巨大发展空间与潜力。然而值得注意的是，当我们欣喜地看到取得成绩的同时，仍需保持清醒和冷静，全面客观认真分析前进路上存在的问题与障碍，及时采取务实有效的应对措施，确保持续推进"一带一路"走深走实、行稳致远，为打造人类命运共同体做出中国贡献。

---

[*] 本文发表于《国际经济合作》2019年第6期。

一、中国与"一带一路"沿线国家和地区服务贸易合作现状

(一) 服务贸易合作的主要特点

规模稳步扩大。6年多来,中国与"一带一路"沿线国家和地区的服务贸易保持了较快增长,2017年的服务贸易总额达977.6亿美元,同比增长18.4%,占中国当年服务贸易总额的14.1%。其中,服务出口额为308.9亿美元,同比增长6.2%,占中国服务出口总额的13.5%;服务进口额为668.7亿美元,同比增长25.1%,占中国服务进口总额的14.3%。服务贸易逆差额为359.8亿美元,比上年扩大116.2亿美元,占中国服务贸易总逆差额的比重由上年的10.0%上升至15.0%(见图1)。中国正成为"一带一路"沿线国家和地区服务出口的重要市场。

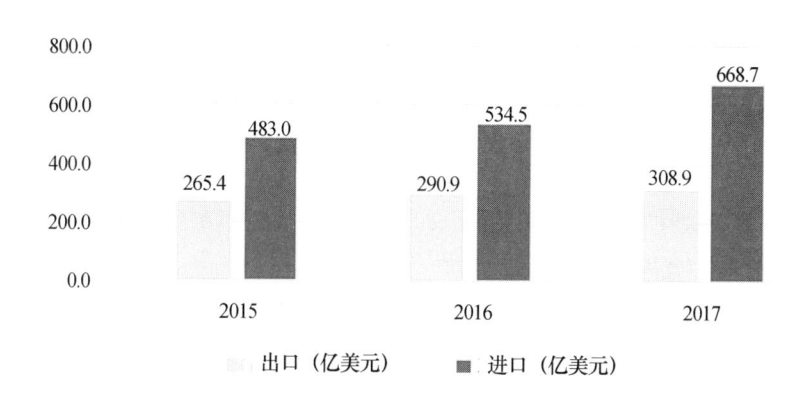

图1　2015—2017年中国与"一带一路"沿线国家和地区服务贸易额
资料来源:商务部。

结构不断优化。在三大传统服务贸易领域中,运输服务增长快速,2017年贸易额为332.2亿美元,占中国与"一带一路"沿线国家和地区服务贸易额的比重由上年的32.2%提升到34%。随着服务领域新技术、新业态、新商业模式不断涌现,高技术、高附加值的新兴服务贸易也快速增长,2017年与

沿线国家专业管理和咨询服务，电信、计算机和信息服务，保险和养老服务，知识产权使用费，个人、文化和娱乐服务等六大新兴领域的服务贸易总额达到 78.2 亿美元，增速比上年提高 5.1%。2017 年，承接沿线国家的服务外包执行额为 152.7 亿美元，增长 26.0%，以数据处理、呼叫中心和供应链管理服务等为主的业务流程外包快速增长。

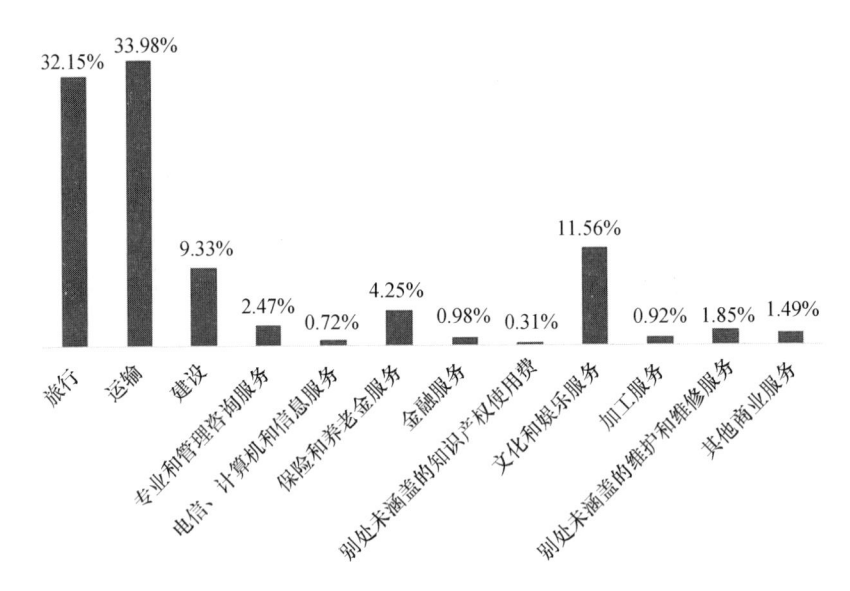

图 2　2017 年中国与"一带一路"沿线国家和地区服务贸易行业分布

资料来源：商务部。

东南亚和西亚、北非地区发展较快。在中国与"一带一路"六大区域服务贸易总额中，份额最大的为东南亚地区，2017 年服务贸易额为 561.3 亿美元，占比为 57.4%。增长最快的西亚、北非地区，2017 年服务贸易额为 190.0 亿美元，增速达到 25.0%（见图 3）。

综合效益显著。中国通过提升与"一带一路"相关国家和地区的服务贸易合作水平，为促进当地经济增长、提高就业水平与增强消费者福利做出巨大贡献。中国已成为"一带一路"相关国家和地区最大的旅游客源国，中国游客在相关国家的旅游消费有效带动了当地旅游产业的发展，也创造了大量就业机会；中国企业在"一带一路"相关国家和地区主导或参与兴建高铁、

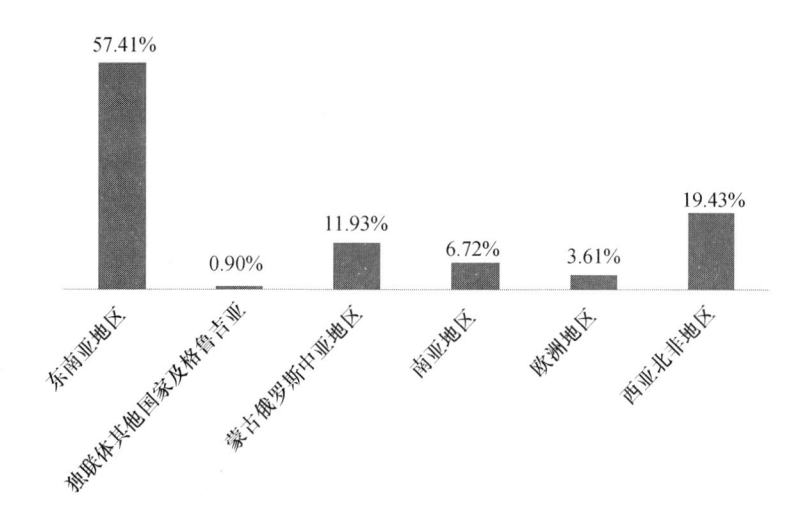

图 3　2017 年中国与"一带一路"沿线国家和地区服务贸易市场比重

资料来源：商务部。

公路、桥梁、码头、水电等基础设施建设，成为相关国家和地区经济现代化发展的重要支撑力量；在信息技术、互联网支付与电子商务领域，中国企业在相关国家设立研发中心、交付中心、仓储中心等，为当地民众提供了便捷优质的服务，带动了当地社会信息化水平的提升。

（二）服务贸易重点领域亮点凸显

中国与"一带一路"相关国家重点领域服务贸易合作取得积极进展。旅行、运输、建筑等三大传统领域保持持续增长，中医药服务、服务外包等高附加值的新兴领域服务贸易合作也取得显著成绩。

1. 旅行服务

近年来，旅行服务在"一带一路"建设中的地位也日益凸显。2017 年，中国与"一带一路"沿线国家旅行服务贸易总额为 314.3 亿美元，比 2016 年增长 19.2%（见图 4）。

中国政府不断加大境外宣传推广力度，努力实现"互联互通，旅游先通"，通过塑造中国旅游新形象，吸引更多的国际游客前来体验中国丰富的旅游景观和历史文化资源的独特魅力。"一带一路"相关国家和地区每年吸引中

(亿美元)

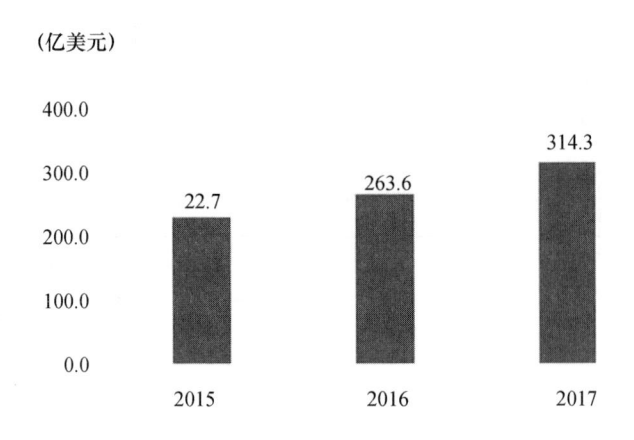

图4 2015—2017年中国与"一带一路"沿线国家旅行服务贸易额

资料来源：商务部。

国游客也超过 2500 万，中国已成为泰国、印尼、越南的最大客源国，是新加坡、柬埔寨、缅甸第二大客源国。波兰、捷克、匈牙利、塞尔维亚、斯洛伐克位列中国游客人次增长最快的五大目的地。旅游消费有效地带动了各国经济的增长和就业，促进了民间交流和经贸合作。

2. 运输服务

货物贸易增长促进了沿线国家和地区运输服务贸易发展，2017 年，服务贸易总额为 332.2 亿美元，比 2016 年增长 25.8%（见图5）。目前，我国与"一带一路"相关国家海陆空立体交通网络已初步形成，有力地带动了运输服务贸易的发展。

"海上丝绸之路"上，以中远海运集团、中外运、招商局集团等为代表的中国航运企业，积极布局"一带一路"相关国家和地区港口运输网络，加密国际航运线路，为支撑中国与相关国家和地区货物贸易发挥了重要作用。同时，马士基、地中海、达飞等世界知名航运企业也积极投身相关沿线国家的运输服务。"陆上丝绸之路"上，依托西伯利亚大陆桥和新亚欧大陆桥，中国已初步形成东中西三条"中欧班列"运输通道，并成为沿途国家促进互联互通、提升经贸合作水平的重要平台。截至 2017 年年底，中欧班列已累计开通

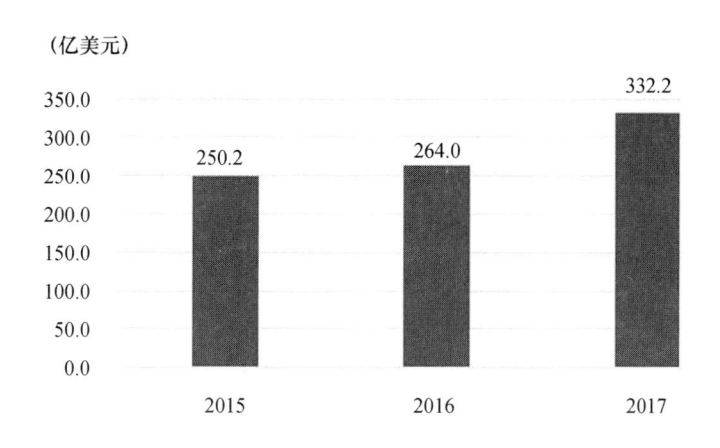

图 5　2015—2017 年中国与"一带一路"沿线国家运输服务贸易额

资料来源：商务部。

6235 列，覆盖中国 35 座城市，到达欧洲 12 个国家的 34 座城市。在公路方面，中国与毗邻 11 个国家的 70 对边境口岸开通客货运输线路，线路总长度约 4 万公里，基本建成了以重点城市为中心、边境口岸为节点、覆盖沿边地区并向周边国家辐射的国际运输网络。"空中丝绸之路"初步形成。中国民航已与 43 个"一带一路"沿线国家和地区实现空中直航，新开辟航线 240 条。

3. 建筑服务

作为传统优势领域，中国在对外承包工程和重大对外援助项目的带动下，与"一带一路"沿线国家建筑服务贸易合作成效突出。2017 年，服务贸易总额为 91.2 亿美元，较 2016 年增长 7.7%（见图 6）。

中国在高铁、公路、桥梁、码头、水电等基础设施建设领域已具世界领先水平，赢得了各国政府和人民的广泛赞誉，有效提升了"中国服务"和企业品牌的美誉度，为相关国家和地区基础设施的发展做出重大贡献。如中国建筑工程总公司在巴基斯坦承建的白沙瓦—卡拉奇高速公路（苏库尔—木尔坦段）的建设，全长 392 公里，合同金额为 29 亿美元，是"中巴经济走廊"最大的交通项目，建成后将成为连接巴基斯坦南北的经济大动脉，仅此项目就给当地提供了 1 万多个就业岗位。

(亿美元)

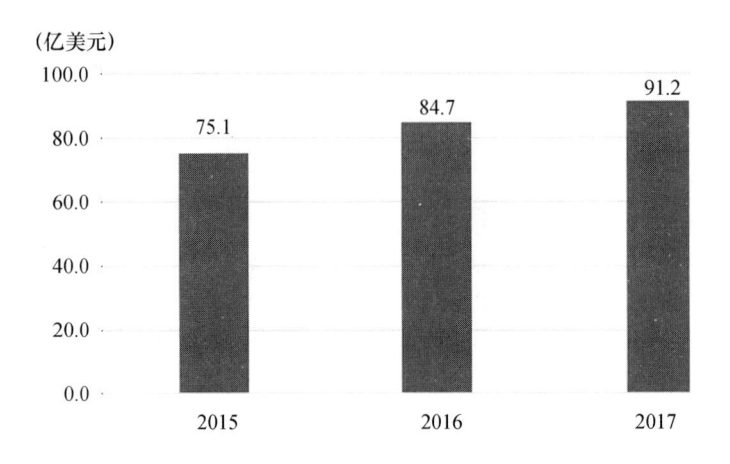

2015	2016	2017
75.1	84.7	91.2

图6 2015—2017年中国与"一带一路"沿线国家建筑服务贸易额

资料来源：商务部。

4. 中医药服务

中医药服务已成为中国与相关国家共建"健康丝绸之路"的重要组成部分。

中国已同国际组织、外国政府和地区签署了86个中医药的合作协议。中医药在新加坡、越南、泰国、阿联酋等"一带一路"沿线国家和地区以国家立法形式得到认可。在中国已经签署的自贸协定中，绝大多数含有中医药内容，一些自贸协定还确定了中医医生执业人员数量的配额。中国政府积极推动中医药机构、产品、服务、标准和人员"走出去"。如推动"一带一路"建设的首个医疗项目中捷中医中心于2015年9月正式运营，12月北京同仁堂捷克有限公司开业，是北京同仁堂和德尔塔资本合作成立的具有鲜明中医药特色的健康机构。

5. 服务外包

近年来，中国国际服务外包业务发展速度加快，覆盖区域逐步拓展。据商务部统计，2014—2017年，中国承接"一带一路"沿线国家和地区服务外包合同金额累计777.7亿美元，执行金额累计493.8亿美元。其中，2017年合同金额为312.5亿美元，执行金额为152.7亿美元，分别增长93.6%和

25.9%（见图7）。

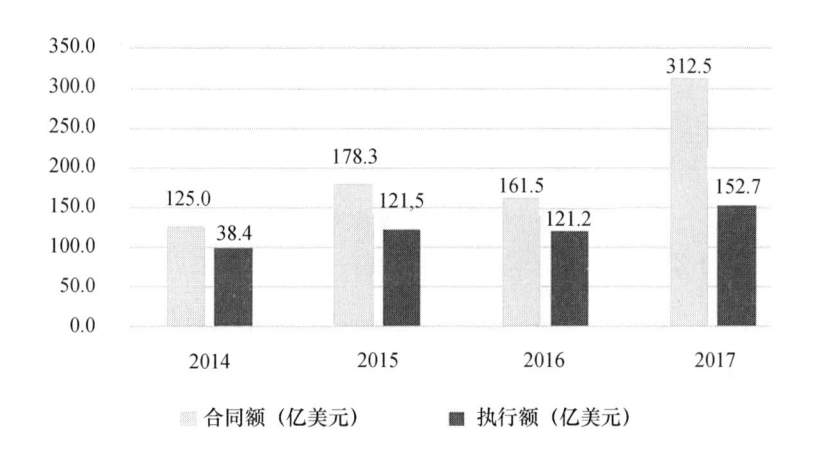

图7　2014—2017年中国与"一带一路"沿线国家服务外包合同额与执行额
资料来源：商务部。

二、"一带一路"服务贸易合作面临的问题及发展潜力分析

（一）面临的主要问题

近年来，中国与"一带一路"相关国家服务贸易合作快速发展、势头良好，但仍存在一些不容忽视的问题。

1. 合作领域发展不均衡，多集中于传统领域

实际情况表明，近年来我国与"一带一路"相关国家的服务贸易合作仍集中在旅游、运输、建筑三大传统领域，据统计，2017年占比高达75.5%。相较而言，金融服务、计算机和信息服务、专利服务等高附加值的新兴服务贸易虽然增速较快，但整体占比较低，不足1/4。由于沿线国家发展水平各异，中国与它们的服务贸易合作仍以加强货物贸易为主，通过打通沿线交通网络，促进"设施连通"，以此来带动新兴服务贸易发展。

2. 服务贸易合作区域发展不平衡，主要集中在东盟国家

中国与"一带一路"相关沿线国家服务贸易合作在区域间发展非常不平衡，市场主要集中在东盟国家。中国与东盟建立战略合作伙伴关系已经超过15年，长期合作关系推动了双边服务贸易合作不断深化。2017年，与东盟服务贸易额占沿线国家服务贸易总额的57.4%。而与其他"一带一路"沿线国家和地区合作尚处于起步阶段。因此，加强西亚北非、东欧等区域合作成为未来发展的重点，中国不断开辟新的服务贸易市场成为重要课题之一。

3. 文化服务贸易发展水平较低，不利于"民心相通"

2017年我国与"一带一路"沿线国家文化服务进出口额113亿美元，其中出口额65.9亿美元，进口额47.1亿美元，文化服务贸易竞争力指数0.17，竞争力偏弱。近几年，尽管我国不断扩大与"一带一路"沿线国家和地区文化交流，创办了中国—中东欧、中国—东盟、中国—欧盟等十余个文化品牌，并建立了"一带一路"文化交流机制，但是不同文化和语言之间天然存在交流和沟通的障碍，加之国内对这些国家文化渊源和特色缺乏深入了解，因此尚未形成深入人心的宣传交流产品。因此，文化服务产业"走出去"与"引进来"工作有待加强，需要打造出一些定制化产品和服务以促进"民心相通"。

4. 国别合作风险识别与防范亟需"政策沟通"

由于海外重大项目建设周期长、资金投入大、牵涉领域广等原因，国际合作中对东道国政策体系需要系统性认知。尤其是服务贸易中涉及到金融、知识产权、文化、技术等方面的国际合作，更会较为深入地牵扯到当地的法律法规、国内规制、民众利益和文化之中，需要更多的国家间的"政策沟通"。中国企业走出去还处于初级阶段，一是企业自身对国别风险的辨别和防范能力不足；二是缺乏运用国际和对方国内法律保护自己的有效途径；三是国家作为企业保护力量，通过国家间谈判和政策上沟通来保护本国企业合法权益的能力还有待提高。

5. 专业人才缺乏，企业发展出现"用人难"现象

"一带一路"倡议出台后，我国将企业等各类主体推向国际合作前沿，由于在国际经验、风险评估与化解、有序竞争等方面经验匮乏，许多情况无先例可循，高端人才的"用人难"问题凸显。一方面，我国国内服务产业也在

快速发展，形成对专业人才的需求缺口。特别是新兴的服务贸易领域，如计算机信息服务、金融贸易、互联网+、数字经济等领域的广泛开展，让企业对人才的需求缺口更大。另一方面，企业在国际合作中，由于对当地风俗习惯、文化背景的了解不足，对东道国本地人才的吸纳也存在问题。因此，国内人才供给不足和对外吸纳人才能力欠缺，导致企业发展出现"用人难"现象，人才的缺乏成为服务贸易转型和升级的发展瓶颈。

（二）未来合作潜力分析

一是互补优势明显。中国经济富有活力，科技创新实力较强，旅游与教育资源丰富，在计算机信息、通信、金融、建筑等领域竞争优势比较明显。在互联网和信息技术领域，华为、中兴等公司在相关国家设立研发中心、交付中心等，带动研发、专业咨询、电信计算机和信息服务的出口迅速增长。在运输和建筑服务领域，中国对"一带一路"地区的服务出口不断扩大，促进了进口国家基础设施建设和经济发展。同时，"一带一路"相关国家和地区在一些领域也具有较大优势。优势互补为未来深化中国与"一带一路"相关国家合作创造了有利前提条件。

二是投资贸易互促。中国与相关国家和地区积极商签双边自由贸易协定，开展服务贸易具体减让谈判，降低服务业投资壁垒与准入门槛，扩大服务市场相互开放水平，促进了服务业和服务贸易的快速增长。2016年，中国外向服务业附属机构在"一带一路"沿线国家销售收入合计为1344.3亿美元，占中国外向服务业附属机构销售收入比重的19.4%。其中，中国在新加坡、沙特阿拉伯、巴基斯坦和哈萨克斯坦4国的销售收入同比增速均在30.0%以上。随着中国与"一带一路"相关沿线国家服务市场相互开放水平不断提高，"一带一路"国际合作将向更高水平迈进。

三是合作需求强劲。目前，"一带一路"相关国家经济服务化趋势较强，大多数国家服务业在国民经济中的地位持续上升。这些国家人口众多，对服务消费精细化、品质化、多样化的需求日益提升，为服务贸易发展提供了巨大的市场空间。同时，中国与"一带一路"相关国家发展战略与政策具有较高的契合度。中方提出的"六廊六路多国多港"建设思路，与相关国家亟待完善公路、铁路、港口、信息等基础设施的愿景相符合。中国正在实施的

"互联网+""智慧城市"等战略,以及中国倡导的数字丝绸之路,与相关国家亟待缩小与发达国家数字鸿沟的意愿相契合,成为中国与"一带一路"相关国家发展服务贸易的强大动力。随着中国与"一带一路"沿线国家合作不断升级、优化,合作领域将进一步多元化,未来将呈现出巨大的发展空间及潜力。

三、提升"一带一路"服务贸易合作水平的政策措施建议

(一)提升服务贸易在"一带一路"中的战略地位

当前,中国与"一带一路"沿线国家的服务贸易发展迅猛,新兴服务贸易领域也进入快速增长期,服务贸易在深化"一带一路"建设中的地位和作用不断提升。因此,在新常态下,应充分认识服务贸易在"一带一路"合作中的重要意义,进一步提升我国与沿线国家的服务贸易发展水平,使服务贸易成为我国与"一带一路"国家贸易相通和人文相通的重要内容,尤其是在重点服务贸易领域和重点服务贸易国别方面加大推动力度,使服务贸易成为我国在"一带一路"合作中的重要战略支点。

(二)加强服务贸易领域法律和机制化建设

"一带一路"服务贸易建设离不开法律、法规和政策的引导以及机制化的建设,中国政府应建立服务贸易推动机制,加强与沿线各国的司法合作,制定符合该区域背景下服务贸易发展要求的司法协议,促进"政策沟通"。一要建立公平、公正的外部环境,切实保障区域内各国企业的合法权益,为地区市场主体提供及时、有效的司法援助,建立完善、有力的司法体系。依法落实当地政府、服务贸易市场主体、相关部门的监管责任,健全服务产业发展的监管体系。二要建立规范化的法律准则,做到国际范围内的有法可依。依法严厉打击民族分裂活动、宗教极端活动和国际恐怖暴力犯罪,维护和稳定市场环境。

（三）夯实传统服务拓展新兴服务

与"一带一路"沿线国家开展服务贸易，需要平衡发展领域，在壮大现有领域的基础上，大力发展新兴服务贸易领域。一方面，要夯实传统服务贸易发展，以推进互联互通带动服务发展，比如通过加强与沿线国家国际货运代理领域合作，促进双边和多边运输服务发展。另一方面，以数字技术合作推动新兴服务贸易发展。目前，大数据、云计算、物联网、区块链、人工智能等技术运用，极大提高了服务可贸易性，服务贸易企业形态、商业模式、交易方式发生深刻变革。以通信、计算机和信息服务为代表的新兴领域成为服务贸易的新增长点。面对服务贸易创新发展的新形势，唯有加强同"一带一路"沿线各国数字贸易领域的国际交流合作，加强互联互通，加强技术交流，以数字技术合作带动新兴服务贸易发展。

（四）大力推进多边服务贸易领域合作

自"一带一路"倡议提出以来，中国与相关国家和地区的服务贸易合作持续推进，未来需要进一步加强各国合作，扩大服务贸易"朋友圈"。一是深度挖掘现有合作机制，继续推动与英国、日本以及俄罗斯等国现有双边服务贸易合作发展；二是加强与中东欧国家"16 + 1"服务贸易合作机制，拓展沿线合作新空间。三是利用优势互补性，加强重点领域国别合作。如中东欧国家地理位置优越，是连接亚洲和欧洲的交通要道，同时其人力资源素质高、成本相对较低，信息通信等行业技术研发创新能力较强；印度被称为"世界办公室"，服务外包、软件和信息技术等领域具有较强的国际竞争力；东盟旅游文化资源丰富，港口运输领域较为发达。

（五）加大服务贸易国际化人才培养力度

目前，国内许多地方在大力培养服务贸易各领域的专业化人才，并形成了政府部门、科研院所、高等院校、企业联合培养人才的机制。未来培养服务贸易国际化人才的途径将会越来越多，如建立服务贸易人才培训基地和实训基地；加大对核心人才、重点领域专门人才、高技能人才和国际化人才的培养、扶持和引进力度；鼓励创办各类国际学校；鼓励各类高等院校及培训机构增设服务贸易相关课程；鼓励各类市场主体加大人才培训力度，开展服务贸易经营管理和营销服务人员培训等。

（六）加强风险管控与防范

"一带一路"建设仍面临政治、安全、经济和道德法律等方面的风险与挑战，因此必须加强政府间的沟通协调和对接。如加强在国际政治风险方面的管控："一带一路"国家具有重要的地理位置和战略价值，东南亚、南亚、中亚、西亚乃至中东欧都是大国角力的焦点区域，区域内热点问题不断，大国在伊朗、叙利亚、乌克兰等问题上进行博弈，地缘政治关系相对紧张，区域和沿线部分国家政治风险居高，或影响项目推进。"一带一路"涵盖的欧亚大陆国家中有不少是战乱国家和敏感国家，呈现多文明交汇、多力量交织、安全形势复杂等特点。因此，一是需要通过政府间的沟通协调和对接解决，并加强风险的管控与防范的意识；二是需要发展企业走出去政策培训机构，帮助企业识别国别风险、国别政治、政策法规等他国营商环境，为企业走出去做好服务工作；三是发展企业风险保险业务，为企业走出去进行风险评估，并建立相关保险，帮助企业分担风险。

第五篇　制度环境、外包能力与绩效提升[*]

朱福林

一、引言

据 NASSCOM 数据，2015 年全球服务外包市场规模达 1.2 万亿美元，同比增长 0.4%，其中离岸服务外包达 1600 亿美元左右，同比增长 8.5%。全球服务外包成为世界贸易增速低于全球 GDP 增速背景下的重要提振力量。印度服务外包产业总规模达 1430 亿美元，同比增长 10.3%，其中出口 1080 亿美元，同比增长 3.2%。服务外包从业人员达 3.7 万人。[①] 印度继续稳居世界第一服务外包强国席位，在国际市场上的份额占到一半以上，服务外包成为拉动印度经济增长、产业升级与扩大就业的支柱产业。印度通过承接发达国家服务外包获得世界服务业国际转移带来的巨大经济红利。这一切成就与印度服务外包企业快速成长休戚相关。目前印度拥有 1.6 万服务外包企业，业务分布超过 80 多个国家。过去几年里，印度企业通过海外兼并和收购快速建立了所需的核心技能和近岸服务能力，成功实现全球化布局，在欧美发达国家建立起职能各异的交付中心和支持机构，逐渐转向全面业务流程服务，一些公司的业务流程管理水平已接近美国和西欧的跨国公司。[②] 不言而喻，印度之

---

[*] 本文发表于《暨南学报（哲学社会科学版）》2019 年第 2 期。
[①] 数据来源：NASSCOM 官网。
[②] 姜荣春、刘绍坚：《后危机时代中国服务外包产业发展的机遇、挑战及路径选择》，《国际贸易》2010 年第 7 期。

所以能执世界服务外包产业牛耳，与其经过多年培育与积累发展了一批具有较强国际化实力服务外包企业密切相关。而国际竞争很大程度是企业战略结构、业务水平、国际视野等能力的竞争。因此，如何提高服务外包企业能力对承接国来说是一个相当重要的现实问题。

自2006年中国商务部实施"千百十工程"以来，国内服务外包产业经历了"十一五""十二五"近十多年的黄金发展期，奠定了服务外包产业大国的地位，目前中国已成为仅次于印度的第二大服务外包大国。据商务部《中国服务外包发展报告2015》显示，2014年中国服务外包实际执行额为813.4亿美元，同比增长27.4%，其中，离岸服务外包规模达559.2亿美元，同比增长23.1%，其中60%以上的业务来自美国、欧盟、中国香港和日本。[1] 2014年新增就业71.1万人，总从业人员达607.2万人。服务外包成为推动城市经济增长与促进城镇就业的重要新兴力量。但中国的服务外包产业面临大而不强的困局。与印度相比，中国服务外包国际占有率还存在不小差距，2014年印度占全球服务外包市场份额为43%，高于中国的28%。在服务外包人均产值上，印度服务外包企业是人均营业额达3.7万美元，而中国只有1.3万美元。虽然中国服务外包企业绝对数量比印度多，但印度最大的11家服务外包企业人员和营业额均远远高于中国最大的服务外包企业。[2] 目前中国承接国际服务外包仍以低附加值业务居多也正是服务外包企业国际竞争乏力的重要表现。而且，随着国际分工专业化和精细化的进一步加深，服务外包不再是简单的业务直接承包，而是双方通过紧密沟通与合作形成战略伙伴关系参与群体性竞争的战略方式。韦塔塞克（Vitasek）和曼若特（Manrodt）（2012）指出，建立长期稳定的合作伙伴关系已变成服务外包的主要动因，为此合作双方应照顾与洞察彼此既得利益（vested interest）而非简单交易。[3] 而且中国

---

[1] 印度离岸服务外包90%来源于美国、英国和欧洲大陆。从这一点也可看出印度服务外包企业国际竞争力的不俗表现。欧美的服务外包往往具有很高的利润率，但同时对服务外包企业的能力提出高要求。

[2] 舒凯：《全球服务外包强国——专访商务部国际贸易经济合作研究院副院长李钢》，《服务外包》2016年第4期。

[3] Vitasek, K., Manrodt, K., "Vested outsourcing: a flexible framework for collaborative outsourcing", *Strategic Outsourcing An International Journal*, Vol. 5, No. 1, 2012, pp. 4–14.

服务外包产业如果能在人工智能、数字化革命来临之际更多地承接中高端技术业务、不断提升在全球产业链中的地位，必定会加强中国企业在全球服务外包产业市场上的竞争力和话语权，对推动中国经济结构调整与产业结构升级做出重要贡献。

为此，如何快速提高中国服务外包企业的能力、增强竞争力成为理论界与实务界亟待解决的现实问题，而服务外包企业能力的提高直接表现为服务外包绩效的提升。因此，本研究旨在基于调查问卷反馈获得的第一手数据对目前中国服务外包企业能力与绩效之间的关系进行实证检验，并且设计了影响服务外包产业整体发展的制度环境，通过模型探究制度环境、外包能力及绩效之间的影响方向、路径和机制，从而针对性地提出未来中国服务外包企业能力提升建议。本研究与前期研究的不同之处在于：(1) 通过第一手企业调查问卷数据，而不是现成的统计年鉴数据整理；(2) 扩大了服务外包绩效的测量内容，有别于前期相关研究中考察视角的不足，外包绩效不仅包括接包企业的自身成长还包含多重客户价值诉求和利益的分析。(3) 本研究的特色之处还体现在制度环境视角的加入及其对外包绩效直接与间接效应的探讨。

2016年，北京大学两位重量级学者的产业政策之争引起全国关注，人们不断在反思产业政策是否对行业及企业的发展具有促进作用。众所周知，从全球范围来看服务外包产业的发展与政策优惠、产业环境等制度因素休戚相关，因此通过加入这一制度环境可检验我国服务外包产业发展过程中制度环境的推动效应。

二、文献回顾

一些服务外包文献较多从发包商角度关注跨国公司如何通过服务外包决策类型（Teng et al., 1995）[1]、心理契约（Koh et al., 2004）[2] 及控制能力

---

[1] Teng, J., Cheon, M., Grover, V., "Decisions to outsource information systems functions: testing a strategy-theoretic discrepancy model", *Decision Sciences*, Vol. 26, No. 1, 1995, pp. 75-103.

[2] Koh, C., Ang, S., Straub, D., "IT Outsourcing Success: A Psychological Contract Perspective", *Information Systems Research*, Vol. 15, No. 4, 2004, pp. 356-373.

（Aubert et al.，2004）[1] 等获得成功战略利益等相关问题。但毫无疑问承接商能力也是规避外包风险、获得规模效应等外包绩效的重要影响因素。莱芮娜（Levina）和罗斯（Ross）（2003）以供应商视角（vendor's perspective）探讨了外包企业应具备什么样的能力才可以为客户创造价值。他们选取印度 IT 服务外包承接方为对象进行案例研究，发现 IT 服务外包接包方的核心能力在于组织学习能力、项目管理与流程交付能力及客户互动技能三个方面。[2] 芬尼（Feeny）、维尔库克（Willcocks）和拉锡弟（Lacity）（2005）指出，接包商的关系管理能力、交付能力和革新能力，是发包商选择接包商时考虑的核心要素，并将它们细化为 12 种基本的能力。[3] 卡耐基梅隆大学 ITSQC 研究中心以行业最佳实践为基础对服务提供商选择及能力评估进行了深入研究，总结出服务外包供应商模型（e‑Services Capability Model），从知识管理、人员管理、绩效管理、关系管理、技术管理、风险管理、合同协商与制定、服务设计与开展、服务交付、服务传递 10 个方面提出了服务外包接包商的能力评估模型。

国内不少研究通过选取一定数量的服务外包企业样本，根据问卷调研数据对国内服务外包企业承接能力进行了实证研究。对外经贸大学课题组（2007）从竞争性成本、客户互动技能、地理吸收力、行业知识、流程管理与流程再造能力、经营理念等方面对国内服务外包业的竞争力进行了分析。[4] 殷国鹏和杨波（2009）构建了服务外包企业的价值链，建立了适合国情特征的服务外包供应商能力模型及评估指标，从技术能力、人力资源能力、项目与流程管理能力、关系管理能力、行业经验与领域知识、市场开发能力和服务交付能力 6 个维度构建了服务外包企业承接能力模型，并以

---

[1] Aubert, B., Rivard, S., Patry, M., "A transaction cost model of IT outsourcing", *Information & Management*, Vol. 41, No. 7, 2004, pp. 921–932.

[2] Levina, N., Ross, J. "From the vendor's perspective: Exploring the value proposition in information technology outsourcing", *MIS Quarterly*, Vol. 27, No. 3, 2003, pp. 331–364.

[3] Feeny, D., Willcocks, L. P., Lacity, M. C., "Taking the measure of outsourcing providers", *MIT Sloan Management Review*, Vol. 46, No. 3, 2005, pp. 41–48.

[4] 对外经贸大学课题组：《国际服务外包发展趋势与中国服务外包业竞争力》，《国际贸易》2007 年第 8 期。

北京地区企业为样本进行了数据与实证分析。① 何平和王建军等（2011）基于接包方 IT 服务外包流程，将 19 种能力划分为全局能力和局部能力，并构建了 IT 服务外包接包方能力模型。② 陈若愚和郑玲（2011）在提出构造企业承接离岸 IT 服务外包能力评估指标体系的思路和方法基础上，认为主要能力指标应包括市场开拓能力、软件过程能力、服务交付能力、基础设施、技术创新能力、人力资源能力、客户关系能力、领域知识和行业经验等指标体系。③ 沈鹏熠和王昌林（2012）从经济与产业发展能力、政策支撑能力、技术资源与能力、市场竞争能力、文化沟通与协作能力、人才资源能力、运营和管理能力七个方面建立了中国企业承接离岸服务外包竞争力评价模型及其指标体系，并利用问卷调查数据进行实证分析，发现中国东部地区企业承接离岸服务外包竞争力要明显高于中西部。④ 孙洁等（2014）通过对现有相关 IT 服务外包企业能力文献的比较与分析，对指标加以精简，同时借鉴访谈及专家咨询经验，构建了服务外包企业能力模型，分为技术能力、运营能力有创新能力。⑤

而制度环境因素的提升则整体上有利于该行业企业能力的建设与增强、进而有助于提高服务外包绩效。孔祥荣（2010）认为，国际服务外包发展不仅取决于贸易政策本身，还依赖于国内其他改革和制度环境。⑥ 张雨露（2013）提出，在传统的相对低廉的劳动力和土地成本及自然资源优势之外，制度在一定程度上决定了承接国吸收服务外包的水平；并运用 26 个服

---

① 殷国鹏、杨波：《服务外包的供应商能力研究——基于中国的现实思考》，《管理评论》2009 年第 10 期。

② 何平、闵庆飞、王建军：《IT 服务外包承接商能力识别与评价研究》，《信息系统学报》2012 年第 1 期。

③ 陈若愚、郑玲：《企业承接离岸 IT 服务外包的能力评估指标体系研究》，《商业经济》2011 年第 23 期。

④ 沈鹏熠、王昌林：《中国企业承接离岸服务外包竞争力评价体系研究》，《中国科技论坛》2012 年第 4 期。

⑤ 孙洁、陈建斌、沈桂兰：《全球价值链下 IT 服务外包企业能力的评价指标体系研究》，《管理现代化》2014 年第 1 期。

⑥ 孔祥荣：《中国发展国际服务外包的制度环境优化分析》，《山东社会科学》2010 年第 10 期。

务外包承接国 1997—2009 年面板数据实证检验得到，法律及微观经济制度因素对承接国服务外包发展水平具有显著影响。[①] 印度国际服务外包奇迹可能不单是印度政府服务外包政策扶持的直接结果，而关键还是通过国内制度变迁创造了适合服务外包产业的良好宏观环境。通过制度环境变迁与优化，诸如知识产权保护制度加强、人力资源供给制度与教育体系的建设等，生长于此的服务外包通过积累可获得能力的提高。因此，本研究的概念模型如图 1 所示。

图 1　本研究总体概念模型

资料来源：作者自制。

三、研究设计

（一）数据收集与描述性统计分析

本研究通过调查问卷的方式收集数据，以服务外包承接企业为研究对象，问卷主要向北京、上海、合肥、成都等地的服务外包企业发放。在正式发放问卷之前，本研究先对 2 家北京服务外包企业进行了预调研，对问卷设计结构及题项含义清晰度征询企业实践层面的意见，并进行了适当调整与修缮。对选定的服务外包企业发放 100 份问卷，除去缺失值较多或关键题项没有回答的无效问卷，经过筛选共得到可用于进行实证分析的有效问卷 69 份。具体样本企业分布情况见表 1 所示。

---

① 张雨露：《制度因素对国际服务外包发展水平影响经验研究》，暨南大学硕士论文，2013 年。

表1 样本企业基本情况

公司规模		外包收入（单位：万元）		大学生占比		离岸率		企业性质	
50—200人	17.1	低于300	10.0	30%以下	9.1	30%以下	43.9	外商独资	25.0
200—500人	30.0	300—1000	22.9	30%—60%	13.6	30%—50%	15.2	中外合资	9.7
500—1000人	25.7	1000—5000	31.4	60%—80%	18.2	50%—80%	13.6	内资民营	54.2
1000—5000人	7.1	5000—10000	11.4	80%以上	59.1	80%以上	27.3	内资国有	5.6
5000—10000人	17.1	10000—50000	20.0					其他企业	5.6
10000人以上	2.9	50000以上	4.3						
政府基金支助		从事服务外包年限		负责人学历		工程师收入（单位：元）		研发人员占比	
无	25.8	5年以下	34.7	大专	4.2	2000—5000	23.9	1%以下	11.3
1—3次	45.5	6—10年	34.7	本科	46.5	5000—10000	62.7	1%—5%	43.4
4—6次	16.7	11—15年	19.4	硕士	38.0	10000—15000	10.4	5%—10%	26.4
7—9次	9.1	16—20年	6.9	博士	11.3	15000以上	3.0	10%—15%	1.9
10次以上	3.0	20年以上	4.2					15%—20%	7.5
								20%以上	9.4

注：①外包收入为样本公司2011—2014年度年均服务外包业务收入；离岸率是指承接离岸服务外包占公司业务总规模的比重；政府基金支助是指过去三年获得政府基金支助的频次。②表中百分比均为剔除了缺失值的有效百分比。

资料来源：本研究调查整理。

据调研资料显示，总体来看服务外包企业仍以中小规模为主，人数1000人以下的占到72.9%，1000人以上的大型企业占比不到1/3，其中特大型（5000—10000人）占到17.1%，10000人以上的超大型企业占2.9%。与此同时，年收入低于1亿人民币占到75.7%，其中低于5000万元的占到64.3%，高于1亿的占到24.3%，主要集中于1亿到5亿之间，超过5亿的不到5%，从营业收入规模来看目前中国服务外包企业仍以中小型为主，中国服务外包企业创收实力还有待提高。中国服务外包企业整体呈现出内资为主、外资为辅的特征，两者分别占到34.7%和59.8%，其他性质的企业占5.6%。其中内资企业又以民营占绝大多数，达54.2%，内资国有仅占5.6%。这说明，在服务外包产业领域，民营经济展现出比国有企业更大的竞争力。在离岸率方面，将近60%的企业承接的离岸服务外包在50%以下，其中43.9%的企业服务外包离岸率低于30%，服务外包离岸率占比超过50%的企业占到41%。可以看出，中国服务外包企业的离岸率仍较低，普遍以国内在岸业务居多，说明中国服务外包企业的国际化能力还有待大幅提高。另外，81%的服务外包企业研究人员占比低于10%，只有20%左右的企业研究人员高于10%，这对于一个高度建立在"人脑＋电脑"模式上的产业来说仍较低，说明目前中国服务外包企业与研发型企业还有一定差距。虽然上述分析指出中国服务外包企业整体竞争力偏弱的特征，但从纵向整体来看，随着产业环境改善国内服务外包企业实力仍在持续提高，已涌现出员工达两万人以上的大型企业。[①] 据《中国服务外包发展报告2015》，中国服务外包企业呈现大中型企业的比重呈增长的趋势，企业规模连年持续增长，2014年100人及以下的企业比重显著减少，从上年的69.7%下降为43.8%。

（二）变量说明

根据前期研究成果并结合实务专家及企业经理的建议，考虑到服务外包企业的竞争力主要体现在项目管理能力、技术能力、人力资源管理能力、关系管理能力、知识能力和服务交付能力等方面，为此本研究共设计了30个题项对样本企业的这些能力进行问卷调查，题项采用Likert 7级定序打分法。对30个能力题项运用探测性因子分析法进行第一轮因子提取时发现有2个题项的共同度小于0.5，剔除这两个题项后再进行因子分析，共同度均达到0.7以上，共提取到4个公共因子。具体提取采取特征值大于1的方法，4个公共因子的累积可解方差为0.782，即4个公共因子能代表或可解释这30个题项约78%的变异信息量。KMO值达0.915，Bartlette球形检验卡方值为2150.218（df＝435，P值＝0.000），说明本次公共因子提取过程达到较好效果。通过对原始因子载荷矩阵进行正交旋转，可得到所提取因子的题项聚类情况，根据题义可分别将4个公共因子大致命名为服务交付与关系能力、技术能力、项目管理能力和人力资源管理能力（具体见表2）。4个公共因子的组合信度

[①] 2012年文思与海辉达成"对等合并"方案，成立文思海辉技术有限公司，合并后公司员工超过2.3万人。

C. R. 值分别为 0.908、0.878、0.864 和 0.739，均达到 0.7 以上，说明这四个潜变量具有较好的建构信度，即各题项均指向同样的潜在含义。这四个公共因子的平均萃取方差均在 0.5 左右，Cronbach's α 值前三个达到 0.9 以上，后一个也在 0.7 以上，说明这四个潜变量具有较好的收敛信度，即设计题项已足够反映出所测潜在变量信息。

表 2 服务外包能力因子提取与特征（多维度）

测项（改编于殷国鹏和杨波，2010）	成分 1	成分 2	成分 3	成分 4	C. R.	AVE	Cronbach's α
按发包商技术要求提供外包解决方案	.782				0.908	0.498	0.962
双方目标和文化的融合程度	.753						
公司总是能在规定时间完成客户所需方案	.735						
部门或组织间的沟通情况	.733						
公司设计的服务方案经常得到客户的赞许	.722						
签订合同后，本公司资源配置能力	.711						
交付服务的质量高低	.678						
项目实施过程中信息的安全管理	.651						
双方的信任情况	.644						
组织间的团队合作情况	.635						
本公司技术创新投入程度		.832			0.878	0.476	0.936
整个公司对技术的重视程度		.775					
本公司运用技术解决发包商问题的能力		.695					
本公司拥有的技术资本（基础设施、CMM 级别）		.691					
本公司对 IT 和发包商领域知识的掌握程度		.649					
签订合同前，本公司服务方案的设计能力		.647					
拥有众多经验丰富的外包专家		.613					
员工的技术水平和稳定性		.596					
本公司对知识产权的保护情况			.830		0.864	0.515	0.940
本公司对项目的有效管理			.728				
本公司外包服务流程的标准化程度			.721				
本公司定期对项目做绩效评价			.700				

续表

测项（改编于殷国鹏和杨波，2010）	成分 1	成分 2	成分 3	成分 4	C. R.	AVE	Cronbach's α
本公司对知识的共享、整合和应用情况			.685				
本公司对客户的需求分析			.628				
本公司人力资源管理在业界小有名气				.866	0.739	0.493	0.706
本公司工资水平在业界具有吸引力				.623			
企业员工的招聘、培训和考核制度设计				.584			

注：提取采取主成分分析法。

资料来源：作者自制。

如表 3 所示，调查问卷中设计了 8 个服务外包企业绩效方面的测项，采用 Likert 7 级定序打分法。在第一轮因子分析过程中发现有一个题项的共同度低于 0.5，因此去掉该题项再进行探测性因子分析。第二次因子分析的 KMO 值为 0.795，通过 Bartlett 球形显著性检验（卡方值 = 547.776，df = 21，P 值 = 0.000），所有题项的共同度均达到 0.7 以上，说明因子提取效果良好，得到一个单维度公共因子，累积已解方差为 0.741，即该公共因子能解释 8 个题项约 74% 的变异信息。因子载荷均在 0.8 以上，说明此提取达到很好的因子区分收敛效度。公共因子的组合信度为 0.953，平均萃取方差为 0.741，表明该单维度公共因子的变异量绝大部分来自于对应的原始题项，说明该潜变量具有较好的建构效度。对潜变量的所有合格题项进行可靠性分析，Cronbach's Alpha 值为 0.937，很好地通过可靠性检验。

采用 Likert 10 级定序打分法设计了 7 个制度环境题项，进行探测性因子分析同样得到单维度公共因子，累积方差为 0.635。各题项的共同度均在 0.7 以上。KMO 值为 0.845，Bartlett 球形检验卡方值为 276.246（df = 21，P 值 = 0.000），因子载荷系数均 0.7 以上，超过一半达 0.8 以上，整体说明因子提取效果良好。Cronbach's α 值达 0.901，通过可靠性检验，达到信度要求。具体见表 3。

表3 外包绩效与制度环境因子提取（单维度）

测项（改编于 Huang 和 Wang，2013）①	成分	C. R.	AVE	Cronbach's α
外包能够帮发包商提升企业核心竞争力	.891	0.953	0.741	0.937
公司从外包业务中获得较高经济效益	.870			
承接国际服务外包能够提升本公司技术能力	.865			
承接国际服务外包能够提升本公司的管理能力	.858			
承接国际服务外包能够提升本公司的品牌效应	.857			
外包项目提高了客户的盈利能力	.847			
外包降低了客户企业的成本	.838			
测项（改编于 WEF，2015）②	成分	C. R.	AVE	Cronbach's α
中国服务外包企业的培训表现	.842	0.924	0.635	0.901
中国服务外包人才的英语语言能力	.833			
中国服务外包企业达到国际认证的水平	.825			
中国国家总体风险程度	.816			
中国知识产权保护与尊重程度	.759			
中国政府行政便利化程度	.748			
中国服务外包政策支持力度	.747			

注：提取采取主成分分析法。

资料来源：作者自制。

表4 变量相关关系矩阵

变量	1	2	3	4	5	6	7	8	9	10	11	12	13
外包绩效	1	.686**	.572**	.672**	.189	.399**	.000	-.079	.150	.199	.119	.155	.148
服务交付与关系能力	.686**	1	.832**	.821**	.443**	.432**	.122	-.015	.138	.372**	.220	.210	.112
技术能力	.572**	.832**	1	.763**	.565**	.500**	.148	.112	.127	.282*	.319**	.294*	.163
项目管理能力	.672**	.821**	.763**	1	.372**	.512**	.185	.033	.180	.337**	.174	.315**	.059

---

① Huang, M. H., Wang, E. T. G., "Marketing is from Mars, it is from Venus: Aligning the worldviews for firm performance", *Decision Sciences*, Vol. 44, No. 1, 2013, pp. 87－125.

② World Economic Forum, "The Global Competitiveness Report (2014－2015)", 2016.

续表

变量	1	2	3	4	5	6	7	8	9	10	11	12	13
人力资源管理能力	.189	.443**	.565**	.372**	1	.480**	.296*	.312**	.082	.195	.274*	.185	.249*
制度环境	.399**	.432**	.500**	.512**	.480**	1	.098	.242*	.235	.264*	.287*	.324**	.097
公司人员规模	.000	.122	.148	.185	.296*	.098	1	.374**	.228	-.177	.271*	.123	.030
负责人学历	-.079	-.015	.112	.033	.312**	.242*	.374**	1	.168	-.210	.355**	-.012	-.004
负责人海外学历	.150	.138	.127	.180	.082	.235	.228	.168	1	-.274*	.060	.393**	.185
大学生占比	.199	.372**	.282*	.337**	.195	.264*	-.177	-.210	-.274*	1	.156	.031	.066
高管学历	.119	.220	.319**	.174	.274*	.287*	.271*	.355**	.060	.156	1	.078	.099
离岸率	.155	.210	.294**	.315**	.185	.324**	.123	-.012	.393**	.031	.078	1	.269*
政府支助认证	.148	.112	.163	.059	.249*	.097	.030	-.004	.185	.066	.099	.269*	1

注：采取皮尔逊双尾检验，＊＊＊、＊＊、＊分别代表通过1%、5%、10%显著性水平检验。

资料来源：作者自制。

（三）服务外包竞争力差异化影响因素分析

探测性因子分析法得到服务交付与关系能力、技术能力、项目管理能力和人力资源管理能力这四个体现服务外包企业竞争力的能力维度。这四个能力对于企业获取发包商信任并创造性地完成服务外包具有重要影响，这些能力的增强有利于发展中国家接包商获得海外外包业务订单并按指定要求，或超过客户期望地完成。因此，提高这四个方面的能力对于服务外包企业来说尤为重要，有必要探究导致这些能力差异的影响因素何在。企业能力的形成是一个相当复杂的过程，受文化、政治及经济等多种因素的间接影响，又直接与企业本身管理水平和组织特征分不开。在样本数据的基础上，对造成中国服务外包企业能力差异化的企业自身影响因素进行实证分析。在前期分析基础上，发现有些企业自身属性因素之间存在高度相关，比如成立时间越长的企业往往人员规模也越大，因此容易导致自变量多重共线性问题。在此，运用 SPSS17.0 软件以这 4 个能力为因变量、企业属性因素为自变量之间进行逐步回归。通过结果分析可进一步理解影响服务外包能力的企业特征因素，从而为服务外包企业竞争力提高提供建议。

从实证结果来看（见表 5），第一，服务交付与关系能力与大学生占比和负责人海外学历呈显著正相关关系，估计系数分别为 0.495 和 0.208，说明大学生占比每提高 1 个百分点，服务外包企业的交付与关系能力能提高 0.495 个百分点；如果企业负责人有海外经历则该能力提高 0.208 个百分点。这说明，服务外包企业交付能力受到公司大学生比例高低的影响，大学生比例高的服务外包企业服务交付与关系能力就具有相对优势。负责人拥有海外学历对于其把握欧美市场客户需求及赢得国内同行的认可具有很大的帮助，在海外留学的负责人拥有发达国家技术发展的认识及一定的海外关系，容易取得国内相关利益方的信任及人脉、资金等资源的聚合。第二，服务外包企业技术能力与高管学历、离岸率、大学生占比分别具有 0.261、0.267、0.232 的正相关关系，并通过统计意义上显著性检验。根据自变量含义，说明高管学历如果是研究生以上、离岸率超过 50% 及大学生占比达 60% 的服务外包企业在技术能力上具有相对竞争优势。高管学历的高低可能会影响到公司业务中高端结构走向，因此对人员招聘及技术要求较高，具有高学历的高管团队对企业外部市场、技术，甚至国外技术、设计等前沿领域具有一定渠道的了解，因而能增长企业的技术能力。离岸率高的服务外包企业由于面对发达国家跨国公司对接包商严苛要求也需要不断进行技术能力的提升，而且离岸率高的服务外包企业可以近距离地接触到发达国家发包商的管理、技术等先进经验，事实充分证明，服务外包能给企业带来技术溢出等正向效应。大学生占比高低直接影响着服务外包企业整体可行水平、对先进技术的吸收效率、知识传递等，因此大学生占比高的企业技术能力也较强。第三，项目管理能力与大学生占比、负责人海外工作经历呈显著正相关，估计系数分别为 0.409 和 0.326。这说明，大学生占比越大，服务外包企业的项目管理能力越强。如前所述，大学生占比和服务交付与关系能力、技术能力具有显著正相关关系，而服务交付与关系能力、技术能力又与项目管理能力密切相关。而且项目管理过程中大学生占比是一个影响实际运营效果的重要因素，服务外包是基于 IT 技术的管理企业，决定了该行业对知识型人才的要求比较高，服务外包企业大部分员工为信息、软件等技术人员，决定着大学学历占比较其他行业要高。海外工作经历对项目管理能力具有正向影响，可能是因为海外工作经历可以亲身了解到欧美等发达国家的企业实际运行规则、更好地理解不同文化视域下客户价值所在、通过干中学等机制学习到先进管理理念促进管理效率，这些都有利于项目管理能力的提升。第四，人力资源管理能力与企业负责人学历、大学生占比、政府对国际认证的支助及公司人员规模呈显著正相关，估计系数分别为 0.285、0.281、0.225 和 0.233。企业负责人学历越高对先进人力资源管理的认知与执行、规则的设立等具有促进作用；大学生占比高有利于企业先进人力资源管理理论与技术的实施与推进；政府对国际认证的支助对企业人力资源管理的规范具有一定促进作用；公司人员规模达到一定程度势必要采取以制度为中心的管理模式，从而避免了管理过程中出现人为情绪化的不利影响，促使企业人力资源管理朝正规化、法制化方向迈进，这一点对于中国企业走向世界尤为关键。

表5 服务外包企业竞争力影响因素分步回归结果

模型	服务交付与关系能力	模型	技术能力	模型	项目管理能力	模型	人力资源管理能力
常数	2.077 *** (−0.997)	常数	1.898 * (−1.087)	常数	1.928 * (−1.024)	常数	−0.805 −1.412
大学生占比	0.444 *** (−0.495)	高管学历	0.261 *** (−0.231)	大学生占比	0.409 *** (−0.507)	负责人学历	0.285 *** −0.263
负责人海外学历	0.260 *** (−0.208)	离岸率	0.267 *** (−0.221)	负责人海外学历	0.326 *** (−0.208)	大学生占比	0.281 *** −0.608
		大学生占比	0.232 *** (−0.537)			政府支助认证	0.225 *** −0.428
		公司人员规模	0.233 *** −0.288				
已解方差 R^2	0.177	已解方差 R^2	0.191	已解方差 R^2	0.191	已解方差 R^2	0.223
F 统计量	8.305	F 统计量	6.368	F 统计量	9.018	F 统计量	5.884

注：***、**、* 分别表示通过 1%、5%、10% 水平显著性检验。括号内为估计系数的标准误。

资料来源：作者自制。

（四）服务外包能力对绩效的影响机制实证研究

在探测性因子分析（EFA）基础上，运用 Smart-PLS 结构方程模型（Structural Equation Model，简称 SEM）对服务外包企业能力与外包绩效进行实证检验。胡（Hu）和本特勒（Bentler）（1995）指出，GFI、AGFI、NFI 容易受到样本量的干扰，在样本量较少的情况下结构方程模型的适配性指标可适度放宽。[①] 一般来讲，结构方程模型包括测量模型和结构模型，具体如下：

首先，测量模型衡量测项指标与潜在变量之间的关系，通常可写成测量方程：

$$x = A_x \xi + \delta$$
$$y = A_y \eta + \varepsilon$$

其中，x 表示的是外生指标组成的向量，本研究中即为制度环境和外包能力的测项得分向量，ξ 为制度环境和外包能力潜在变量；y 表示的是内生指标组成的向量，此处为外包绩效的测项得分向量，η 为外包绩效潜在变量。A_x 表示的是外生指标与外生潜变量之间的关系，是外生指标在外生潜变量上的因子载荷矩阵。A_y 表示内生指标与内生潜在变量之间的关系，是内生指标在内生潜在变量上的因子载荷矩阵。δ 表示的是外生指标 x 的测量误差。ε 表示的是内生指标 y 的测量误差。

其次，结构模型表述潜在变量之间的关系，通常是研究兴趣的重点，所以整个部分也称为是结构方程模型。通常写成如下方程式：

$$\eta = B\eta + \Gamma\xi + \zeta$$

其中，η 表示的是内生潜在变量（外包绩效），ξ 表示的是外生潜在变量（制度环境和外包能力），B 表示内生潜在变量间的关系。Γ 表示的是外生潜变量对内生潜变量的影响，ζ 表示结构方程的残差项，反映了 η 在方程中未被解释的部分。

[①] Hu, L., Bentler, P. M., "Evaluating model fit", in Hoyle, R. H. (eds), "Structural equation modeling: Concepts, issues, and applications", Thousand Oaks, CA: Sage, 1995, pp. 76-99.

(1) 未施加制度环境

通过结构方程模型结果（见图 2）可以看出，技术能力能正向显著影响服务交付与关系能力（标准路径系数为 0.918，$P<0.001$），项目管理能力（标准路径系数为 0.842，$P<0.001$）和人力资源管理能力（标准路径系数 0.776，$P<0.001$），说明技术能力强的服务外包企业在服务交付与关系、项目管理、人力资源管理这三个方面能力也越强。服务的交付质量与技术能力休戚相关，技术能力强的企业往往在社会网络中游刃有余因而更能创造有利的关系网，技术能力强的企业项目管理往往比较顺畅，人力资源管理也比较合理，也就是说提高技术能力可以间接地达到提高其他三项能力的效果。

服务交付与关系能力能显著地直接促进服务外包绩效（标准路径系数为 0.761，$P<0.001$）；项目管理能力能显著地正向影响外包绩效（标准路径系数为 0.711，$P<0.001$）；人力资源管理能力在 10% 显著性水平上正向影响外包绩效（标准路径系数为 0.292，$P=0.052$）。需指出的是，技术能力不仅对服务交付与关系等三种能力具有直接正向显著影响，也能对服务外包绩效具有直接正向显著影响（标准路径系数为 0.867，$P<0.001$），说明技术能力对服务外包绩效的影响是双重的，既有直接效应，又通过正向作用于其他能力具有间接效应。具体来看，技术能力分别通过服务交付与关系能力、项目管理能力、人力资源管理能力对外包绩效具有 0.696（0.918 * 0.761）、0.599（0.842 * 0.711）、0.227（0.776 * 0.292）的正向间接影响效应。

通过比较变量之间的模型估计系数及显著性水平情况发现，人力资源管理能力与服务外包绩效之间的显著正向影响具有相对不确定性，而其他三种能力显然具有较强的显著估计系数。可能是因为，目前中国服务外包承接欧美跨国公司的外包业务类型仍以中低端 ITO 等为主，因此人力资源管理能力的作用可能还不必达到很高水平便可满足，也有可能是服务外包企业人力资源管理水平有待提高，还不足以达到促进外包绩效程度。在调查问卷中，回答年均离职率"高"的服务外包企业占比近 40%，说明目前服务外包企业对于留住人才、培育好的公司文化等方面还存在较大提高空间。

```
                        0.867***
         ┌─────────────────────────────┐
         │    服务交付与                │
         │    关系能力                  │
    0.918***        0.761***
技术能力 ──0.842***── 项目管理能力 ──0.711***── 外包绩效
    0.776***        0.292* (P=0.052)
         │    人力资源                  │
         │    管理能力                  │
```

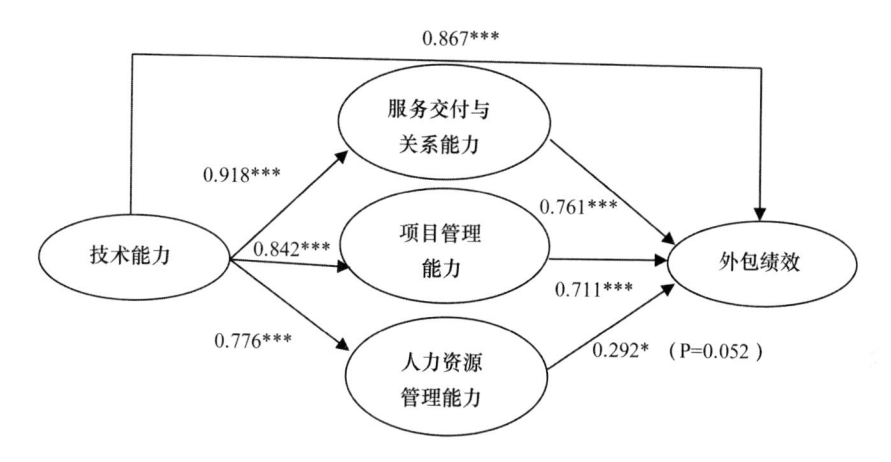

图 2　服务外包企业能力与绩效影响关系模拟图（仅显著路径）

资料来源：作者自制。

表 6　方程拟合度指标

Fitting Index	x^2/df	GFI	AGFI	RMSEA	NFI	CFI	PNFI	PCFI
SEM1	2.116	0.541	0.477	0.128	0.661	0.784	0.616	0.731
SEM2	1.563	0.574	0.498	0.152	0.667	0.764	0.612	0.700
SEM3	2.593	0.571	0.495	0.153	0.663	0.759	0.608	0.696
SEM4	2.713	0.545	0.464	0.159	0.648	0.741	0.594	0.679

注：结构方程模型要求自变量不相关，否则会影响到系数的准确性。为此，分步骤建立结构方程模型，SEM1 衡量技术能力的直接和间接效应，SEM2、SEM3、SEM4 分别衡量的服务交付与关系能力、项目管理能力和人力资源管理能力与外包绩效的直接效应。

资料来源：作者自制。

（2）施加制度环境

波特的国家竞争优势理论及世界范围内服务外包产业强国的发展经验表明，一些制度环境或整体性指标影响到一国服务外包产业的国家竞争力，如国家风险程度、政策支持力度、知识产权保护强度、整体英语水平、整体企业培训、达到国际认证水平等情况，称之为制度环境。有目共睹的是，中国通过改革开放及加入WTO、签定自由贸易协定等渠道主动融入世界经济，国家实力大幅上升、政策与制度不断改善、服务外包产业发展的大环境不断优化，那这些制度总体环境因素的提高是否有利地促进了服务外包企业的发展，是一个需要检验的问题。在上述结构方程模型的基础上，加入制度整体中介变量可得到其直接与间接作用。

从模拟结果图（见图3）来看，制度环境对服务交付与关系能力、技术能力、项目管理能力及人力资源管理能力分别具有0.502（P<0.001）、0.918（P<0.001）、0.586（P<0.001）和0.635（P<0.001）的正向影响作用。说明经过多年培育与积累，中国服务外包产业发展制度整体质量或条件不断提高，尤其是2006年以来从整体上来看企业培训、从业人员英语水平、国内营商环境等都得到不同幅度地提升，使得存活于这种不断进步同时又激烈的环境中的服务外包企业自然地享受到整体产业环境改善所带来的红利，致使其竞争力得到提高。其中，制度环境对技术能力的促进效应最强，说明中国IT产业基础的发展对整个行业的技术水平具有很大提高。此外，制度环境对外包绩效还有直接影响关系，标准路径关系为0.620（P<0.001），说明制度环境的改进能直接促进企业外包绩效的提高。

由于前面模型已经证实服务交付与关系能力、技术能力、项目管理能力、人力资源管理能力均对外包绩效具有显著直接正向影响，加之制度环境对这些能力又具有显著直接正向影响，因此制度环境对外包绩效还具有间接的正向影响关系。制度环境通过这四种能力传递的正向间接效应分别为0.382（0.502 * 0.761）、0.796（0.918 * 0.867）、0.417（0.586 * 0.711）和0.185（0.635 * 0.292）。可以看出，"制度环境→技术能力→外包绩效"这一条路径所产生的间接效应最大，说明技术能力在这一套传递机制中发挥着十分关键性作用。同时，技术能力又能直接正向影响服务交付与关系能力、项目管理能力和人力资源管理能力，对外包绩效也具有直接正向影响，因此技术能力的提高显然具有十分重要意义。

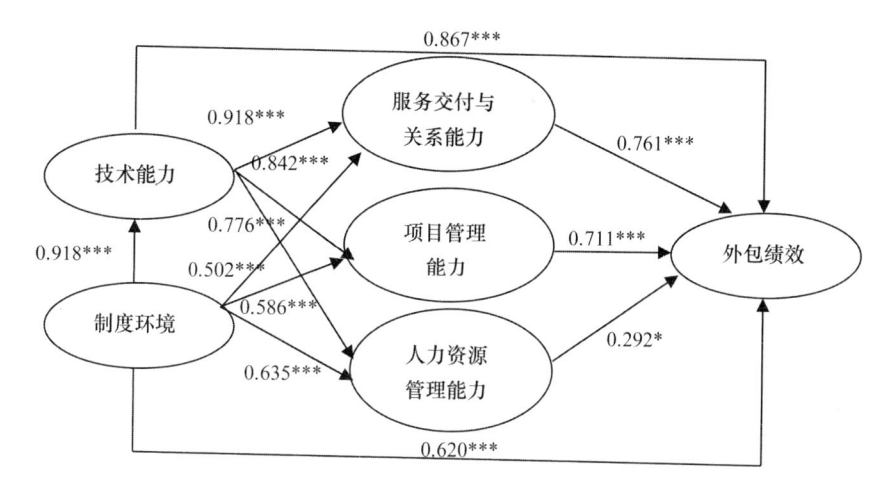

图 3 施加制度环境影响关系模拟图（仅显著路径）

资料来源：作者自制。

表 7 方程拟合度指标

Fitting Index	x^2/df	GFI	AGFI	RMSEA	NFI	CFI	PNFI	PCFI
SEM5	2.212	0.480	0.422	0.133	0.572	0.705	0.540	0.665

资料来源：作者自制。

SEM5 考察的是制度环境因素的直接与间接效应。

(3) 权变因素影响

服务外包企业能力与绩效之间的作用关系、以及制度环境调节机制可能受到企业自身因素的影响。不同特征的企业在不同能力上具有比较优势、对能力特征的依赖与要求也不一样，因而能力对绩效的影响也会表现出差异性。另外，不同企业对于制度政策、环境的吸收与响应效果是不一样的：有些企业可能比较善于利用或适应制度环境，也可能容易得到制度环境的支持；而有些企业可能并不能得到相同程度的类似结果。针对企业权变因素的影响，运用 SPSS17.0 软件在因子分析结果基础上构造各变量，并进行分步回归分析（结果见表 8）。首先，对规模小的企业来说，服务交付与关系能力对服务外包绩效呈显著正相关，为 0.567。但外包绩效与人力资源管理能力呈显著负相关，说明规模小的企业人力资源管理还不足以创造出较强的服务外包绩效。

另外，制度环境与项目管理能力交叉促进了服务外包绩效，交叉效应为0.346。对于规模大的企业，项目管理能力与外包绩效呈正相关，估计系数为0.687；其次，从成立年限来看，成立时间短的企业通过服务交付与关系能力对外包绩效具有显著正影响，达0.810，但人力资源管理能力负向影响外包绩效，可能是因为成立时间太短公司化运营不完善，人力资源管理还不足以达到具有激励效果的程度。而成立时间长的企业表现出项目管理能力显著促进外包绩效的关系，正向相关性高达0.809；对于不同业务类型的企业来说，从事相对低端业务的企业其能力与外包绩效这一促进关系未表现出来，而拥有中高端业务的企业则是项目管理能力显著正向促进外包绩效，达0.802；就外包收入来看，收入相对低的企业，项目管理能力与外包绩效具有0.631的显著正相关；而收入高的企业，服务交付与关系能力每提高1%则能带动绩效提高0.751%；最后看研发投入占比，研发投入相对少的企业在项目管理能力上对外包绩效有0.655的正影响，研发投入较多的企业在服务交付与关系能力上表现出较大的显著促进作用，高达0.910。

总的来看，不同规模、年限等权变因素前提下，服务外包企业能力与绩效之间的影响发力点不同。但从回归结果的横向比较不难发现，服务交付与关系能力、项目管理能力等对不同性质的企业具有普适性影响，说明服务外包企业可通过提高这些能力来获得较好的外包绩效。而人力资源管理与外包绩效呈负相关，这一局面可能与整体人力资源教育、培养及素质有关。另外，从制度环境的间接影响效果来看，其只对公司规模小、业务类型低端的企业具有正向调节作用，说明制度政策及环境对弱势企业的拉动效应明显，而当企业发展到一个较高阶段，可能对制度政策与环境提高的反应敏感度不是太大。

表8 权变因素分步回归结果

自变量	公司规模		成立年限		业务类型		外包收入		研发投入占比	
	1000人以下	1000人以上	10年以下	10年以上	低端	中高端	低于1亿	高于1亿	低于10%	高于10%
服务交付与关系能力	0.576***(0.156)		0.810***(0.143)					0.751***(0.129)		0.910***(0.148)

续表

自变量	公司规模 1000人以下	公司规模 1000人以上	成立年限 10年以下	成立年限 10年以上	业务类型 低端	业务类型 中高端	外包收入 低于1亿	外包收入 高于1亿	研发投入占比 低于10%	研发投入占比 高于10%
项目管理能力		0.687*** (0.257)		0.809*** (0.192)		0.802*** (0.122)	0.631*** (0.196)		0.655*** (0.126)	
人力资源管理能力	-0.245*** (0.117)		-0.262*** (0.113)							
制度环境*服务交付与关系能力						0.517*** (0.013)				
制度环境*项目管理能力	0.346*** (0.013)									
截距项	1.411*** (0.770)	-0.590* (1.581)	0.850 (0.793)	-1.063 (1.151)	3.850*** (0.558)	0.337 (0.715)	1.850* (1.157)	-0.281 (0.778)	0.946 (0.735)	-0.517 (-0.548)
已解方差 R^2	0.595	0.472	0.535	0.654	0.267	0.643	0.398	0.564	0.429	0.827
F统计量	22.066	16.070	25.914	35.871	11.684	59.333	13.236	58.119	40.645	52.690

注：因变量为服务绩效；业务类型低端是指公司仅有ITO业务，中高端是指业务中包括BPO和KPO的公司；研发投入占比是研发投入占销售额的比重。（ ）为估计系数的标准误；＊＊＊、＊＊、＊分别代表通过1%、5%和10%显著性水平检验。

资料来源：作者自制。

四、结论与探讨

本研究在第一手数据收集的基础上，分析了中国服务外包企业竞争力现状，发现中国服务外包企业仍以中小规模为主，企业规模成为制约中国IT服务外包企业发展的最大瓶颈。实际上印度服务外包产业也是中小企业居多，真正具有国际知名度的大型企业也为数不多，但它们企业之间的合作分工相对比较紧密。杨波和殷国鹏（2010）通过对北京市40家IT服务外包企业调查发现，较大企业技术能力、人力资源能力等7个能力及综合能力得分均大幅领先于小企业。① 但随着产业基础环境及成熟度的提升，有些中国服务外包企业通过海内外并购与上市等途径迅速壮大，规模达万人左右的大公司逐渐出现。但受制于整体上企业技术等能力的短缺，在为客户提供整体解决方案、创造性等方面与国际知名服务外包企业还存在不小差距，目前中国服务外包企业承接的离岸外包业务仍主要是中低端领域，具有高附加值的业务流程外包仍被印度、爱尔兰等服务外包强国占据，承接业务类型的低端化直接导致中国国际服务外包企业利润率不高的局面。但中国服务外包企业经过 20 多年的发展锤炼，在技术能力、服务交付等能力也得到不同程度的提升，有些企业积极开拓国际市场在海外多国建立交付与研发中心，通过整合国内外两个市场资源提高了国际化能力。

本研究运用分步回归及结构方程模型等实证分析方法，验证了中国服务外包企业能力与外包绩效之间存在显著正相关关系，说明外包企业能力的提高能有效促进外包绩效。其中，结构方程模型显示，技术能力在能力与绩效影响路径中发挥着十分关键的作用，其不仅对外包绩效具有显著直接影响，而且通过正向影响服务交付与关系能力、项目管理能力及人力资源管理能力对外包绩效具有显著正向间接影响。另外，根据企业发展理论，能够生存下来的企业在一定程度上是过去一定期限内产业政策、发展环境、教育制度等因素综合起来不断提高的体现，企业成长过程凝聚着这些制度因素不断改善的历史积淀。进入 21 世纪以来，中国政府观察到印度服务外包产业的成功，加大了对服务外包产业的扶持力度，促使服务外包产业发展的政策、教育等环境不断改善。为此，在结构方程模型中引入制度环境来衡量服务外包产业制度整体环境是否对外包企业绩效具有间接影响作用。实证结果显示制度环境不仅能显著直接正向影响企业外包绩效，而且通过正向影响技术能力、人力资源管理能力等四种能力间接正向影响企业外包绩效，说明以政策主导和推动的产业环境改善大大促进了服务外包企业的发展。另外，通过分步回归还考察了企业自身因素在能力与绩效之间影响关系的权变差异，发现企业在规模、经营年限、业务类型等方面不同会造成具体促进外包绩效的能力不同，即不同条件下的企业对能力的倚重点存在区别。

---

① 杨波、殷国鹏：《中国 IT 服务外包企业能力研究》，《管理学报》2010 年第 7 期。

根据实证检验结果，针对如何提高中国服务外包企业竞争力，本研究提出如下建议：首先，营造更加良好的经商环境。产业发展需要环境支持，环境是孕育竞争力的土壤。国外跨国企业发包商在选择服务外包目的地时往往将经商环境是否完善作为一个重要参考指标。因此，政府应不断加强服务外包产业发展必要的基础环境建设，包括软硬件基础设施要齐发力。就目前来看，中国有些城市，尤其是一线大城市，硬件设施已经发展较高程度，但软件基础设施如服务理念、设施合理性等还很不到位，大大低于硬件设施的发展程度同时限制了硬件设施的潜在水平。因此，笔者认为今后一段时间应将财力、物力及精力用于提升城市软环境建设上来，用 5—10 年时间消化前期经济高速发展时期大量投资产生的硬件设施成果，使各城市软、硬环境齐头并进，发挥出协同效应。第二，扶持一批企业做大做强。大的、知名企业对于产业发展的整体拉动效应不言而喻，它们可以带动中、小企业发展，有利于技术创新、国际竞争等。印度服务外包的成功很大程度上是印度知名服务外包企业不懈努力的结果，塔塔咨询、Infrosys、Wipro、HCL 等一批具有国际知名度的企业在这过程中发挥着重要作用。因此，政府应着手选取 10—20 家具有一定规模和实力的代表企业作为重点扶持对象，通过资金奖励、服务升级、信贷支持、国际化引导等措施加大扶持力度。针对中国企业国际化偏弱这一现状，可通过中国大使馆等海外官方渠道为服务外包企业国际化提供信息资讯、本地化营销等帮助。采用优胜劣汰机制在未来 10–20 年时间建成一批真正具有国际影响力的服务外包企业，提高中国在世界服务外包市场的产品层次、国际地位和知名度。第三，进一步加强服务外包产业发展所需的法制及人才建设。加强知识产权法的立法与执法，进一步加强知识产权法规与国际接轨，在国际上树立良好法律形象。仿照印度理工学院设计国家级计算机等相关专业专修学校，开创新型教学模式，以产带学、以研带产等方式加大对从业人员科研、技术问题解决能力的培养。同时，加强英语使用能力的训练，有条件地鼓励到国外继续深造或进修，打好语言及技术能力基础。

第三部分

重点领域服务贸易

第一篇　数字服务贸易及相关政策比较研究*

王　拓

当前，随着数字技术的发展与应用，贸易方式出现了较大改变。根据理查德·鲍德温（Richard Baldwin）的理论，继第一阶段的传统贸易和第二阶段的全球价值链贸易之后，出现了第三阶段的"数字贸易"。[①] 数字技术的应用推动了跨境数据流动，降低了信息共享成本，将价值链上的不同参与者相互连接起来，同时也改变了服务的生产和交付方式，推动服务贸易"数字化"发展。数字贸易和服务贸易数字化发展对当前世界贸易规则和各国的管理措施带来了挑战，各国对其进行了大量的研究和探索。目前，欧盟和美国走在了数字服务贸易规则和管理制度探索的前沿，包括统计框架、管理措施、限制性政策等方面取得诸多成效。我国虽然是服务贸易大国，但是逆差较大；电子商务规模虽然位居世界第一，但是数字技术和数字服务贸易发展仍处于起步阶段；在相关政策体系建设和管理规制探索方面，依然有很多内容需要向国际先进经验借鉴。因此，加强对数字服务贸易相关理论和政策的探索，不仅对推动我国数字技术发展、服务贸易转型升级、缩小贸易逆差有巨大促进作用，也为当前探索"规则制度型开放"，构建全面开放新格局，建设现代化经济体系具有重要意义。

---

*　此文发表于《国际贸易》2019 年第 9 期。

①　R. Baldwin, *The Great Convergence – Information and Technology and the New Globalization*, The Belknap Press of Harvard University Press, 2016.

一、数字贸易与数字服务贸易

(一) 数字贸易的定义

美国和欧盟一直致力于对数字贸易相关理论进行研究,关于数字贸易的定义经历了一个演进和探索的过程。

美国持续探索数字贸易相关理论与政策,对数字贸易定义不断修正。美国国际贸易委员会从2013年开始尝试对数字贸易进行定义,并在之后的2014和2017年发布数字贸易报告,不断对数字贸易定义进行修正。2013年,美国国际贸易委员会发布《美国与国际经济中的数字贸易,第1部分》,定义数字贸易为"在国际和国内贸易中,通过互联网交付的产品和服务";2014年该组织发布第二份报告,定义数字贸易为"依赖互联网和互联网技术建立的国内贸易和国际贸易";[1] 2017年发布《全球数字贸易1:市场机会与外国主要的贸易限制》,认为数字贸易是"通过固定网络或无线数字网络传输的产品和服务"。一系列定义的修正,一方面对相关技术内容做出调整,将"互联网"修改为"固定网络或无线数字网络";另一方面,涉及的产品和服务范畴不断修正,从"互联网交付的产品和服务"到"网络传输的产品和服务",明显将电子商务中线下交付的货物贸易剔除。

OECD对数字贸易进行了较为全面而深刻的定义。在2017年法国巴黎举行的国际货币基金组织国际收支统计委员会第十三次会议上,OECD发布报告,[2] 对数字贸易进行了较为全面深刻的分析。该报告在现有贸易分为货物贸易和服务贸易的基础上,参照服务贸易分为四种提供模式的方式,增加了数字贸易所产生的新的内容和新维度,搭建了数字贸易测量框架。该报告认为数字贸易包括三个维度:交易的性质、产品和参与者,解决了"谁"通过何种"方式",获得何种"产品"的三个交易的基本问题。其中交易的性质包

---

[1] United States of International Trade Commission, *Digital Trade in the U. S. and Global Economies*, Part 2. 2014.

[2] OECD:《Measuring Digital Trade: Results of OECD/IMF Stocktaking Survey》, 2018.

括数字订购、应用平台和数字交付；产品包括商品、服务和信息及数据；参与者包括企业、家庭、政府、居民与服务组织。该分析框架既包含通过数字技术完成的货物和服务贸易，也包括跨国流动的数据和信息，成为当前国际上较为认可的定义。

（二）数字服务贸易的内涵

关于数字服务贸易（Digital Services Trade）的研究，OECD 是先行者。经合组织将数字服务贸易定义为"通过电子网络提供的服务"。[①] 对于该定义，根据 OECD 的统计分析框架，可以从交易方式、产品和参与者三个维度进行理解。从交易方式来看，数字服务贸易包括交易维度中的数字订购、应用平台和数字交付；从产品类型来看，主要包含服务、信息和数据；从参与者角度来看，包括企业、家庭、政府、居民与服务组织等。从定义本身来看，数字服务贸易可以包括狭义和广义两种理解方式，狭义的数字贸易可以理解为服务贸易的数字化形式，包括旅游、教育、医疗等的数字化，以及数字内容的服务贸易，包括数字电影、数字音乐、数字动漫和软件贸易等。广义的数字服务贸易在狭义服务贸易数字化的基础上，再加上新型的数字服务内容，如搜索引擎、云提供的数字服务和数据跨境流动带来的服务等。其重点研究领域包括了数字技术中人工智能、物联网和大数据等技术的应用；产业和贸易的数字化转型；数字贸易的市场开放和主要壁垒；跨境数字流动对贸易产生的影响等方面。

二、数字服务贸易相关管理措施的产生和主要政策

（一）数字服务贸易管理措施的产生

数字服务贸易是一种新型的贸易模式，对传统的贸易规则和监管模式带来挑战，产生了诸多新领域和新的管理问题。数字服务贸易发生主要经历以下几个步骤：首先需要具备数据连接的基础设施，这涉及到互联网和无线网

[①] OECD：《The OECD Digital Services Trade Restrictiveness Index》，Ferencz, J. 2019.

络建设等，之后交易的双方主体通过数字网络技术实现跨境的数据流动并在线进行信息交换，根据各自的需求获得产品和服务信息，确定双方同意的合同内容达成交易意向，通过在线支付系统实现交易并缴纳相关税务，最后在不侵犯其他权益保护的情况下获得产品和服务。整个数字服务贸易的发生过程，最主要的特点是数字基础设施的连接和数据作为基本要素的跨境流动，并产生了数据安全、电子合同、第三方金融、数字知识产权保护等多个新领域，这些新领域对涉及的财政税收、市场准入、监管措施、法律法规等方面产生冲击，亟需构建新型的管理措施和政策来适应，成为当前各国探讨的热点和难点。

数字服务贸易的管理措施大体分为促进和保护两种类型，对内表现为各国自身在监管中的探索，对外则是各国之间贸易规则的谈判。在数字服务贸易的促进方面，主要有以下内容：一是数字基础设施建设，保障本国的数字提供能力和连接能力，这确保了数字服务贸易双方可以有效获取信息和建立链接，是数字服务贸易发生的基础。二是贸易发生过程中的资金流动，需要有相关的数字支付手段和平台，也需要双方所在国家的金融账户下的资金流动。三是消除市场垄断，防止贸易供应商因市场准入和不公平竞争而产生垄断，从而提高消费者的福利水平。在数字服务贸易保护方面，主要涉及以下内容：一是在建立数字链接的同时，保护好个人隐私及对国家安全十分重要的关键数据信息；二是制定贸易双方认同的合同规则，确保贸易双方利益不受损失；三是确保跨境数字交易过程中资金流动的安全；四是保护贸易内容中所涉及到的知识产权，确保产权人利益不受损失。

（二）影响数字服务贸易发展的主要限制性政策内容

为了明晰阻碍数字服务贸易发生和发展中存在限制性政策，并度量其对数字服务贸易的影响，OECD 构建了数字服务贸易限制性指数（Digital Services Trade Restrictiveness Index）。数字服务贸易限制性指数是在 OECD 服务贸易限制性指数的基础上进行改造和补充，对服务贸易数字化进程中，阻碍数字服务贸易发展的各国限制性政策进行识别和量化，主要关注任何影响数字服务贸易的跨境政策性阻碍。

OECD 的詹森·费伦茨（Janos Ferencz）（2019）基于服务贸易限制性指

数的相关政策基础，结合数字贸易特有的政策壁垒，首先构建了数字服务贸易限制性指数，确定了影响 22 个服务领域①的限制性措施，包括处于数字化转型前沿的一些服务业，比如计算机、视听、分销、金融和电信服务。将主要影响数字服务贸易发展的壁垒分为五大领域：基础设施和连通性、电子交易、支付系统、知识产权、其他影响数字化服务贸易的壁垒。

基础设施和连通性中，主要涵盖了数字贸易中建设基础设施的相关措施。它反映了网络运营商之间互联性的相关规定对无缝式信息交流（seamless communication）的保障程度，也反映了限制或者阻碍通信服务使用的措施。其中包括跨境数据流动和数据本地化政策等内容。

电子交易项下，该项下主要包括签发电子商务活动许可证的歧视性调节、在线税务登记的可能性及非居民企业申报、国际公认电子合同准则、抑制电子认证（如电子签名）使用和缺乏有效的争议解决机制等政策内容。

支付系统项下，主要反映了影响电子支付的措施。它包括特定支付方法权限的相关措施，并评估了国内支付交易安全标准是否与国际标准一致。此外，它还涵盖了其他领域未涵盖的网上银行相关限制。

知识产权项下，主要涵盖了在知识产权保护方面给予外资企业和个人平等的版权和商标权保护政策，反映了在解决版权和商标侵权事件的适当的执行机制，包括网上发生的版权和商标侵权事件。

其他影响数字化服务贸易的壁垒中，主要包括了影响跨境数字贸易的履行要求（performance requirements）（如强制性使用当地的软件和加密技术或强制性技术转让）；下载和流媒体限制；网络广告限制；商业或当地存在要求；及缺乏针对网上反竞争实践的有效的补偿机制等。

---

① 这些领域包括：计算机服务、建筑服务、专业服务（会计与审计、建筑、工程和法律服务）、电信服务、分销服务、运输服务（空运、海运、铁路运输和公路运输）、邮政及速递服务、金融服务（商业银行和保险）、视听（广播、录音和电影）、物流服务（货物装卸、仓储、货运代理和报关代理）。

三、国内外数字服务贸易政策发展趋势

（一）世界数字服务贸易限制性增多

世界各国限制性措施呈增多态势。目前，OECD 对世界 44 个国家进行的数字服务贸易限制性措施的度量。根据其数字贸易限制性指数数据库数据显示（见图1），在 2014—2018 年期间，全球数字服务贸易限制性措施呈现增多态势。在 2014—2018 年期间，十余个国家的指数平均增长 32%，同期的最高增长率达到 50%。各国在数字服务贸易方面的措施中，80% 为限制性措施，并且主要集中在基础设施的连通性领域。[①]

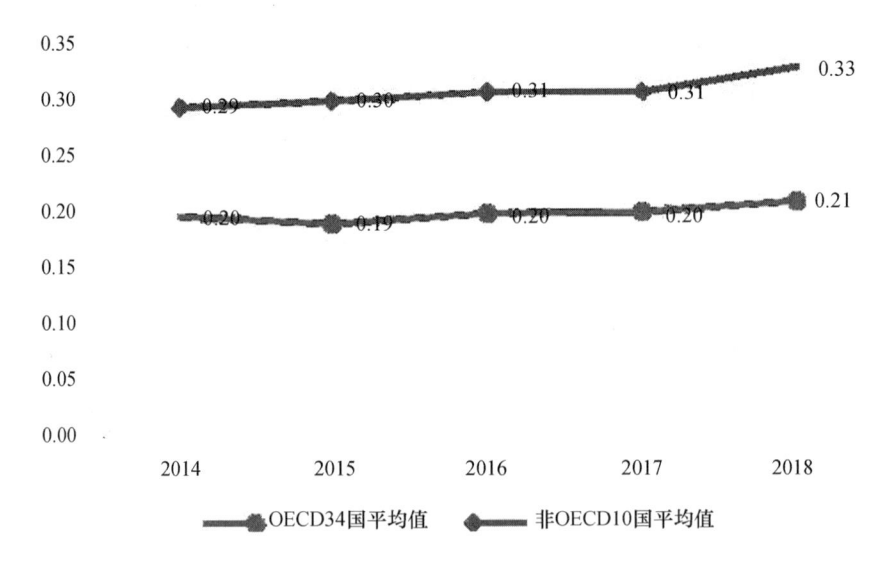

图 1　2014—2018 年 OECD 与非 OECD 国家数字服务贸易限制性指数发展趋势

资料来源：根据 OECD 数字服务贸易限制性指数数据库整理。

[①] 数字贸易限制性指数数据库：https：//stats.oecd.org/? datasetcode = STRI_ DIGITAL。

发展中国家得分较高，发达国家普遍得分较低。从 2019 年发布的数据来看，44 个国家的分值分布在 0.0425—0.4877 之间，平均得分 0.1768。得分最高的多数为发展中国家，在所计算的 10 个非 OECD 国家[①]中，平均指数从 2014 年的 0.29 上升至 2018 年 0.33。发达国家排名普遍较为靠后，说明发展中国家比发达国家具有更高的限制性壁垒。排名前六的国家为金砖五国再加上印度尼西亚。其中，中国整体得分最高，为 0.4877 分；其次为印度尼西亚，得分为 0.4079 分；巴西排名第三，得分 0.385；俄罗斯排名第四，得分 0.3424；南非排名第五，得分 0.3420；印度排名第六，得分 0.3036。哥斯达黎加得分最低，为 0.042 分。美、英、德、日等国家，美英并列第 29 位，德国排名第 20 位，日本排名第 34 位，其中日本的得分最低，意味着其限制性措施最少。各国得分情况如图 2 所示：

分领域来看，各国主要限制性措施集中在基础设施和连通性项下。在基础设施和连通性领域，俄罗斯、南非和哥伦比亚并列第一；中国、印尼、巴西并列第二。美、英、德等国家并列第 16 位，日本排名第 34 位。44 国中，基础设置和连通性的限制性指数得分占总得分的一半以上，对总指数的贡献各国平均达到 55.9%。电子交易项对总得分的贡献排第二位，占各国总分的平均百分比为 22.3%。中国、印尼、巴西和印度并列排名第一，得分 0.0637；德国和日本并列第五，美国和英国并列排名第 20 位。支付系统和知识的产权占总得分的比重相对较少。在支付系统项下，只有 11 个国家具有限制性措施，中国和印度排名第一；在知识产权领域，仅有 7 个国家具有限制性措施，中国和冰岛并列第一，其余国家均没有限制性措施。在其他影响数字化服务贸易壁垒项下，印尼和中国并列第一，美、英、德、日等国家得分一致，并列排名第 13 位。

（二）中国与发达国家数字服务贸易限制性政策数量比较

从上述比较之中可以发现，中国的数字服务贸易限制指数得分在 44 个国家中最高，意味着限制性举措最多。下面，我们对中国当前的数字服务贸易

---

① 10 个非 OECD 国家指：阿根廷、巴西、中国、哥伦比亚、哥斯达黎加、印度、印度尼西亚、俄罗斯、沙特阿拉伯和南非。

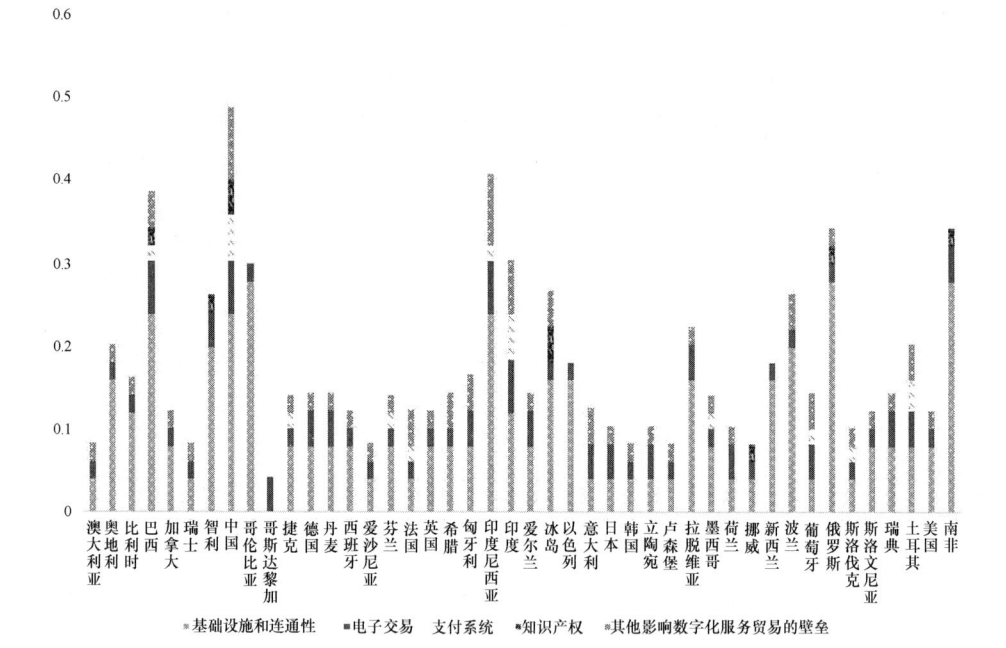

166 | 国际服务贸易形势与热点（2020）

图2 44国数字服务贸易限制性指数分值分布图

资料来源：根据OECD数字服务贸易限制性指数数据库整理。

壁垒进行分析。

表1 中国与美、英、德、日各国在五个政策领域的限制性措施数量

国别/限制措施	基础设施和连通性	电子交易	支付系统	知识产权	其他影响数字化服务贸易壁垒	限制性措施总数
中国	6	3	3	2	4	18
美国	2	1	0	0	1	4
英国	2	1	0	0	1	4
德国	2	2	0	0	1	5
日本	1	2	0	0	1	4

数据来源：根据OECD数字服务贸易限制性指数数据库整理。

基础设施和连通性限制措施过多是中国总分过高的主要原因。从表1中可以看出，在OECD给出的五大领域42项限制性措施中，中国的数字服务贸易限制性措施数目较多，总数达到18条。而德国限制性措施为5项，美国、英国和日本三国的限制性措施为4项，均明显少于中国。在基础设施和连通性项下，共有19条限制性措施，接近总限制性措施的一半，在五个政策领域中所占权重比例最大，而中国在该项政策下的限制性政策达到6条，数量位列各国首位，因此导致中国数字服务贸易限制性指数总分值最高。

四、国内外数字服务贸易政策措施比较

在上文分析中，发展中国家的数字服务贸易限制性政策往往多于发达国家，在各个政策子领域中均呈现出较大限制性。导致这种情况的原因包括：一方面，发展中国家的产业基础薄弱，往往采取相对保守的政策措施；另一方面，发展中国家的政策措施处于探索阶段，相对于发达国家，往往变动较快。根据上文内容，本文对数字服务贸易主要相关的政策领域进行比较，分析国内外管理模式和监管机制之间存在的差异，探究未来我国数字服务贸易政策方向。

（一）基础设施和连通：在促进数据跨境流动和数据安全之间做出权衡

我国在基础设施和连通项下的限制性措施主要集中在跨境数据流动方面，而跨境数据流动的核心争议在于个人数据的隐私保护上。在这个问题上，我国与国际规则之间存在差异性。

国际规则上，制定了允许个人数据跨境流动的标准。在跨境数据流动方面的相关内容主要见于2013年OECD修订的《隐私保护与个人数据跨境流动指南》，数据保护和隐私专员国际会议在2009年通过的《马德里决议：隐私保护国际标准》，还有联合国1990年制定的《计算机处理的个人数据资料规范指南》。这些政策规定的政策出发点是一方面要促进数据的跨境自由流动，另一方面要保护个人数据隐私，在这两者之间做出权衡。同时，还提出相关的数据流动基本原则。

在上述规则中，认为在以下几种情况下，数据可以跨境流动：一是当另

外一个国家的个人信息保护与本国"相当"或者认为该国可以提供"充分"的保护水平时;二是即使数据接收国个人信息保护水平无法达到标准,但是数据传输国自身可以采取措施保证信息保护水平持续符合相关标准时;三是信息主体同意时。在促进数据跨境流动方面,要求对于个人信息跨境转移的限制,需要与信息转移所带来的风险成正比。因此要求对于一般个人信息的跨境转移限制不得过多,而对于敏感信息允许通过制定特殊规则来监管。欧盟为了实现欧盟区内各国个人隐私数据保护的规则统一性,于2018年5月宣布《通用数据保护条例》生效。该条例规定了数据控制者和处理者的责任和相关的处罚条例,对与欧盟发生数据交换的所有企业进行严格规范,无论该企业是否在欧盟区域内。①

我国对于跨境数据的个人数据保护主要施行审批制和境内数据存储。以2016年的《中华人民共和国网络安全法》作为法律基础,制定了《信息安全技术公共及商用服务信息系统个人信息保护指南》(2012年)和网信办2017年出台的《个人信息和重要数据出境安全评估办法》。其中《个人信息保护指南》明确指出:"未经个人信息主体的明示同意、或法律法规明确规定、或未经主管部门同意,个人信息管理者不得将个人信息转移给境外个人信息获得者,包括位于境外的个人或境外注册的组织机构。""关键信息基础设施的运营者在中华人民共和国境内运营中收集和产生的个人信息和重要数据应当在境内存储。因业务需要,确需向境外提供的,应当按照国家网信部门会同国务院有关部门制定的办法进行安全评估;法律、行政法规另有规定的,依照其规定。"由此可见,我国与欧盟在个人数据保护和管制方面存在管理制度上的差异。

(二)电子商务:对外资企业的开放与落实

数字服务贸易的发生通常会以电子商务的形式开展,目前对我国电子商务政策领域最主要的关注点在于对外资开放问题。关于电子商务开放问题,主要集中在是否允许外国电商企业全资在本国的运营和办理相关许可证。

---

① 弓永钦:《欧盟数据隐私新规则对我国"涉欧"数字企业的影响及应对》,《国际竞争合作》2019年第2期。

在电子商务开放方面，我国已经取消了外商电子商务的股比限制，但是相关许可证审批政策文件尚未修改，容易引起误会。这里主要涉及到两个问题，一是我国对外资电子商务股比限制问题，二是开展相关业务的经营许可证及备案制度。对于第一个问题，我国已经对外资电子商务开放。2015年6月，我国工信部颁布《工业和信息化部关于放开在线数据处理与交易处理业务（经营类电子商务）外资股比限制的通告》，其中提出"我部决定在中国（上海）自由贸易试验区开展试点的基础上，在全国范围内放开在线处理与交易处理业务（经营类电子商务）的外资股比限制，外资持股比例可至100%"。我国2018版的全国"负面清单"中曾提到"增值电信业务的外资股比不超过50%（电子商务除外）"。因此，我国在电子商务领域对外资是开放的。对于第二个问题，我国虽然已经在实际中执行了对外资电子商务的开放，但是相关的政策文件尚未修改。据2019年颁布的《电子商务法》规定："电子商务经营者从事经营活动，依法需要取得相关行政许可的，应当依法取得行政许可。"这其中所谓的相关行政许可，主要是指"互联网信息服务增值电信业务经营许可证"（ICP许可证）或者"在线数据处理与交易处理许可证"（EDI许可证）。而获得相关许可证的审批主要依据为《外商投资电信企业管理规定》，该政策于2008年进行修改，其中第六条"经营增值电信业务的外商投资电信企业的外方投资者在企业中的出资比例，最终不得超过50%"。因此，就会出现当前的开放政策与原有政策的冲突与矛盾，也会让外国企业和研究机构误认为我国对电子商务领域依然不开放。另外，还有在国内关于租用服务器备案问题，运营基于我国服务器的网站需要获得ICP许可证，也就是说租用我国的服务器开展电子商务，需要经过工信部的备案才可以获得ICP许可证，否则不得从事互联网信息服务，一旦从事就属于违法行为。而租用美国、欧洲等国外服务器则均不需要备案，只需要搭建好，支付相应费用就能上线运营。

对于外国供应商在本国进行在线申请税务登记和申报方面，目前我国在线申请税务登记和申报服务一般都是对于外资在华企业可以实行，而非居民外国服务提供者则不可以使用在线税务登记和申报服务。目前，我国正在大力推行商务备案和工商登记"一口办理"，外资企业可以通过在线服务进行商务备案和工商登记手续，推动"无纸化、零见面、零税收"。

(三) 电子支付系统：探索第三方支付机构的监管模式

数字服务贸易的交易过程常常伴随着网络的支付过程，这种网络交易常常与第三方支付业务相关联，因此对第三方支付的监管模式成为影响数字服务贸易发生的重要内容。在此过程中，主要涉及市场准入和资金监管等内容。

在市场准入方面，非金融支付机构管理要求本地化存在，增加电子支付企业营业成本。数字服务贸易很多业务需要通过电子支付的方式完成交易，由此产生许多新型的电子支付公司，这些新型的电子支付公司依托互联网允许客户在账户中存有货币。政府出于对金融机构的监管，往往将这种提供电子支付功能和具有货币存款功能的电子支付公司置于银行监管规定的范围内。在银行监管范围下，一般要求公司必须拥有在外国市场开展业务的银行执照，而这种执照的获取则要求在境内设立有限责任公司或股份制有限责任公司，[①]从而让电子支付企业形成较大的成本，无形中阻碍了电子支付系统的国际关联。

在我国，对第三方支付服务提供商（非金融机构）实施机构监管，必须在境内设立外资投资企业，并获得《支付业务许可证》。2018年，中国人民银行发布《中国人民银行公告〔2018〕第7号》，其中明确指出"境外机构拟为中华人民共和国境内主体的境内交易和跨境交易提供电子支付服务的，应当在中华人民共和国境内设立外商投资企业，根据《非金融机构支付服务管理办法》规定的条件和程序取得支付业务许可证"。同时也规定了非金融外资机构跨境数据流动的原则"外商投资支付机构在中华人民共和国境内收集和产生的个人信息和金融信息的存储、处理和分析应当在境内进行。为处理跨境业务必须向境外传输的，应当符合法律、行政法规和相关监管部门的规定，要求境外主体履行相应的信息保密义务，并经个人信息主体同意"。当前我国国内市场中主要的电子支付方式有微信、支付宝和Apple Pay。其中Apple Pay仅为一种支付技术或产品，并不具有账户体系和资金的清结算业务，不属于第三方支付，因此不需要取得《支付许可证》。而微信和支付宝则具有

[①] 美国国际贸易委员会：《全球数字贸易1：市场机会和关键限制性措施》，2017年8月。

余额支付功能，并且拓展出生活缴费、基金理财等业务，属于第三方支付工具。

美国和欧盟对第三方支付监管模式存在差异，但是更加侧重于准入后的监管。美国将第三方支付机构视为非银行金融机构，依然采用现有法律对其进行监管，并没有进行单独的立法。涉及的法律主要见于《美国联邦法典》和《统一货币服务法》。在监管内容方面，美国更加注重对交易的过程进行监管，而不是对业务机构进行监督。欧盟则将第三方支付机构视为金融机构，制定了《支付服务指令》和《电子货币指令》，建立了专业的监管体系，侧重于对机构资质的审查。

资金管理成为各国监管的重要内容。第三方支付系统中，允许存在资金余额，并可以进行跨境资金转移和其他投资行为，具有隐蔽性和不易监管的特点，这就造成资金的安全性和使用方面的问题，往往与反洗钱和反恐怖相关联，成为各国政府的重要监管内容。在我国，第三方支付是纳入银行监管系统内的，因此通过第三方支付服务转移的资金数额、购买的外国银行和保险服务也受到同样的限制。根据《国家外汇管理局关于规范银行外币卡管理的通知》，我国保险类商户设为金额限制类，在此类商户单笔交易不得超过5000美元。同时，对于反洗钱也采取相关措施，包括反洗钱内部控制、客户身份识别、可疑交易报告、客户身份资料和交易记录保存等预防洗钱、恐怖融资等金融犯罪活动的措施。香港为加强反洗钱管理，要求对第三方支付机构开展尽职审查，主要是了解业务关系及性质，对交易活动持续监督，识别客户身份及可疑的活动。并且对于跨境支付工具进行了更加严格的风险评估机制。

（四）电子合同：落实国际公约的司法实践

数字服务贸易发生过程需要贸易双方签订彼此认可的合同，因此涉及到合同规则问题，主要是合同规则与国际标准之间的差异性。对于我国来说，主要体现在国际电子合同公约的国内司法实践。目前国际上的电子合同标准一是来自于联合国推动的《联合国国际合同使用电子通信公约》，二是《联合国国际货物销售合同公约》。《联合国国际合同使用电子通信公约》旨在消除各国法律对于电子商务发展存在的障碍。不过，《联合国国际合同使用电子通信公约》的实施则需要通过每个签约的成员国将其转变成为国内的证据规则才能推进以使用。① 也就是说，即使成为《公约》的成员国，如果不能在国内立法通过，转化为法院司法规则，则不能具体落实《公约》内容。目前，我国在 1988 年已经实施了《联合国国际货物销售合同公约》，又于 2006 年签署《联合国国际合同使用电子通信公约》，成为其正式一员。2004 年，我国发布了《中华人民共和国电子签名法》并于 2005 年正式生效，但是其也仅为基本原则的规定，缺少对电子签名的法律效力和实施细则，因此很难在具体司法程序中转化为审判的可使用证据。2019 年 4 月，我国对《电子签名法》进行修订，明确了电子签名、电子印章的法律效力，成为重要的电子证据。至此，我国在电子签名取得实践中的实质进展。

（五）知识产权保护：保护内容原创者利益，消除信息供应平台垄断

在数字服务贸易中涉及的知识产权保护问题，已经成为当前数字服务贸易中关注的重点问题。此领域下国内外差异主要集中在数字知识产权保护手段和相关立法等方面。

在数字知识产权保护中，主要矛盾是既要保护内容原创者的合法权益，同时也要努力消除内容提供者与信息合理使用者之间的"信息鸿沟"。国内外都在积极探索阶段，标准尚未统一，目前美国在数字版权保护方面主要是通过技术手段，而欧盟在是通过明确内容原创者和传播者的权责角度展开。

美国在数字版权保护方面主要采取数字版权保护（DRM）技术手段，主要是对网络传播中的数字产品进行版权保护，包括了保护的技术、工具和处理过程，其核心技术是加密技术和数字水印。该项技术可以有效对数字资源保护提供技术支撑，但是也会造成版权相关产业对数字资源进行控制和垄断。②

欧盟在 2019 年 4 月表决通过了《数字化单一市场版权指令》，其主要目的是为了适应当前的数字化环境，也成为当前对数字版权产生影响的重大成

---

① 高富平：《电子通信公约在缔约国的适用：中国视角》，《暨南学报（哲学社会科学版）》2010 年第 6 期。

② 纪瑜：《国内数字版权保护的现状与应对策略》，《电子商务》2017 年第 8 期。

果。其中第十五条规定了"链接税",即规定"新闻出版商有权与新闻聚合者如互联网巨头、搜索引擎、社交媒体等进行授权许可谈判,内容原创者有权分享新链接所产生的额外收入";第十七条规定了"上传过滤器",即"互联网公司要对上传到其网站的内容负责,要使用过滤器对涉嫌侵权的内容进行筛查,如果没有及时制止,就要对侵权行为负责"。①

当前我国在数字知识产权保护中正在积极探索相关技术应用,但在法律建设方面需要予以加强和完善。在数字版权技术方面,中国版权保护中心于2010年提出了数字版权唯一标识符(DCI, Digital Copyright Identifier)体系,对每一件数字产品进行版权登记及相关合同备案,同时发放DCI码、DCI标和作品版权登记证书,以实现确认版权真伪,明确版权归属以及在线查询、跟踪和取证的作用。当前,国内已经有很多企业进行了相关的技术探索,如利用区块链等技术进行加密等应用方法,但由于各数字内容企业存在内容格式不统一的问题,对此也产生了很多不便。②

在相关立法方面,中国的知识产权保护立法则在具体规定方面与其他发达国家存在差异。比如,在中国《商标法》和《著作权法》方面对外国人和企业的相关保护施行对等原则,外国人、无国籍人的商标和作品保护,需要根据作者所属国或经常居住地国同中国签订的协议或者共同参加的国际条约进行。而很多发达国家在立法时则不会对本国和外国人或企业做出类似规定,比如新加坡商标法等规定"凡是从事商业活动的任何人无论属于哪一国公民,只要其有意使其商标在新加坡获得保护,均可向新加坡主管当局申请商标注册"。事实上,我国已经是《伯尔尼公约》和《巴黎公约》的缔约国,同时也是《与贸易有关的知识产权协定》的缔约国,其实在对外国人和相关知识产权保护上,并无实质性差别。在具体法律的规定上则会引起误会和歧义,让其他国家诟病我国对外国人和企业实施歧视性待遇。

---

① 《欧盟强化数字版权保护力度》,人民网,2019年4月18日,http://world.people.com.cn/n1/2019/0418/c1002-31035772.html。

② 纪瑜:《国内数字版权保护的现状与应对策略》,《电子商务》2017年第8期。

五、提升我国数字服务贸易管理制度的建议

鉴于以上数字服务贸易相关政策的分析，以及我国与国际政策的对比，可以发现我国在相关政策领域存在提升空间。对此，特提出以下建议：

第一，加强数字服务贸易政策体系的系统性研究。数字服务贸易是一种新型的贸易方式，具有自身独有特征，诸多制度和政策配合发展。在贸易促进和安全保护方面进行权衡，一方面要制定相关促进政策体系，通过扩大开放，推动外资的准入，培育数字技术企业成长，树立数字服务品牌等措施，夯实产业基础；另一方面，需要综合考虑国家安全、产业安全和个人安全，在确保正常贸易发生的同时保护本国利益不受侵犯。这其中涉及到诸多部门法律与政策的修改与完善，因此需要联合多个部门共同开展系列研究，加强政策体系的构建探索。

第二，加强多双边谈判，与其他国家联合探索数据跨境流动安全标准。以双边谈判形式为起点，与其他国家联合探索数据跨境流动的安全标准，在谈判中关于数据跨境流动、数据安全保障措施、侵犯个人隐私仲裁措施等问题开展探索式讨论和谈判，形成两国跨境数据自由流动协议，并在相关问题上形成联合保护和惩处措施。以双边数据自由流动协议为蓝本，推动 RCEP、上合组织、APEC 等多边谈判形式，借鉴欧盟"单一数字指令"形式，逐步探索扩大跨境数据自由流动协议的多边适用性。

第三，构建衡量我国数字服务贸易发展的政策评价指标体系。目前 OECD 借助服务贸易限制性指数构建了数字服务贸易限制性指数，以此建立对各主要经济体在数字服务贸易领域的政策度量指标。但是由于我国的开放政策在持续推动中，国外的学者和机构未必能真实反映我国真实的政策开放度和优越性，容易造成国际舆论的误导。因此，我国可以与 OECD 加强合作，共同构建反映各国政策的指标体系。这样既可以系统学习各国的开放措施，也可以及时找到我国政策体系中存在的限制，有利于对现有政策的修订和完善，也有利于寻找未来政策发力点。

第四，在继续扩大整体开放的同时，注重政策协调推进，探索加强开放后业务管理。当前我国不断扩大开放，探索构建全面开放新格局，因此在自

由贸易试验区等试验试点地区进行政策突破和探索，以此带动全国范围内的开放。在这个过程中，容易出现新的开放措施与之前的管理政策并存的现象，导致各地在执行过程中出现差异。因此，针对这种情况需要及时对政策体系进行系统性梳理，比如在全国负面清单中对外资电子商务企业进行了开放，因此需要修改《外商投资电信企业管理规定》相关内容。另一方面，需要着力在开放后的业务流程方面加强管理，推动"一线放开，二线管住"。比如在第三方支付方面，可以借鉴美国管理经验，将相关支付业务进行开放探索，对开放后的资金流动等业务加强监管，而不是对经营资格进行审查。

第五，将国际公约原则切实转化为国内法律体系，完善法律建设，加快探索新型贸易的相关法律。对于数字服务贸易涉及到的电子合同方面内容，需要在电子签名、电子签章、电子证据等方面加强立法探索，将我国已经签署的公约完成国内司法转化，构建与国际标准相符合、与新型贸易相适应的法律体系。不仅仅停留在对电子签名等的法律的认可层面，还要将其作为可供司法参考的证据链，成为受到法律保护、对侵害可以予以惩处、对仲裁可供参考的证据。

第六，加强数字服务贸易的知识产权保护。借鉴美国和欧盟经验，加强与欧美在技术和制度建设方面合作，共同探索数字服务贸易相关的数字版权保护新路径。一方面，与美国开展数字技术合作，通过综合运用大数据、云计算、区块链等数字技术，探索加强数字版权保护的技术手段，确保内容原创者的合法权益不受侵害；另一方面，借鉴欧盟经验，出台数字版权保护条例，消除内容提供者与信息合理使用者之间的信息鸿沟不对称，规范市场行为，平衡数字内容原创者与数字服务供应商之间的利益分配。

第二篇　必须紧紧抓住数字贸易的时代机遇[*]

李　俊　王　拓

数字贸易是依托国内数字经济和数字产业，以数字技术为贸易手段或以数字产品为贸易标的的一种贸易形态，主要包括数字硬件（货物）贸易、数字软件贸易、数字内容贸易、跨境电子商务，以及数字赋能和数字跨境流动等内容。2018年，我国数字经济规模达到31.3万亿元，占GDP比重达到34.8%，其中相当比例涉及数字贸易内容。数字贸易是国内数字经济和数字产业参与国际竞争与合作的一种重要途径，是衡量我国数字经济和数字产业综合竞争实力的重要指标。必须高度关注数字技术对国际贸易带来的综合影响，紧紧抓住数字贸易快速发展的重大机遇，以数字贸易推动数字经济和数字产业的国际竞争与合作，在国际竞争与合作中不断增强我国经济贸易高质量发展的强大动能。

一、数字技术推动国际贸易深刻变革

数字技术推动经济和产业变革的同时，也极大改变了国际贸易的内容、结构和方式。主要表现在以下几个方面。

一是数字技术提升了传统贸易效率。数字技术的发展和应用降低了信息

---

[*] 此文发表于《国际商报》2019年5月28日。

的共享成本、极大降低了信息不对称。数字技术可以快速跨越地区和国界，实现实时数据传输，世界各地可以实现信息共享，更加便捷地将全球价值链、产业链、供应链的上下游、各环节链接起来，极大降低了信息不对称造成的交易成本，全球产业效率因此得到提升。同时，数字平台的发展连接众多生产和消费者，彼此之间可以更加便捷地进行跨地区、跨国界贸易，有效消除了区域和各国之间的贸易壁垒，实现"买全球、卖全球"的发展格局。

二是数字技术催生了新的贸易形态。由于数字的流动具有效率高、成本低、范围广的特性，各个经济领域积极应用数字技术，推动产品和服务的数字化发展，从而产生诸多贸易新业态、新模式。货物贸易方面，实物与数字技术的融合一方面促成电子商务蓬勃发展；另一方面形成物联网技术，在制造业中广泛应用，极大提升了生产效率。在服务贸易领域，也出现了包括数字旅游、数字教育、数字医疗、数字金融在内的数字技术赋能传统服务贸易新业态。

三是数字技术改变了国际贸易结构。一方面，数字技术的兴起，使得数字硬件的国际贸易份额大幅提升。例如，电子信息产品（如计算机、芯片）、通信设备（手机、电信设备等）、人工智能产品（无人机、机器人）等数字化、智能化产品逐步占据国际贸易的主要份额。另一方面，数字软件（系统软件、应用软件、信息技术服务等）和数字内容（如数字媒体、游戏动漫、数字出版、数字娱乐等）在世界服务贸易中的地位迅速上升。另外，数字贸易本身也出现了社交媒体、云计算、搜索引擎、大数据分析等新业态。

四是数字技术加快了知识要素流动。数据蕴含信息，而贸易又通过信息的对接实现资源配置和重构，因此数据已经成为新型的生产要素。这种新型生产要素的出现，对其他生产要素产生了诸多影响。一方面，数据流动提高了其他要素流动效率。数据跨境流动的高效推动了信息的流动，而信息的流动促进了知识的共享，加速了技术创新，也推动了技术要素的共享，使得技术创新效率获得极大提高。另一方面，数字技术改变了当前世界生产要素的格局。各个企业获得信息和知识更加容易，信息的共享范围更大、成本更低、获取速度更快，以信息为核心的技术创新将使生产要素的世界分布发生改变。

二、数字技术对现有国际贸易体系提出新挑战

数字技术与各个领域的融合与应用，产生了诸多新业态新模式，这些变化对现有国际贸易体系提出了挑战。

一是对运输、物流和供应链系统的挑战。数字技术与货物贸易的融合发展，对现有货物运输和物流效率提出更高要求。数据的跨境流动相较于传统的通信模式，无论是在范围还是速度上都更胜一筹。在世界资源信息快速对接的同时，如何保证线上与线下协调联动的效率成为关键。通过传统货物贸易与数字技术的融合，改变了过去由跨国公司和各个外贸企业为主导的贸易主体，更多经营个体和消费者逐渐参与到跨境贸易之中，也对世界各地不同属性的资源进行重新整合。因此，数据和信息快速流动的同时，如何保证与之相匹配的实体货物的高效对接，对运输、物流等供应链领域提出挑战。

二是对世界各国贸易监管体系的挑战。服务贸易的数字化产生了诸多的新业态，对现有监管措施提出更多挑战。服务贸易得益于数字技术的发展，提高了服务的可贸易性；而服务贸易的数字化，推动了服务贸易多样性发展，改变了服务的生产和交付模式。出现的数字媒体、在线教育等模式，则需要有相关的数字版权、电子合同、数字支付等规则措施，这就对现有的知识产权保护、服务贸易交易与合同、第三方支付及金融业监管等规则制度提出新要求，因此各国政府须在原有的监管措施和法律法规中进行调整，以适应新业态新模式带来的挑战。

三是对数字基础设施、技术标准、数据安全的挑战。首先，跨境数据快速流动需要相关基础设施作为支撑。随着数据传输技术的提升，数据流动速度也越来越快。5G技术的速度是4G速度的10倍，这样高速的数据流动需要相关的数字网络、数据发射和接受、处理和存储等一系列基础设施。当前5G在各国试运营出现的问题很大程度是数据基础设施跟不上造成的。其次，数据传输对于技术标准也提出新要求。数据的跨境流动，需要各国在相同的技术标准下执行，以便各国可以在相同网络协议下接收和发送数据。更快速的数据跨境流动则需要各国制定新的技术标准，这是相融的网络协议和数据传输的技术基础。另外，数据的跨境流动对数据安全的监管机制提出挑战。各

国对于数据的自由流动而产生的个人隐私保护和数据安全问题十分重视，尤其是涉及国家和产业安全的关键数据，往往要求数据进行本地化存储和处理，但是各国对数据安全的界定差异往往成为数字贸易合作的障碍。

三、世界各国积极促进数字经济和数字贸易发展

鉴于数字技术的应用与发展对当前经济和贸易产生的诸多影响，世界发达国家纷纷制定了数字经济和数字贸易发展的战略和政策，促进本国数字经济和数字贸易发展。

美国成为数字经济的先行者。在20世纪90年代，美国就认识到数字技术的重要性，美国商务部从1998年至今已经相继发布13份关于数字贸易的报告，在数字基础设施、技术创新和标准制定、国际贸易各个领域均提出符合自身发展的战略目标，逐步形成了数字经济领域较为完整的促进体系。在基础设施方面，推动信息基础设施和数字技术的发展，在全球率先提出了著名的"信息高速公路"和"数字地球"的概念。2015年美国发布的《数字经济日程》，集中聚焦在互联网的自由开放、信任和安全、接入和技能、创新和新兴技术等四个方面。在国际贸易领域，美国贸易代表办公室（USTR）成立数字贸易工作组（DTWG），倡导数字跨境自由流动，相继识别了各国存在的数字贸易壁垒和相应政策规则，设立数字贸易参赞，帮助美国企业开拓海外数字贸易市场。

英国积极打造"世界数字之都"。在2009年、2015年和2017年，英国分别发布了《数字英国》《数字经济战略（2015—2018）》和《英国数字战略》，把数字化作为应对不确定性、重塑国家竞争力的重要举措。共有7个方面的战略：一是连接战略，加强基础设施建设；二是数字技能战略，保证公民学习到数字技术的机会；三是经济发展战略，支持数字创新和创业，让英国成为数字商业最佳成长地方；四是数字经济转型战略，英国政府帮助和支持企业实现数字转型；五是网络安全战略，投资和鼓励网络安全行业及人才培养输出；六是数字政府战略，推动政府数字转型，加强平台型政府建设；七是数据经济战略，释放数据在经济中的潜力，确保英国政府作为为公民提供服务的世界领导地位。

日本致力于建立安全而又充满活力的数字化社会。日本制定了一系列战略举措，从"e-Japan""u-Japan"，再到"i-Japan"，形成系统的发展路径。早在2001年1月，日本政府IT战略总部便提出"e-Japan"的口号。该战略的核心目的是促进信息化基础设施建设并促进相关技术的发展，为信息数字化发展做好相关基础工作。2004年，日本又提出"u-Japan"战略。其意义是指无处不在的网络，目的是要建成一个在任何时间、地点，任何人都可以上网的环境。日本政府2009年提出"i-Japan"战略，拨款1万亿日元用于推动公共部门信息化应用。"i-Japan"战略将执行目标聚焦在三大公共部门——政府、医院和学校。在政府方面，日本设立首席信息官，并配备相关辅佐专家。通过设立数字型政府，简化行政手续，让国民享受一站式行政服务。在医疗和学校方面，设立电子病历，并推动远程医疗和远程教育发展。

四、未来我国数字贸易发展的建议

十九大报告明确提出要建设"数字中国""网络强国"，并颁布实施《电子商务法》，党中央、国务院相继出台《国家信息化发展战略纲要》《"十三五"国家信息化规划》等重大战略规划，明确数字中国建设的路线图和时间表，开启中国信息化、数字化发展新征程。未来，中国在推动数字技术应用，促进数字贸易经济发展方面应强化以下几点：

一是加强数字贸易基础设施建设。数字贸易对于数字基础设施具有较强的要求。因此需要重点加强关键数字网络基础设施建设，并注重改善跨境基础设施和技术条件，如交流数字证书、电子签名和电子认证相关的信息和政策，促进数字证书和电子签名互认，为数字贸易发展创造良好硬环境。

二是不断提升数字货物贸易竞争力。把数字货物贸易作为优化货物贸易结构的重点方向。一方面，要出台具体举措，促进计算机、电子设备、通信和电信设备、芯片、存储品、无人机、机器人等数字硬件等出口，扩大国际市场份额，带动国内数字硬件产业竞争力提升。另一方面，深入发展跨境电子商务，把中国生产商和出口商与国外消费者直接链接起来，提升出口效益。

三是全力提升数字服务贸易竞争力。一方面，要全力促进计算机软件和信息服务、数字文化等数字内容服务出口；另一方面，要大幅提升传统服务贸易的数字化水平，大力发展数字旅游、数字教育、数字医疗等服务出口，以数字技术赋能服务贸易为重点，不断提升服务业的可贸易性和出口竞争力。

四是不断优化数字贸易发展软环境。一方面，加强数字技术和数字贸易人才培养。要建立有效的人才培养计划，构建高校和企业的互动联合发展模式，加强政府与企业密切合作，形成产、学、研互动的人才培训新模式。另一方面，营造数字贸易发展的良好政策环境。简化部分产品的边境监管措施、探讨在 B2C 模式下实施退税的方法。加强数字时代的消费者保护、隐私保护和知识产权等。

五是推动数字贸易领域的国际合作。在我国与国外政府签署的服务贸易国际合作协议中，把数字贸易合作作为重要领域，同时推动数字贸易规则和政策的国际协调，营造以发展合作为导向的数字贸易规则和政策协调框架。继续加强同发达国家在数字贸易领域的技术、人才、项目和市场合作的同时，重点加强"一带一路"数字贸易合作。以数字贸易助推数字丝绸之路建设为重点，推动中国企业积极在"一带一路"沿线国家和地区布局电子商务、软件和信息技术、服务外包、云计算和大数据等合作。

第三篇　软件贸易发展新趋势、影响及我国的应对[*]

王　拓

当前，世界数字技术快速发展，并与软件行业相互融合，产生新业态新模式。这种新变化对软件贸易产生诸多影响，对软件贸易相关的基础设施、技术创新、知识产权、网络监管、争端解决等都提出了新的挑战。随着我国社会主要矛盾的变化，我国发展进入新时代，为全面深化改革，推动形成创新驱动型经济，更好应对新一轮技术革命产生的冲击，需要对当前我国软件贸易发展趋势、存在问题进行分析，以便加强政策引领，提高我国软件贸易竞争力。

一、软件贸易发展新趋势

软件贸易是指软件的进出口，主要包括软件产品进出口和信息技术外包两大类。软件产品进出口主要是软件通过光盘等载体进行贸易、或者通过互联网下载客户端，并经过授权获得使用权。常见的信息技术外包涉及信息技术设备的引进和维护、通信网络的管理、数据中心的运作、信息系统的开发和维护、备份和灾难恢复、信息技术培训等。目前，数字技术的应用以及软件开发模式的改变，对软件贸易产生较大影响，出现了许多新形式、新业态。

---

[*] 此文发表于《湖北社会科学》2019 年第 6 期。

（一）数字技术对软件贸易带来颠覆式影响

随着数字技术的蓬勃发展，其在软件贸易中也被大量应用。尤其是以云计算和大数据等技术对软件贸易产生了颠覆式的改变。

云计算（Cloud Computing），改变软件服务供给。云计算是一种基于互联网的计算方式，通过这种方式，共享的软硬件资源和信息可以按需提供给计算机和其他设备。互联网上汇聚的计算资源、存储资源、数据资源和应用资源正随着互联网规模的扩大而不断增加，云计算技术使得企业能够方便、有效地共享和利用这些资源，并已成为新一代软件基础架构的底层计算架构。云计算在软件贸易中的应用，使得软件的资源获取可以通过网络和存储结合的方式，跨越国界进行。云计算使用户在任何时间、任何地点，通过任何设备、任何计算环境（操作系统）都能得到这种资源和服务。

大数据，有效获取用户需求。云计算的应用使得软件的开发与使用正逐渐打破物理层面的国家边界，趋于限制极小的网络空间。在网络空间中，每一种计算资源都通过"云"的方式进行链接和整合，并在大数据模型下实现计算资源的即时调配。在这种情况下，大数据技术的应用可以根据海量资源进行整理分析，得到用户的有效需求，并根据需求第一时间提供有效供给。

应该看到，软件贸易在云计算和大数据等数字技术的应用中，用户的需求和厂商的供给已经可以达到实时匹配，实时服务，按需供给的程度。整个软件产业和贸易正在从 License 到按服务收费的转变，基本的商业价值发生了革命性的改变。

（二）软件贸易开源化发展明显

开源已经成为热门新技术的首选方式。开源软件即开放源代码（Open Source）软件，它通过保障软件用户自由使用及接触源代码的权利，也同时保障了用户自行修改、复制以及再分发的权利。开源软件伴随互联网技术兴起而不断进步，目前大型 IT 企业发布软件源代码以新商业模式运营，软件贸易开源化趋势日趋明显。2005 年以后，以谷歌、Facebook 等为代表的大型互联网公司，以各种方式发布开源软件，其中最为著名的就是 Chrome 浏览器和 Android 操作系统。目前，互联网服务器端软件几乎全部是开源软件。

开源软件让企业更关注服务质量。传统软件价值来源于封闭源代码所形成的技术垄断,在开源时代,软件价值更体现在服务的质量,并形成多种商业模式。现在软件的开发很多采用开源的方式,用户可以通过开源的代码,开发自己需要的服务。软件企业必须基于开源提供更好的服务。使用开源方式,可以使软件企业更关注用户的服务需求,通过用户的使用,修改软件存在的 bug。目前,市场上已经出现开源软件与服务组合而成的多种商业模式,包括基于开放源代码软件的客户服务、培训服务、技术托管外包服务等。

软件开源化降低软件贸易成本。一般的软件仅仅可以得到已经编译过的执行文档,并对软件进行付费使用,无法得到软件的源代码,因此存在较高的使用成本。软件开放源代码运动的主张是让业界注意到自由/开源软件,客户自由获取软件及其源代码,不需要支付费用,这无疑降低了客户的使用成本。另一方面,传统商业软件的源代码基础语言系统不同,客户更换软件以及采取不同软件的兼容模式存在困难。采用开源软件可以直接获取软件开发源代码,能有效解决上述问题,从而降低软件开发或服务的成本。

(三) 平台模式成为软件发展的新模式

目前,软件贸易伴随数字技术的应用,软件开发的平台化和基于云计算的软件服务平台化趋势明显,并由此产生多种发展的新模式,主要体现为软件即服务(Software as a Service,简称 SaaS)、平台即服务(Platform as a Service,简称 PaaS)和基础设施即服务(Infrastructure as a Service,简称 IaaS)等三种主要的新型业态。[①]

SaaS 是通过互联网提供软件的模式,客户不再需要安装软件,只需要连接到网络上就可使用 SaaS 模式提供的软件。软件不再是产品的概念,而转换为一种服务,客户不需要一次支付巨额费用来购买软件,而是可以根据自己实际需求,包括根据使用软件的哪些功能、使用软件的时间、使用次数等,向软件提供商订购所需的应用软件服务。基础设施即服务是指根据需要为企业提供数据处理能力和存储资源。平台即服务是一种专用平台,是将服务器

---

① 方虹、王旭、李静:《全球软件贸易的发展现状与趋势》,《全球化》2017 年第 12 期,第 44 – 55 页。

平台或者开发环境作为一种服务提供的商业模式，它用于公司开发云基础设施支持的软件和应用程序，包括各种集成开发环境（IDE）和测试工具，允许开发人员使用最新的组件架构，来进行应用程序编程。所以从本质上讲，也属于 SaaS 的一种。PaaS 的推广，促进了 SaaS 模式的开发。目前提供 SaaS 的厂商普遍开始提供 PaaS。

平台化开发集成了流行的开发框架与工具，提升了开发的灵活性与速度。云计算在软件中的应用推动了软件贸易向"服务化"转型。据统计，2017 年全球以 IaaS、PaaS 和 SaaS 为代表的典型云服务市场规模达到 1110 亿美元，增速 29.22%，预计 2020 年将达到 1435 亿美元，年复合增长率达 22%。[①]

二、软件贸易发展新趋势的影响

（一）对跨境数字流动的基础设施提出更高要求

数字技术在软件贸易中的应用，极大推动了软件贸易的发展，也加大了世界数字鸿沟。云计算和大数据技术打破了计算机物理存储和计算的空间限制，可以跨越地区、国家和洲际进行网络资源整合，由此产生大量的跨境数据流，这种数据流动对基础设施和国家数字流动监管提出挑战。客户移动互联的实现需要网络传输速度更加快捷、安全。网络传输速度、云存储空间、大数据计算能力成为在新技术下对基础设施的更高层次要求。但目前，世界数字鸿沟却在不断加大。在 2011 年，美国以全球 4.4% 的人口掌握了全球 28.1% 的研发支出资源，人均水平相当于印度的 112 倍。另外，根据世界银行统计表明，全球互联网服务器由 2004 年的 32 亿台增加到 137 亿台。其中发达国家占有 67%，而美国就占据了 36%。[②]

（二）数字技术成为新型软件贸易竞争的核心

新形式软件贸易的竞争就是各国数字核心技术的竞争，也是相关制度的

---

① 根据中国信息通信研究院发布的《云计算白皮书（2018 年）》数据显示。
② 赵晋平：《当今世界经济发展趋势及其应对》，《人民日报》2015 年 7 月 12 日。

竞争。数字技术在软件贸易中应用，推动各国加快核心技术的发展和竞争，对各国自主核心技术的应用提出更高要求。数字技术所要求的大数据、云计算技术应用，归根结底是对数字核心技术的要求；各国新形式软件贸易的竞争，归根结底是各国数字技术和软件贸易核心技术的竞争。目前，从大数据分析、云计算和云存储，到 SaaS 等平台化发展趋势，与人工智能和物联网的应用，形成从技术到商业应用的全新竞争体系。通过软件贸易的发展，各国新形式数字技术在软件贸易中展开竞争。形成软件贸易的竞争为表象，数字技术竞争为核心的贸易竞争。因此，新形式软件贸易的竞争核心就是数字技术的竞争，也是各国数字技术自主创新和相关制度的竞争。[1]

（三）软件贸易跨境数据流动对网络监管提出更高要求

伴随数字技术贸易在软件贸易中的应用，数据的跨境流动日益增大，这种现象对网络监管提出更高的要求。

个人数据安全保护亟须提高。近日，Facebook 上发生了超过 5000 万用户信息数据被泄露事件。全球个人数据立法的碎片化和各国数据管理的差异导致个人数据的安全风险不断提高，这些事件的频繁发生对个人数据隐私产生严重挑战。个人数据的安全保护对企业合规操作管理的立法监管提出更高要求。[2]

网络犯罪对执法提出更高要求。软件中数据流所在的各个环节都可能发生网络犯罪事件，执法部门为了取证，查找犯罪证据需要对软件贸易的各个环节进行审查，而有些部分发生在国外，这增大了取证和甄别的难度。例如，为调查 Facbook 泄露数据事件需到英国的剑桥分析数据公司取证，这需要英国司法部门的大力配合。在不同的国家，数据监管体制不同，只能依靠双边的司法协议实现司法监管，但这常常效果不明显。据《中国云计算安全政策与法律蓝皮书》显示，印度向美国提出进行数据协助执法的请求，时常遭到拒绝。

---

[1] 商务部国际贸易经济合作研究院：《中国服务贸易发展报告 2017》。
[2] 史卫民：《大数据时代个人信息保护的现实困境与路径选择》，《情报杂志》，2013 年第 12 期，第 155–160 页。

(四) 软件开源化对现有知识产权体系造成冲击

软件开源化的发展，开源软件应用的不断深入，出现了越来越多开源软件侵权案例，比如 MySQLAB 公司诉讼 Preogress Software Corp. 案件、SCO 诉讼 IBM 案件等。这些案例的出现说明，人们对于开源软件的认识存在误区，也说明开源软件的出现对现有知识产权保护体系产生了冲击。

开源软件对现有知识产权体系的商标权、著作权和专利权均产生冲击。在商标权方面，开源软件将得到开源认证的商标置于其内容之中，并嵌入每一份开源软件的复制品上。这与一般得到认证注册商标许可的方式不同。在著作权方面，著作许可证所授权内容完全不同。商业软件和开源软件均具有著作权许可证，但商业软件的著作权许可证是为了保护权利人的专有利益，对于用户修改软件和传播软件的自由具有一定限制作用；而开源软件的许可证是为了赋予用户修改软件和传播软件的权利。在专利权保护方面，开源软件一直持反对态度。开源软件支持者们认为专利权妨碍了软件源代码公开、修改和使用的自由，这将严重影响开放源代码软件的发展。软件被专利权保护后，极易造成其他源代码使用者和修改者的侵权行为。

(五) 国际贸易争端解决机制造成挑战

新形式的软件贸易产生了新形式的软件贸易摩擦，对各国之间争端解决机制造成挑战。目前，各国贸易的争端解决机制主要是在 WTO 框架下解决贸易争端。然而，数字技术在软件贸易中的应用推动了软件贸易产生新形式和新业态，这种新形式新业态超出了 WTO 框架下货物和服务贸易规则体制。新形式软件贸易中，数据成为新的资源禀赋之一，跨国数据流动成为资源禀赋交换的重要表现形式。现有 WTO 规则体系下的制度已经无法完全解决新形式软件贸易产生的国家间知识产权侵权、软件贸易摩擦等问题，在以美国为首推动的 "WTO +" 体系也以特朗普政府退出 TPP 而停滞。新型贸易规则只表现在双边和区域贸易协定之中，还无法形成世界范围内所认可的贸易摩擦争端解决机制。因此，数字技术应用中的软件贸易摩擦对现有争端解决机制提出了挑战。

(六) 美欧数字贸易规则差异较大

美国是世界上软件贸易和数字技术最发达的国家。以此为基础，美国企图通过建立全新的数字贸易规则实现数字跨境自由流动的雄心，推动数字化的软件贸易发展，实现全球虚拟数字版图的扩展。从目前来看，美国主张的数字贸易政策主要集中在两大类上：一是降低或消除数字跨境移动壁垒，包括数字跨境自由流动；第二类是国内相关技术规制和标准，包括非强制性本地化要求、源代码开放、数字产品免关税、互操作性、个人信息保护和信息跨境自由移动、知识产权等内容上。欧盟作为数字技术世界第二发达的地区，对于数字跨境流动与美国持对立观点。欧盟以保护个人隐私为出发点，认为实现个人数据保护应该对服务器进行本地化保护处理，因此采取了本地化措施等。欧盟、俄罗斯等组织和国家均要求必须将数据存储服务器设立在本国境内。

三、我国新型软件贸易发展存在的问题

(一) 数字鸿沟明显

我国数字技术发展不平衡不充分现象严重，软件贸易基础设施发展差异明显。据人民网消息显示，截至 2015 年底，全球仍有 41 亿人被排斥在互联网之外，中国也有近半数的人口无缘分享互联网带来的文明进步。目前我国数字基础设施和数字技术的应用方面，存在不均衡不充分现象。东、中、西部地区数字基础设施差异较大，东部沿海地区及中部数字基础设施相对较为完善，而西部地区，尤其是经济发展水平不高的边、贫的山区，甚至连基本的水电依然存在保障困难，更何况数字基础设施的覆盖和应用。在我国，城乡之间、东中西部的互联网发展也很不平衡。目前，我国已经努力推动"宽带中国"和"互联网＋"战略，政府积极推动政务信息公开，网络资源共享。据统计，我国东部地区网站占比 69.28%，中部地区占比 18.01%，西部地区占比仅为 12.71%。同时，网络速度过慢、价格过高等依然是互联网公共服务普及的障碍。

（二）核心技术发展不足

一是我国在新兴数字技术研发和应用方面存在不足。软件贸易的发展新趋势表明，数字技术在软件贸易中的应用正扮演越来越重要的角色。各国软件贸易的竞争核心已经由过去的服务外包中人力资本竞争向数字核心技术竞争演变。目前，我国数字技术应用中，以跨境电商的具体应用较为突出，但是在核心技术的云计算、云存储、物联网和开源软件开发中，依然存在较大的不足。数字核心技术要求自主知识产权的核心竞争力，自主创新不足严重限制了我国软件贸易的竞争力。在数字技术不断应用的背景下，核心技术应用能力不足将成为制约我国软件贸易发展的主要因素。

二是数字技术相关政策支持不足。我国一直对云计算高度重视，也出台了相应的政策支持，但这些政策措施侧重于云计算平台的搭建，对于平台上的软件开发者、云计算的用户，则缺乏相应的支持政策。这使云计算应用在我国推广仍面临一定的制约。很多中小企业在应用云计算方面的积极性仍没有充分调动起来。因此，我国应对云计算政策体系进行适当调整，从软件开发者、云计算用户的视角出台更多的激励政策。

（三）软件贸易开放有待提高

据 OECD 组织发布的最新服务贸易限制性指数（STRI）数据显示，我国软件贸易所属的计算机领域开放度，与发达国家依然存在较大差距。

将我国与美、德、日三国 STRI 进行对比，可以发现我国存在较高贸易壁垒。具体如表 1 所示：

表 1　中、美、德、日四国 STRI 指数对比表

	中国	德国	日本	美国
STRI 综合	0.309	0.17	0.17	0.18
外资准入	0.158	0.043	0.029	0.014
自然人流动	0.051	0.069	0.051	0.069
其他歧视性措施	0.044	0	0.015	0.058
竞争壁垒	0.017	0	0.017	0
管理透明度	0.039	0.059	0.059	0.039

资料来源：OECD。

从表 1 中可以看出，我国计算机服务贸易限制性指数为 0.309，比美国的 0.18，日本和德国 0.17 都高出许多，这意味着我国在计算机服务中存在较高的壁垒，尤其是在外资准入限制方面。

较高的开放壁垒不利于新形式软件贸易的发展。软件贸易发展的新趋势加速了各国数据跨境流动，对数据这种新型的资源禀赋形成重塑，较高的贸易壁垒阻碍了国内市场的有效竞争，对于数据所承载的信息和技术溢出产生了阻碍，不利于国内形成技术创新环境和信息共享机制。跨国软件贸易的流动受阻，阻碍了国内相关体制建设和网络良性监管。市场营商环境的落后必然反作用于软件贸易，阻碍我国数字技术的应用和软件贸易的发展。

（四）软件贸易开源化存在的知识产权问题

目前，我国对计算机软件保护的法律体系由著作权法和计算机软件保护条例组成，同时结合专利法、不正当竞争法等形成保护体系。但对于开源软件的相关法律法规依然缺乏明确规定和法律实践。面对开源组织所倡导的信息共享、自由开放的主张存在法律实践不足的现象。[1]

世界上对开源软件保护最主要是通过开源软件协议进行的，只有获得开源软件协议许可的软件才受到开源软件保护。在这方面，我国由于开源软件发展起步较晚，尚不存在与我国知识产权保护现状相适应的开源软件保护协议。开源软件的出发宗旨和现有知识产权保护存在一定的背离，因此在开源软件商业化发展过程中，世界上经常出现开源软件侵权案例。这说明世界上对于开源软件的保护模式和理解与现存知识产权保护体系存在差异。同时，由于开源软件种类繁多，对开源软件协议本身也造成一定影响，无法形成详细划分类别的开源软件协议，对于整个开源软件的保护存在一定现实上的差异。因此，软件贸易的开源化发展对我国知识产权保护体系产生挑战。

---

[1] 杜振华、和佩珊：《软件贸易强国建立和发展的基础分析》，《全球化》2017 年第 1 期，第 60—72 页。

(五) 跨境数据流动监管机制不完善

目前的软件贸易基于数据的跨境流动而快速发展，因此形成对基于数据跨境流动的软件贸易监管机制的强烈需求。世界上对跨境数据流动监管尚未形成统一框架，各国均采取不同的监管模式，以维护自身利益为出发点设计跨境数据监管制度。

我国近几年不断建立和完善数据发展和应用措施，但依然有较大改善空间。2015 年通过《关于促进数据发展的行动纲要》，提供了基本的行动纲要；2016 年 11 月通过了《网络安全法》，提出在关键的信息基础设施领域中进行跨境数据安全评估制度；《"十三五"国家信息规划》中也明确提出"建立跨境数据流动安全监管制度"。虽然我国已经意识到跨境数据流动需要相关的监管机制，但目前所采取的主要手段依然是对于数据的存储施行数据本地化存储，以应对数据安全性问题。但是面临数字技术的快速发展和新形式的软件贸易，数据本地化存储受到新型国际贸易规则的挑战，被视为软件贸易和数字贸易壁垒。各国均在探索具体的解决办法，我国跨境数据保护和监管制度依然存在具体管理部门不明，监管手段单一，监管标准缺失，个人隐私有效保护不足等问题，改善空间较大。

(六) 尚未形成符合我国软件贸易发展的政策主张

伴随数字技术的发展，我国电子商务等新形式商业发展模式快速发展。但数字核心技术及与之相关的产业政策和国际规则方面，却明显滞后。按照发达国家的发展经验，在出现新技术引起的商业模式乃至产业链发生变化时，政府会及时进行调研并据此提出有利于发展的新规则；之后将市场逐步放开，吸引外资进入，通过开放改善市场环境，形成世界认可的新标准。之后将标准进行输出，推动多、双边贸易规则协调，最后形成世界范围内高度认可，同时也符合国内产业发展需要的国际标准。我国在产业政策和规则制定等方面，与产业的现实发展存在明显滞后，更缺少对外推广机制，导致世界范围内很难形成中国标准的国际规则。

四、我国应对软件发展新趋势的对策

（一）扩大软件贸易开放，建立良好营商环境

新型软件贸易成为承载数字要素禀赋的有效载体，扩大软件贸易开放可以有效促进信息流动和推动技术溢出，改善我国信息资源禀赋，促进国内技术研发和竞争机制的形成。因此，我国需要扩大软件贸易开放程度，降低计算机和相关领域贸易壁垒。首先，降低外资准入限制。扩大计算机和软件外资的企业进入，利用我国人力资本优势吸引世界级跨国公司在我国设立分公司，助推软件贸易发展。其次，改善营商环境，建立适合国际企业和人才在本国发展的相关制度体系，打造服务型政府，吸引世界优质资源禀赋进入。第三，对软件贸易中小企业制定扶持制度，对数字技术相关产业给予资本和技术扶持，推动技术合作与交流，形成完整的产业链条。

（二）推动数字基础设施建设，消除数字鸿沟

一方面，以国家为主导，有效推动老、少、边、穷等经济落后地区实现网络覆盖，尤其是以 4G 为代表的移动互联网技术，推动现代数字技术在这些地区的应用。特别是移动终端和互联网基础设施的建设，保障我国互联网技术的全覆盖。另一方面，搭建公共服务平台，促进资源对接。通过公共服务平台支持企业与专业机构进行数据对接，以政府建立的公共服务平台为基础，向企业依法提供专业机构有效数据支撑，对公共资源和企业资源进行有效对接，带动市场中软件贸易服务平台建设，促进数据流动和技术合作。

（三）加强自主研发，推动先进数字技术在软件贸易中的应用

加强国家引导，推动先进数字技术在软件贸易中的发展与应用。通过国家政策引导和资金支持，实现软件贸易先进技术的引进与自主创新并举。比如，加快 5G 落地，推动 5G 新型网络架构、关键技术研发；同时推动 5G 技术标准化和技术方案实验落地，为企业制定相关的技术规范，提供相关的技术指导。加快形成云计算、物联网等新技术新模式在市场中的应用与推广，

通过 PPP 形式形成政府、企业、资本的有效对接，建立以市场为主导的新型软件贸易发展市场体制，推动先进数字技术在软件贸易中的市场化应用。

（四）完善与软件贸易相关的知识产权制度

探索建立适合中国并与国际接轨的开源软件用户许可协议。对软件发布者提出有关开放源代码的软件许可证，只要符合开放源代码认定标准，即可允许其在网站上公开发布。软件发布者要按照经认证的许可证发布软件，或者软件源代码软件界的认可。

推动我国软件贸易相关知识产权保护。一方面，加强数字技术相关研发和核心技术的知识产权保护，形成企业研发激励机制，促进我国自主知识产权核心数字技术的发展，尤其是在云计算、物联网、大数据等核心技术与应用方面。另一方面，探索关于开源软件贸易相关的知识产权保护，明确开源软件知识产权侵权行为，规范开源软件市场行为，通过借鉴发达国家和地区的经验，形成国际认可的开源软件保护制度，避免由于开源软件界定不清、权责不明而引起的国际软件侵权纠纷，减少软件贸易摩擦。同时，推动开源软件管理非官方组织交流合作，建立国家认可的开源软件社区和科技联盟，推动该社区和科技联盟与发达国家和地区交流合作，形成对我国软件贸易管理制度的建议机制。

（五）完善数据跨境流动监管制度

一方面，落实法律的可操作性。目前，我国有关数据保护的法律不成体系，在《宪法》《刑法》和《国家安全法》等法律法规中零散可见。这样的法律无法形成有效的数据保护体系，缺乏具体可操作性。因此，应该建立专门机构对企业和个人的数据进行有效保护和监管，对跨境数据进行评审和估判，分类分级进行不同程度的开放和管理。另一方面，加强国家间合作，推动建立联合监管机制。通过参与国际间，尤其是与美、欧等发达国家和地区的网络关系协作，对接世界监管规则，在保证我国网络数据安全的前提下，完善数据保护制度，形成以数据存储本地化规则为主，各国可接受的数据保护措施，同时严厉打击数据犯罪，推动建立数据跨国联合监管体制，保障我国数据境外安全。

（六）推动中国规则标准走向世界

目前阿里巴巴发起了 eWTP 倡议，宣传建立电子世界贸易平台。这是一种由企业自行发起让国际认可的平台的尝试。在企业做出先行先试的同时，我国政府也应该加强国内成熟规则的宣传和推广。找准符合我国软件贸易发展，符合国际发展趋势的高标准规则，通过多、双边谈判等形式，从更大范围内实现中国规则的国际认可。营造符合软件贸易和数字技术发展的国际环境。

第四篇　韩国影视文化贸易发展经验与启示

崔艳新　孙铭壕

一、韩国影视文化市场总体情况

（一）影视文化服务发展热潮

韩国文化体育观光部把文化产业统计归纳为11类产品，包括：出版、漫画、音乐、游戏、电影、动漫、广播、广告、人物形象、知识信息、内容方案等。韩国影视文化产业在短短十多年间异军突起，超越传统的制造业成为韩国经济发展核心动力，极大地促进了文化出口的发展，为韩国带来巨大的经济和政治效益。

20世纪90年代以来，韩国确立了"文化立国"的发展方针后，其文化产业在政策扶持下发展迅速，韩国影视产业也是一片繁荣。2013年，韩国全国累计观影人数超过2亿，创造了韩国电影史上的最高纪录，人均观影达4.25次。韩国国产电影的持续火爆引人瞩目。在超过2亿的累计观影人数中，韩国国产电影观影人数近1.2亿，市场占有率逼近60%。2013年观影人数超过500万人次的10部电影中，8部均为韩国国产影片。韩国本土电影票房占有率达58.8%，创造历史最高纪录，累计观众数和销售额都远超外国电影。影视产业俨然成为韩国经济发展的新引擎。

（二）影视文化市场发展状况

2014 年从事文化产业的企业数达 105442 家，同比减少了 2.9%，从 2010 年至 2014 年相当于每年平均减少了 2.3%。其中电影产业拥有 1285 家公司，占 1.2%，同比减少 10.0%，每年平均减少了 23.4%。2014 年文化产业的销售额从 2013 年的 912096 亿韩元，增加 37376 亿韩元（4.1%），最终达到 949472 亿韩元。其中电影产业销售额规模 45651 亿韩元，在整体文化产业销售额中占 4.8%。2014 年附加值从 2013 年的 380383 亿韩元减少了 13536 亿韩元，达到 366847 亿韩元，增值率为 38.6%。其中电影产业附加值为 5129 亿韩元，所占比重 1.4%；电影产业增值率为 11.2%。

表 1　韩国五大企业集团所涉足的电影业务

集团名称	业务
三星	电影的进口、制作、电影院
大宇	电影的进口、制作
现代	电影制作
LG	电影的进口、制作
SK	电影的进口、制作和发行

资料来源：《国际文化市场报告》（文化部外联局）。

（三）影视文化贸易发展状况

据韩国文化体育观光部统计，2008—2011 年间，韩国文化产业出口规模以年均超过 20% 的速度增长。2012 年文化产业出口额达到 46.12 亿美元，同比增长 7.2%，创历史新高，贸易顺差达 29.38 亿美元。其中，电影增长最为显著，达到 27.5%。2013 年，韩国文化产业出口规模达 50 亿美元。2014 年的出口额同比增加了 7.1%，达到 527352 万美元。2014 年进口额同比减少 10.8%，达到 129423 万美元。2014 年文化产业的整体进出口差额为 397929 万美元，出口额比进口额多，整体上出口显现出利好趋势。影视产业发展也为韩国出口贸易带来可观的经济效益，2001 年韩国影视作品出口额为 800 万美元；2014年达到2.7亿美元，增长速度全球居首。随着影视文化贸易的成功，韩国文化也传播到世界各地，全球范围内形成一股"韩流"热潮。除亚洲市场外，韩国影视作品已进军欧洲、美洲和非洲等地的33个国家和地区。韩国政府预计，到2020年，文化内容出口额将增长到224亿美元，全球排名跃升至第5位（5%的市场份额）。

表2　韩国电影行业出口及进口额现状　　（单位：千美元）

区分	2012年	2013年	2014年	同比增减率（%）	每年平均增减率（%）
出口额	20,175	37,071	26,380	△28.8	14.3
进口额	59,409	50,339	50,157	△0.4	△8.1
进出口差额	△39,234	△13,268	△23,777	79.2	△22.2

资料来源：韩国文化体育观光部。

表3　韩国电影行业海外市场开拓类型　　（单位：千美元;%）

合同版权类型	2012年 出口额	比重（%）	2013年 出口额	比重（%）	2014年 出口额	比重（%）	同比增减率（%）	每年平均增减率（%）
所有版权	11910	59.0	29181	78.7	11440	61.4	△60.8	△2.0
附加版权	1205	6.0	4340	11.7	6643	35.6	53.1	134.8
翻拍翻唱	1010	5.0	1000	2.7	310	1.7	△69.0	△44.6
影院上映版权	295	1.5	556	1.5	243	1.3	△56.3	△9.2
其他	5755	28.5	1994	5.4	—	0.0	△100.0	—
合计	20175	100.0	37071	100.0	18636	100.0	△49.7	△3.9

资料来源：韩国文化体育观光部。

（四）中韩影视文化产业合作

目前，中韩在影视文化产业上主要的投资合作形式包括间接广告、共同制作、制片公司和基金。间接广告是最初级的投资方式。从中国阿里巴巴集团首次在韩国影片《危情三日》中植入广告，到韩剧《异乡人医生》中有4家中国企业参与广告植入，越来越多的企业瞄准这一市场进行品牌营销。

共同投资制作是一种被广泛采用的投资方式。2013年上映的电影《分手合约》就是由韩国电影集团进行规划、中国电影集团公司负责配给和流通的中韩合作电影，制作成本为3000万元人民币，放映两天收回全部成本，6周后票房达到2亿元人民币。

制片公司持股投资在这几年也发展较快，如中方公司搜狐与韩方公司KeyEast的合作。

二、韩国支持影视文化产业与贸易发展的政策措施

（一）良好的政策为韩国影视文化发展奠定了环境基础

1987年市场开放以后，韩国电影完成了从政治宣传工具向艺术和产业的转型，这个过程正好与韩国社会走向民选政府的政治进程相一致。20世纪90年代后，韩国执政的金泳三政府提出电影振兴政策，金大中政府倡导"文化产业是21世纪的基干产业"，卢武铉政府继续推进电影产业振兴计划等。由此可看出，韩国电影由衰而盛以及迅速崛起，始终没有离开政府主导的电影政策的强力支持。韩国主要采取政府文化部门监督调控、行业机构自律相结合的管理模式，这种模式有利于协调和处理好电影艺术和产业之间的平衡关系，有助于建立产业政策引导与电影市场竞争相互作用的运行机制。1998年，韩国文化观光部成立了文化产业局，对文化产业进行整合，增加了对文化产业的投资预算。1999年，成立于1973年的电影振兴公司改名为"韩国电影振兴委员会"，成为韩国非官方性质的电影最高主管机构，主要负责政策拟定、振兴电影产业、辅助金审核执行、人才培育、教育研究和国内外电影行销推广等事务，其主要资金来源于电影票房税收及政府预算。

（二）积极推进体制创新和法制化建设

韩国电影的法制化进程起步较早。1962年朴正熙执政时期就制定了旨在保护国产电影的《电影法》。市场开放以后，韩国政府持续注重电影法律法规的制定、修订和完善，陆续解除电影产业发展面临的政策束缚。1995年金泳三政府制定《电影振兴法》，韩国电影的制作登记申报制度宣告废止。1996

年第一次修订《电影振兴法》,电影行政审议制度被废止,开始实施四级电影分级制。随后,金大中政府1999年修订《电影振兴法》,将电影执行管理职能转向纯民间机构"电影振兴委员会"。2002年,韩国再次修订《电影振兴法》,将原有四级制电影分级拓展为五级,增加"限制上映级",并且新设"限制上映影院"。从具体规定可以看出,韩国政府最大限度地维护了电影产业的利益,使得不同类型的电影都能够得到全面发展,更加有利于激发电影导演的创造力,更加有利于韩国电影市场多元化,更加有利于韩国电影与国际接轨。

(三) 消除 WTO 对影视业负面影响,加强国产电影保护

1995 年 GATT 被 WTO 正式取代后,文化市场的开放被提上日程,其中当然也包含艺术产业,尤其是影视业。好莱坞电影当时占据了世界电影市场的85%,不难想象,一旦开放电影电视市场,韩国影视业有被接踵而至的好莱坞电影和美国电视剧挤垮的危险。因此,韩国代表援引"文化例外",提出韩国影视剧市场的特殊性。依靠"文化例外"和联合国《文化多样性公约》,韩国政府暂时为本国影视业赢得喘息机会,其结果就是"银幕配额制"的延续。这个制度自从1966年就在韩国开始推行,到20世纪90年代中期以后得到强化,通过立法,韩国政府强制规定电影院每年每个厅必须上映146天本土电影;韩国全国的电视台也必须播放一定时数比例的国产电影。金大中1997年的竞选纲领中明确表示:电影配额制将一直持续到韩国电影在市场上的占有率达到40%。此后,这项地方保护政策越来越遭到美国电影业界的非议,在各方面压力下,1998年10月韩国政府一度表示要将银幕配额时间削减至92天,结果引起韩国全国范围内影视业从业人员的抗议。此后,韩国影视业进入了全面发展时期,政府在政策、资金等方面尽量倾斜,努力促进本国影视业的成长,并为其制定了以出口为主的发展战略。2003年,电影业成为韩国经济增长最强劲的行业,而电影和电视共同创造的"韩流"对其他如制造业、服务业的间接经济效益就达到40多亿美元。尽管2006年韩国政府在美国的压力下,将本国电影放映配额由146天减少到73天,韩国国产电影在国内的票房仍然维持在57%左右的高位。

与此同时,韩国电影工作者还成立了电影义务上映制度监督团体,积极

监督影院实际上映国产片天数。虽然韩国部分影院在通常情况下并不严格遵守政府设下的播放比例规定（尤其是配额设定出现的早期），但一旦影院的集体违规行为整体影响了本土电影势力的发展，就会出现韩国电影人和激进主义者大规模抗议示威活动，此时政府再加大监管力度，以维持平衡稳定。考虑到如今韩国电影与外国电影在本土市场的票房比例状况，无论是从资本产出还是文化民族自尊方面看，放映方都不愿意冒风险私下提升外国电影的放映空间。如此一来，韩国电影在被好莱坞电影的入侵摧毁之前顺利发展壮大，并处在一个健康的生态系统中。

（四）韩国支持影视服务发展的财税措施

韩国政府采用多渠道的措施筹措影视产业发展资金，大力扶植影视产业发展。总的来说，其资金体系由三部分构成，即国家产业预算、用于影视产业的专项基金，以及国家运作下由企业参与的投融资体制。

国家产业预算。韩国文化产业预算年年飙升，到2003年已经达到1890亿韩元，占文化观光部全部预算的14.3%。影视作品创作更是被确定为国家战略，"国际放送交流财团"和"映像制品出口支援中心"便是为执行这一战略而设立的。其工作主要有：向中小独立制片公司提供后期制作费用；为中小公司参加世界影视博览会提供参团、广告推广等方面的资金支持。国家甚至直接提供贷款给独立制作人。例如著名导演姜帝圭的《银杏床》就是第一部在韩国获得银行贷款的影片，他一共贷款25亿韩元，回报率高达30%。

国家用于影视产业的专项基金。韩国的"放送发展基金"由韩国政府从全国各广播公司筹集资金，2002年这笔钱就有1.5亿美元。韩国政府利用这笔钱，对影视业进行有效的扶持和引导，扩大了韩国影视节目的国际影响。2001年，韩国还成立了文化产业振兴院，这是一个半官方半民间的组织，政府每年提供5000万美元资金来辅助电视业发展。在电视剧海外营销上，政府更是不遗余力，将韩文译为外文，并对翻译和制作费用给予全额补助。

国家运作下由企业参与的投资组合。文化产业专门投资组合是以动员社会资金为主，官民共同融资的运作方式。对于一些融资有困难，不容易找到担保的艺术产业企业，可以得到投资组合的资金支持。例如2001年韩国电影振兴公社通过"电影投资组合"融资3000亿韩元，有力地支持了电影事业的发展。

电影业融资方面。1997年11月韩国通商事业部宣布电影业及相关产业属于风险投资业，这意味着电影融资比较容易，并且可以享受减免税等优惠待遇。风险投资公司迅速占据了亚洲金融危机后大企业撤资后的空缺。同时，韩国政府于1997年后开始实行抵押版权融资制。比如1998年，国有电影振兴公司为10部电影作抵押版权融资，共提供30亿元韩币，这10部电影其中就有林权泽参加戛纳电影节的《春香传》。与此同时，韩国政府适时开辟了好几个投资基金管理机构，如中小型商业投资管理委员会、韩国电影委员会等。2000年来自各种渠道的组合基金投资电影行业的总额达9200万美元。6个在2001年4月组成的新基金（总额为3920万美元）将由中小型商业投资管理委员会代管，还有三个即将组成的新基金（总额为2400万美元）将由韩国电影委员会管理。如果这样计算的话，将会有总额达1.552亿美元的基金在等待投资电影业。充沛的资金让韩国电影有能力引进好莱坞的先进制作技术，同时也有能力大力促进国内影院建设。

（五）引导走向国际市场

2001年，韩国文化观光部的《韩国文化产业白皮书》明确提出，韩国文化产业要抢滩中国市场，进而以中国和日本为台阶，打入国际市场。影视产业方面，从2002年起，在成本有保障的前提下，虽然制作费用由电视台出，但政府鼓励制作者用各种办法以比较低廉的价格将电视剧批量推向海外市场，海外收益由电视台和能够推销到海外的制作者四六或者六四分成，极大刺激了制作公司海外销售的积极性。文化产业振兴院还帮助销售较好的影视文化产品申请免税。政府还成立影音分支公司，将韩文翻译为外语，几乎全额补助翻译与制作费用。这一系列措施使得韩国影视产业在短短几年之内迅速推向国外市场，形成一股势不可挡的"韩流"。据韩国文化观光部统计，2002年韩国向中国台湾出口5200部电视节目；向中国大陆出口2600部电视节目；向中国香港出口1300部节目，三者相加为1275万美元，占其电视节目出口总数的60%，向日本出口了3618部节目，占总数的10.8%。

（六）培养人才，为影视产业输送新鲜血液

韩国电影产业的欣欣向荣离不开新鲜血液的补充，因此电影制作的学院派教育同样受到政府政策倾斜，其中最具代表性的机构当属韩国电影艺术学院。20世纪七八十年代，韩国就已出现大学电影教育。如今，韩国电影艺术学院的身份一方面是隶属于韩国电影振兴委员会的实践培训学院，另一方面本身也是实体电影公司，直接参与产业运作。据介绍，每年学院和学生需要共同合作完成三部真人剧情长片和一部动画长片；学院的教育主要涵盖电影导演、电影摄影和动画导演三大领域。也就是说，韩国电影艺术学院课程项目的实践性足以支撑学员结业后有效率地工作，而不会遭遇一般电影院系常见的抽象理论无法直接指导实践的窘境。由于韩国电影艺术学院属于振兴委员会旗下，其学员能享受到更多委员会在制作、发行等方面的优惠政策，更易实现学成后直接转入电影实体拍摄阶段的无缝衔接。

三、对我国的启示

（一）营造良好政策氛围，奠定影视文化发展环境基础

我国电影产业发展脉络与经济发展息息相关。只有政府对电影产业进行政策扶持，电影产业才能迅速发展，才能更好带动其他产业发展。要推动我国电影产业全面发展，就应当进行电影产业体制改革，更好地适应市场经济规律。加快主动开放策略，融合不同资金进入电影产业。继续推行电影股份制、集团化改革，持续放宽电影单片许可证范围。坚持院线制改革，践行《电影制片、发行、放映经营资格准入规定》和《电影企业经营资格准入规定》，扩大对外资、港资的引进，调整更新电影审评制度。政府应为电影产业的发展和开放提供更多智力支持。不断深化落实《关于加快电影产业发展的若干意见》《关于加强和改进文化产品和服务出口工作的意见》《关于鼓励和支持文化产品和服务出口若干政策的通知》，为新时期的电影改革提供新思路、新途径，同时努力拓宽海外市场。继续提出与落实电影产业相应税收优惠和减免政策，促进电影产业发展。坚持电影专项资金先征后返的经济优惠

政策，提高电影制作方工作水平。用好电影专项资金，持续资助国家重点影片、农村影片及少儿影片的拍摄，同时为电影走进社区及农村电影数字化放映创造条件。坚持"以进代出""互利共赢"原则，助推国产电影"走出去"，扩展海外市场，提升我国综合国力与世界影响力。深刻践行《关于促进电影产业繁荣发展的指导意见》，重视提高国产电影的质量、产量，丰富电影类型，扩大我国影视文化影响力，促进其他相关产业发展。

（二）加快体制机制创新，完善法制化建设

1. 建立高效的影视文化贸易管理机制

建立高效合作的影视文化贸易组织管理机制是提高影视文化贸易政策执行效率的关键。针对影视文化贸易管理机构重叠和管理职能交叉的现象，政府应进一步加强对影视文化贸易发展的统一宏观协调与指导，规范影视文化贸易企业行为，促进公平竞争，并为影视文化贸易企业提供资金融通、技术支持、培训和信息咨询等方面的服务。同时，积极给予非政府影视文化机构和中介组织支持与帮助，充分发挥其对政府职能的延伸、辅助和监督作用，使其成为政府与影视文化行业保持良好沟通的桥梁，共同推进影视文化贸易发展。

2. 完善支撑影视文化产业的法律法规体系

目前，我国影视文化产业政策法规包括五个方面，即国家法律、行政法规、部门规章、法规性文件和部门文件，实践运用中，大多影视文化产业政策法规通过行政法规形式来执行。影视文化产业政策法规的最高形式应是法律，是政策法规的固化和制度化，比行政法规更有力度，有利于影视文化产业的稳定健康科学发展。因此，在影视文化产业法律法规建设上，我国应继续完善相关法规，更要建立完备的影视文化产业法律制度，协调影视文化产业法制建设与行政管理的关系。主要包括以下内容：进一步提高影视文化立法的级别，达到影视文化产业立法一致性；构建影视文化产业发展规划和经营层面的法律框架体系，促进政府对影视文化产业管理的法制化，明确影视文化市场主体的权利义务，保障公平竞争；制定《影视文化产业促进法》，有效保证影视文化产业发展政策的强制实施。当然，引入立法后还应注意法律法规的实施效果，建立评估机制，评判制度，并针对制度缺陷及时修缮。

(三) 遵循"文化例外"原则，对本土电影予以适当保护

我国也应秉持"文化例外"原则，不仅可以保护我国文化市场，也将激发我国影视工作者的艺术创造力，更为我国文化在世界范围内的推广做出重要贡献。发展我国的影视文化产业，国家层面的保护非常重要。

我国可以制定明确的条例保护华语片和国产片的制作和播出份额。可以通过相关法律规定所有国内电影制作公司要把每年超过一定比例的营业额投放到华语片的制作中，其中较大比例应为国产片。如果是国有电影公司或是参与电影制作的电视台，则应要求拿出更高比例的营业额来投资中国本土电影。在传播方面，应规定影院和电视台以较高比例的时间播放华语影视内容，其中又应规定占据相当高比例的为国产片。对于部分院线与电视台，还应额外要求再拿出一定比例的播放时间，播放中国新艺术人员的作品，扶持新人。

另外，应当引导我国民众为自己的文化感到骄傲，自发地保护中国本土文化，才能更好地享受文化多元性，在全球化背景下保证文化的独立性。因此，不论是普通观众还是影视艺术创作者，都应培养文化自觉与自信，养成主动关注本国文化的意识，主动追寻自己的文化之根。

(四) 健全影视文化服务贸易的财税金融支持体系

随着影视文化"产业走"出去日益受到中央和地方政府重视，近年来国家财政和相关文化部门频频出台了包括出口退税、财政补贴、政府奖励、专项资金等在内的一系列支持政策，对推动我国影视文化产业走出去发挥了积极的作用。目前，需要进一步完善的政策措施包括：进一步增强财税扶持政策的针对性和时效性，同时在已出台扶持政策的执行中，要防范企业与政府进行不良博弈的消极作用；要不断改进和完善金融扶持政策，扩大银企合作的范围和领域，抓住当前的有利形势，积极支持我国影视文化企业通过跨国投资和收购兼并加快发展，跻身国际影视文化贸易市场；发挥部际联席会议对各部门已经出台的各项扶持政策的综合协调作用，促使各项政策形成合力。

《国务院关于加快发展对外文化贸易的意见》已明确提出，未来要加大影视文化产业发展专项资金等支持力度，对国家重点鼓励的影视文化服务出口实行营业税免税。将影视文化服务行业更多纳入"营改增"试点范围，对纳

入增值税征收范围的影视文化服务出口实行增值税零税率或免税。相关主管部门应尽快出台与之相配套的操作细则与具体政策，开展针对影视文化出口领域的融资、信贷、保险和担保服务业务，同时推进影视文化对外贸易与投资的外汇管理与海关便利化措施，使对影视文化出口企业的支持政策落到实处，激励更多影视文化企业开拓海外市场。

（五）促进影视文化服务与产品"走出去"

1. 构建国际化的影视文化产业营销网络与平台

政府层面应搭建国际性影视交流平台，多为国内影视企业提供与海外同行交流合作的机会，同时向国内企业提供开展境外合作的渠道和跨境咨询服务方式，为本土企业创作符合海外消费者需求的作品提供题材和参考依据。

2. 积极探索影视文化企业海外运营模式与渠道

我国的影视文化企业"走出去"，既可与当地广播影视内容提供商和技术服务提供商合作，也可通过收购境外广播电视台、租买频道时段、并购国际知名院线、开展技术交流与合作等方式，取得境外主管部门颁发的牌照，直接为当地观众提供影视节目内容与服务。

3. 加强对海外投资环境的研究与引导

目前商务部已定期发布《对外投资合作国别（地区）指南》，对中国企业开拓境外市场提供了切实有用的指导与帮助。但对于本土影视文化产品与服务企业来说，目前还缺乏与影视文化领域相关的境外投资环境与市场准入的指导，影视文化企业对于"走出去"的机遇、障碍与风险都缺乏系统的了解，有些企业甚至为此付出了惨重代价。因此，未来应进一步完善《对外投资合作国别（地区）指南》中涉及影视文化领域的内容，对全球主要影视文化消费国家或地区的相关法律法规与投资环境进行介绍，并开展对境外投资影视文化企业成功案例的研究与总结。

（六）着力培养电影人才，为影视产业发展注入不竭动力

1. 构建灵活、务实、多元的高等教育格局

全面加强电影专业教育，特别是电影产业设计、电影专业技术、电影艺术创作、电影院线管理、数字电影技术、动漫电影制作、3D 电影技术、电影

经营策划、电影市场推广等教育，对电影学科建设和专业设置有一个科学、长远发展设想；对电影高等专业院校的办学机制、专业设置、人才培养、硬件建设、实验室建设和教学经费要加大支持，应尽早建立国家重点数字技术研发实验室，根据数字电影技术发展需求，开展与电影产业与制作有关的科研课题研究；根据未来的任务和发展，适度扩大电影学院新的专业领域和方向的人才培养规模和办学优势，举办电影行业系统、电影各个制作专业的高级进修班和短训班，以强化精英专业人才的培养，扩大电影人才培养规模。

2. 学历教育与专业培训并重

开展电影行业内的高级专业培训。国家有关部门与电视专业团体院校可以主办或者联办一些高层次的电影专业培训及研修班、进修班，聘请国外一流电影制作机构的专业人员、资深人士、专家学者、技术人员和艺术家，进行讲学和指导。授课对象主要是目前在电影产业中的人士，可以是准备进入电影产业、电影创作一线的人，可以是已经具有本科或者研究生学历的跨专业、行业、领域的人士。同时开展高级电影专业人才（学历）的教育、教学和在职专业人才的高端培训，增设电影发展需要的艺术硕士学位，通过多种渠道和途径，经过严格培训，为未来电影产业的发展积累专业人才。

第五篇　在文化例外与国际合作中寻求平衡

——法国发展电影文化贸易的经验借鉴

崔艳新　孙铭壕

一、文化例外

(一) 文化例外：法国保护本国文化的盾牌

2013年7月中旬，欧盟同美国正式开启了跨大西洋自由贸易协定谈判。然而，在谈判启动前，法国因担心本国文化产业遭好莱坞威胁，提出"文化例外"原则，强烈要求将电影及数字媒体排除在谈判项目之外，否则将动用否决权阻拦谈判进行。法国文化部长菲莉佩蒂曾明确表示：法国坚决捍卫将文化项目排除在外并将坚持到底，这是同意自贸谈判的"红线"。

"文化例外"最早源于20世纪90年代初，在关于关贸总协定的谈判中，法国人敏锐地意识到国家和民族文化独立的重要性，坚决而果断地提出反对把文化列入一般性服务贸易。简而言之，"文化例外"是为了保护本国文化不被其他国家侵袭而制定的一种政策，体现了法国人的文化自觉与文化自信。

法国以"文化例外"为由，反对把文化视听产品置于自贸谈判之中，其根本目的是保护民族文化产业、抵制美国文化的"入侵"。长期以来，美国文化产品大举进军欧洲市场,以影视为例,欧洲影院有60%的内容为美国电影,而在美国电影市场的欧洲电影仅占3%—6%。目前,法国要求国内电视节目至少四成自制,政府每年还拿出8亿欧元来补助电影产业。法国若进一步向美国开放文化和影音市场,其文化产业将面临严重的生存危机。

2001年,时任法国总统希拉克正式提出"文化多样性"的概念。2003年,在联合国教科文组织第32次大会上,法国和加拿大共同提案,要求通过一份拥有约束力的《保护文化多样性国际公约》,认为这一公约应当承认文化产品与服务的特殊性,它们不同于其他商品,国家有权采取支持措施促进文化多样性的发展。显然,"文化多样性"是"文化例外"的延伸和扩展,这一提案得到包括中国在内的大多数与会国家的支持。

(二)电影文化贸易的"法国例外"

时至今日,法国仍然无愧于艺术电影第一大国的名号。在美国好莱坞电影强势占领世界市场主要份额的大趋势下,法国本土电影,包括商业片、艺术片、纪录片等多种形态的"法国制造"仍然是大多数法国人走进电影院的优先选择。这一方面源于法国政府对艺术电影及艺术影院长期以来的大力扶持,使得艺术电影的制作可以从质和量两个方面得到保证,艺术影院可以维持正常运营,观众就具有了观影的基本保障;另一方面得益于法国源远流长的电影文化传统——遍布大街小巷的影院、各种各样与电影相关的文化活动以及相当成熟的电影评论。

为了抗衡美国文化产品,繁荣本国文化事业,法国政府采取一系列保护措施,主要用于电影和视听领域。"文化例外"带给法国电影的好处是十分明显的。从量的角度看,作为目前欧洲最大的电影生产国,法国的电影生产规模位列世界第三,仅次于美国好莱坞和印度宝莱坞;从质的角度看,法国制作的很多电影出口国外,深受各国消费者的喜爱。此外,法国通过法律形式为影视作品的播放制定了配额制度。法国法律规定国内市场所播放影视作品的60%必须是欧洲出产的作品,而且其中40%必须是法语作品。

具体在法国电影政策方面,除了在财政方面给予艺术电影重要支持之外,对电影艺术创新的推崇和对新人新作的扶持,则是另一个核心内容。各电影节和基金会非常重视处女作，戛纳国际电影节还专设"金摄影奖"以奖励艺术和实验电影的创作。这种机制不仅鼓励艺术创新，还催生法国电影创作新人不断出现，也从根本上使得法国具有在本国电影市场中保存本国电影占比的能力和实力，这一点是其他欧洲电影国家所无法比拟的。

二、国际合作

（一）消除本土保护政策

应对电影全球化发展趋势，节流已经不能为法国电影产业带来一丝甜头，因此法国电影产业采取开源对策。当前，在法国境内拍摄的影片，电影语言也不必是法语，只需要在电影制作、电影发行方面与法国保持一定联系就可以了。比如《狼图腾》这部电影，里面的演员虽然都是中国人，但导演则是法国著名导演让·雅克·阿诺，这是一部中法合作的电影作品，制作和发行由两国共同完成。除了联合制作电影外，法国电影产业还进一步开放，如代表法国参加2016奥斯卡最佳外语片奖评选的电影《野马》，其实是土耳其女导演蒂尼斯·艾葛温的作品，情节设置也跟法国没有太多关系。但是这部电影是法国投资的，制片人也是法国人，这部电影自戛纳首映后赢得了法国社会的青睐。这种对外开放政策，吸引了越来越多的影视制作团队来到法国进行电影制作，同时扩大了法国电影产业的发展空间。

（二）优惠政策吸引国际制作

当前，法国政府给予在法国境内拍摄与制作的外国影片在政策和税收上大力支持，如规定在法国境内连续拍摄天数在5天以上，拍摄费用在100万欧元，且内容包含法国文化元素的外国影片制作方，都可向法国国家电影中心提出减税或免税申请，最高限额为300万欧元。按照优惠政策进行计算，当前在法国进行拍摄或制作的国外影视公司能够节省30%的费用支出，因此吸引了一大批国际大制作电影公司前来拍摄和制作电影。像《一代宗师》《盗梦空间》等电影作品，都是在法国境内拍摄或进行后期制作的，而且享受到法国国家电影中心给予的政策和税收支持。除了利用政策和税收优惠吸引国际大制作来到法国境内外，法国还创建电影委员会接待外国影视拍摄组，并协助外国影视拍摄项目的制作。当前，在法国境内共有41家地方电影委员会，负责外国拍摄组的饮食、住宿、交通、法律鉴定、选角等多种服务，为外国拍摄组提供了极大的便利条件，因此近年来吸引了一大批外国电影公司。随着外国影视制作公司大批量进入法国境内拍摄，各国先进的制作手法在法国集聚，十分有利于提高法国电影的制作水平，有利于借助各国电影宣传法国文化，同时有利于构筑法国电影产业大本营。

目前，法国仍是全世界纪录片和动画片制作公司数量、电影节数量最多的国家。正是电影创作题材和形式的多样化，使法国电影的制作、发行和放映市场得以呈现最为多元的面貌。2015年，法国影院观影人次高达2.06亿，名列欧洲国家之首，其中上座率前25位的片目中分别有16部美国片、7部法国片、1部美英合拍片和1部澳美合拍片，大量观众尤其是法国年轻人更喜欢观看好莱坞电影。

不过，无论是大型连锁院线，还是得到法国政府文化津贴的艺术影院，抑或是纯属自负盈亏的独立影院，都为世界各地的艺术电影保留着珍贵的展示空间和时段，捍卫"第七艺术"的使命感让法国社会上下一致，有着真正意义上电影大国的自觉意识。

正是得益于国家对艺术影院的保护和扶持政策，法国电影才能在好莱坞大片的强势进攻下得以生存、发展和创新。显然，没有艺术影院，像特吕弗、戈达尔、夏布洛尔、奥松这样富有才华和个性的法国导演或许根本无从崭露头角，获得今天的声誉和影响力，法国观众也许无缘发现和欣赏伍迪·艾伦这样的好莱坞另类。至于近年来大量亚洲和中国影片赢得法国人青睐，更是艺术影院的功劳。一般来说，CNC只资助那些"有长期生命力"和文化增值价值的制作，比如探索和实验影片、纪录片、戏剧和动画等，这些艺术特性突出的作品恰恰代表了法国文化的核心，是其文化多样性的体现。

三、对中国的启示

(一) 遵循"文化例外"原则

"文化例外"并不是贸易保护主义的借口,而是由文化产品的三个基本特性作为支撑——外部性、公共产品属性和文化折扣性。所以,"文化例外"并非对贸易自由化不认可,而是相应的文化保护措施和例外规定,是保护本国文化特性和文化资源优势的必然之举。

中国与当年的法国相比,文化贸易环境的形势更为严峻。中国作为社会主义国家,在意识形态和价值观念上与西方主流文化间存在分歧,现在中国的经济总量又位居世界第二,自然被不少西方国家视为对抗对象,并且企图通过文化扩张途径实现对中国文化的同化。在目前面临的国际文化环境下,落实"文化例外"原则着实难度较大,但是牢牢把握"文化例外"精神内核,采取必要的文化贸易保护措施则理所应当、势在必行。

在"文化例外"原则的指导下,中国制定了相应的文化政策以保护基础薄弱的文化产业,例如采用税收优惠、财政补贴、文化内容审查制度以及限制配额、规定放映时间等方法,遏制了西方强势文化对中国文化的影响,从而保证民族特色传统文化的存续发展以及文化的多样性。但是,"文化例外"并非固步自封、盲目排外。文化贸易全球化的趋势表明任何一个国家过度封闭的文化政策都会对文化产业造成毁灭性打击。推进"文化例外"的目的在于削弱西方文化的强势入侵,争取民族文化进一步发展繁荣的宝贵时间,为中国文化未来的国际竞争做好准备。

(二) 创造良好的文化贸易环境

创造良好的文化贸易环境一方面为中国文化产品出口减少了阻力,另一方面有利于树立良好的国际贸易形象,有助于维护和谐的贸易伙伴关系。创造良好的文化贸易环境分为以下几个方面:

第一,充分了解文化贸易环境对中国文化对外贸易的有利条件、发展机遇和制约因素,在此基础上制定文化贸易发展策略。中国是 WTO 成员,应遵循 WTO 贸易规则，开放国内文化市场，引入竞争，消除不合理贸易壁垒；但同时要充分运用有利于中国文化保护的国际贸易规则，严格把握"市场准入"原则，为中国文化贸易平稳快速发展提供可依据的法律支持。

第二，改造国际贸易环境。对国际贸易环境的改造过程是通过参与国际贸易规则的制定来实现的。中国应将合理的贸易诉求融入贸易规则之中，杜绝其他国家利用贸易规则的漏洞对中国提出不合理的贸易要求，通过平等的贸易对话扭转中国在文化贸易中的弱势地位。

第三，加强知识产权保护。为促进中国文化产业的对外贸易，在法律法规体系建设上应注意国内法律与国际规范的衔接。中国需要加强知识产权制度建设，强化知识产权立法并做好执法保障，保护文化创新成果，严惩知识产权侵权行为，增强知识产权保护意识。在融入国际市场时还应与现行的国际规范进行合作博弈，参与文化产业贸易规则的谈判。

（三）健全影视文化贸易支撑体系

随着影视文化产业走出去日益受到中央和地方政府重视，相关部门频频出台包括出口退税、财政补贴、政府奖励、提供专项资金在内的支持政策，对中国影视文化产业对外贸易发挥了积极作用。目前，需要进一步健全影视文化贸易支撑体系。

首先，进一步增强财税支持政策的针对性和时效性，继续提出与落实文化产品和服务出口的税收优惠和减免政策，促进影视文化产业的对外贸易。坚持"互利共赢"原则，推动影视文化产业开拓海外市场，提升中国影视文化产业的国际影响力。

其次，不断改进和完善金融扶持政策，扩大金融与影视文化产业合作的范围和领域，抓住有利形势，积极支持中国影视文化企业通过国际投资和跨国并购加快发展，跻身影视文化贸易市场前列。

第三，相关部门应尽快出台对国家重点鼓励的影视文化服务出口实行营业税免税细则，开展针对影视文化出口领域的融资、信贷、保险和担保服务业务，采取投资便利化和海关便利化措施，推动影视文化产业的对外投资和贸易。

（四）加强影视文化产业的国际交流与合作

加强国际间的影视文化交流与合作能使国外观众有机会接触到中国的影视作品，为中国影视文化输出海外提供广阔的市场。中外影视文化交流主要是通过举办国际电影节、电影展、国际电视节来实现，中国已经成功举办过多届北京国际电影节、上海国际电影节等。

影视产业的国际合作大多是通过合作拍摄完成的，由此推动影视作品的海外发行，实现国内外市场的"双赢"。近年来，国产片的海外票房绝大多数来自于中外合拍影片，这些影片在开拍时就决定了未来全球版权的分割比例。

在加强国际合作的同时也要重视国际营销网络的建设，建立中外影视文化贸易营销平台，建设国际化分销网络，进一步拉近中外影视产业合作关系。在交流与合作中不断学习和创新，使中国最新推出的影视作品在题材、表现手法等方面都更符合国外观众的审美趣味，强化中国影视文化走向国际市场的针对性和影响力，为中国影视作品走出去创造更多更好的机遇。

第六篇　中美知识产权贸易发展战略研究[*]

崔艳新

知识产权是人类创造性智慧成果的集中体现，是社会生产与经济发展的重要资源，随着全球知识经济与数字经济的蓬勃发展，研发创新与知识创造活动所产生的知识产权已成为全球价值链的核心要素。知识产权贸易作为国际贸易的一种重要形式，不仅体现在物化的商品贸易中，更成为战略性新兴服务贸易的关键组成部分。以美国为代表的发达国家通过知识产权的对外许可与转让获得超额收益，并牢牢占据国际贸易的竞争制高点。中美两国是全球最重要的知识产权引进国与输出国，由知识产权引发的贸易争端与摩擦已成为影响中美经贸关系的重要因素，当前形势下开展中美知识产权贸易的深入研究非常必要。

一、知识产权服务贸易的内涵与分析指标

知识产权贸易的内涵有狭义和广义之分，广义的知识产权贸易不仅包括以知识产权为标的的服务贸易，还包括含有知识产权的货物贸易。[①] 本文研究的对象为以知识产权为标的的服务贸易，包括专利许可、专利权的转让、商标许可、商标权的转让、商号许可、版权许可、版权的转让、商业秘密的许

---

[*] 此文发表于《国际贸易》2019 年第 4 期。
[①] 顾晓燕、田家林：《知识产权贸易对创新驱动战略实施的影响机制》，《现代经济探讨》2014 年第 10 期。

可等。根据《国际服务贸易统计手册》（MSITS 2010）与《国际收支统计手册》（BPM6）的规定，与知识产权的转让或许可相关的服务贸易类别与统计原则如下：

软件系统和应用程序原作和所有权的销售、软件（不论如何交付）的销售和相关使用许可、为特定用户定制的包括操作系统在内的定制软件开发、生产、供应和文件编制等应计入"电信、计算机和信息服务"中的"计算机服务"；研发成果（例如专利、版权和有关工业流程等）的销售应计入"其他商业服务"中的"研究与开发服务"；视听及相关产品的许可（不包括复制和分发），如书籍、电影和录音等产品的许可，应计入"个人、文化和娱乐服务"的"视听和相关服务"；知识产权使用发生的费用（如专利权、商标权、版权、包括商业秘密的工业流程和设计、特许权的使用）；复制、传播（或两者兼有）原作或原型中的知识产权（如书本和手稿、计算机软件、电影作品和音频录音的版权）和相关权利（如现场直播和电视转播、线缆传播或卫星广播的权利）时所涉及的许可费，应计入"别处未包括的知识产权使用费"（以下简称"知识产权使用费"）。

本文根据以上服务贸易统计分类，采用 WTO 与美国商务部经济分析局（Bureau of Economic Analysis，BEA）数据，选取"电信、计算机和信息服务""研究与开发服务""知识产权使用费"三项，展开对中美知识产权服务贸易竞争力以及中美双边知识产权服务贸易的比较分析，其中"知识产权使用费"为核心指标。根据《美国国际经济账户：概念和方法》，[1] BEA 目前缺乏区分视听及相关产品许可、使用、复制或散发所需的源数据，所有此类交易都已包括在"知识产权使用费"中，因此本文未对"个人、文化和娱乐服务"项下的"视听和相关服务"进行比较分析。

---

[1] U. S. International Economic Accounts: Concepts & Methods: Chapter 10, International Transactions Accounts.

表1 美国关于"知识产权使用费"的统计分类标准

知识产权使用费	涉及工业生产过程和产品的权利	包括牌照费、特许权使用费以及其他为销售或购买收到或支付的其他费用,包括使用权、复制或发行知识产权的权利,如专利、商业秘密和其他与商品生产相关的专有权利
	计算机软件权利	包括发行通用软件的权利、复制或使用基于主要软件副本的通用计算机软件权利的收款和付款。此项目包括复制局域网计算机系统通用软件的授权费
	商标和特许经营费	包括销售特定商标、品牌名称或签名下产品的收款和付款,以及按照与外籍人士签订的商业特许协议接受和支付的费用
	视听及相关产品权利	包括有关展示、复制或分发在电影胶片和电视磁带中预先录制的表演和活动权利的收款和付款(包括数字录音);记录和/或播出"现场"文艺演出、体育赛事和其他现场表演或活动;播出、广播、复制和销售CD、数字音乐、书籍(包括从互联网上下载的书籍和杂志)等,或以其他方式使用受版权保护的材料和其他知识产权
	其他知识产权	包括未归入之前任何类别中的知识产权,如通信公司为确保用户不可撤销的使用权而产生的收款和付款(IRU)

资料来源:美国商务部经济分析局。

二、中美知识产权服务贸易竞争力比较分析

伴随着各国对科技创新与研发投入的日益重视,以及知识产权创造、保护和运用水平的逐步提升,全球服务贸易体现出越来越明显的知识经济特征,根据WTO的统计,2000年知识密集型服务出口占全球服务出口的比重不足40%,到2017年这一比例已接近55%。与此同时,全球知识产权服务贸易额持续增长,2017年全球知识产权使用费出口总额达到3805.8亿美元,是2001年的5倍;计算机与信息服务出口总额达到5273.4亿美元,是2001年的9.9

倍；研究与开发服务出口总额达到1605.7亿美元，是2013年的1.26倍。

美国是全球知识产权服务贸易强国。从知识、技术与创意产出的数量来看，中国近年来已逐步超越美国，根据世界知识产权组织发布的《2018年全球创新指数》报告，中国的专利、实用新型、工业品外观设计数量占GDP的比重均位居全球第1位，商标申请数量占GDP的比重全球第3位；而美国的专利数量占GDP之比排名全球第6位，工业品外观设计和商标申请数量仅排名第61和第86。但从知识产权产出的质量与国际化程度来看，中国仍远落后于美国。美国有效专利数量、版权产业增加值等均排名世界第1位；美国多局同族专利占GDP之比为3.1%，位居全球第15位，中国仅排名第29；美国PCT专利申请量占GDP之比为2.9%，位居全球第13位，比中国领先5位。美国是全球知识产权服务进出口大国，知识产权收入在贸易总额中的比重为5%，文化与创意服务出口在贸易总额中的占比为2.3%，均位居全球首位，而中国知识产权收入、文化与创意服务出口在贸易总额中的占比均不足0.1%，分别排名第66位与第67位。

表2 中美知识产权相关产出与服务贸易指标对比

	美国		中国	
	比值	排名	比值	排名
知识、技术与创意产出指标				
多局同族专利/GDP	3.1	15	0.8	29
本国人申请专利量/GDP	15.9	6	56.6	1
本国人PCT专利申请量/GDP	2.9	13	2.1	18
本国人实用新型申请量/GDP	n/a	n/a	69.0	1
科技论文/GDP	11.5	43	11.7	42
本国商标申请/GDP	20.9	86	165.7	3
本国工业品外观设计/GDP	1.3	61	29.7	1
知识、技术与创意服务贸易指标				
知识产权支出在贸易总额中的比重	1.8	16	1.2	26

续表

	美国		中国	
	比值	排名	比值	排名
ICT 服务进口在贸易总额中的比重	1.5	40	0.6	90
知识产权收入在贸易总额中的比重	5.0	1	0.1	66
ICT 服务出口在贸易总额中的比重	1.5	66	1.2	78
文化与创意服务出口在贸易总额中的占比	2.3	1	0.0	67

资料来源：世界知识产权组织《2018 年全球创新指数》。

注：GDP 以十亿购买力平价美元为单位。

美国海外附属机构知识产权服务获益丰厚。美国跨国公司在科技、研发、教育、文化等领域均具有强大的国际竞争力，其在海外附属机构开展的知识产权相关服务规模庞大，获益已远超过以跨境进出口形式提供的服务。根据美国商务部经济分析局的数据，美国企业提供与知识产权相关的服务外向销售额均大幅高于内向销售额。2016 年美国信息服务外向服务销售额（美国公司海外附属机构对外国公民的服务销售）为 2575.9 亿美元，内向服务销售额（外国公司美国附属机构对美国公民的服务销售）为 1206.7 亿美元，二者差额高达 1369.3 亿美元，其中出版业差额为 674.4 亿美元，电影作品和录音差额为 68.7 亿美元。计算机系统设计和相关服务、专业设计服务、科学研究与开发服务外向与内向销售差额分别为 689.4 亿美元、7 亿美元和 151.2 亿美元，以上四类附属机构服务贸易顺差合计超过 2000 亿美元，约为跨境知识产权服务进出口顺差的 2—3 倍。

表 3　美国附属机构知识产权服务贸易统计（FATS）

（单位：百万美元）

	外向		内向		差额	
	2015	2016	2015	2016	2015	2016
信息服务	245076	257593	114639	120666	130437	136927
出版业	81803	78989	11003	11546	70800	67443
报纸、杂志、书籍和数据库	8912	8668	6761	7206	2151	1462

续表

	外向		内向		差额	
	2015	2016	2015	2016	2015	2016
软件发行	72892	70321	4242	4340	68650	65981
电影作品和录音	12282	12206	5425	5340	6857	6866
电影和视频	10051	9920	3999	3937	6052	5983
录音	2231	2286	1426	1403	805	883
电信	–	–	76939	76100	–	–
有线电信运营商	26609	26417	–	–	–	–
无线电信运营商	5568	5513	–	–	–	–
其他电信相关	–	–	11452	12141	–	–
广播（互联网除外）	–	–	265	–	–	–
数据处理、托管和相关服务	16554	16416	1187	1349	15367	15067
其他信息服务	75387	86941	19820	–	55567	–
计算机系统设计和相关服务	99184	102828	30109	33891	69075	68937
专业设计服务	859	811	114	112	745	699
科学研究与开发服务	18845	16452	1428	1336	17417	15116

资料来源：美国商务部经济分析局。

中美知识产权服务出口能力差距巨大。长期以来，发达国家（地区）一直占据全球知识产权服务出口的绝大多数份额。根据 WTO 的统计，2017 年全球知识产权使用费十大出口国均为发达国家，占全球的 86.4%。其中美国以 1279.3 亿美元位居首位，远领先于其他国家（地区），是第二位荷兰的两倍之多，占全球知识产权使用费出口的 33.6%。中国出口 47.6 亿美元，仅为美国的 3.8%，占全球出口的比重不足 1.5%。美国研究与开发服务出口 427.6 亿美元，占全球研发出口的 26.6%，是中国研发服务出口的 5 倍。根据计算，美国知识产权使用费、研究与开发服务的 RCA 指数分别为 2.33 与 1.85，显示美国在这两个领域具有极强的国际竞争优势。中国计算机与信息服务 RCA 指数为 1.23，高于美国，但根据中国商务部的统计，服务外包是中国新兴服务出口的主要实现路径，离岸服务外包占新兴服务出口的比重超过 70%，中国企业提供的该类服务多以承接跨国公司外包业务方式完成，通过知识产权许可或转让方式带来的实际收益较低。

表4 中美知识产权服务贸易竞争力比较分析

		国际市场占有率%		RCA 指数		互补性指数
		中国	美国	中国	美国	
2015 年	知识产权使用费	0.3	36.7	0.07	2.44	1.73
	计算机与信息服务	5.4	7.5	1.21	0.50	0.13
	研究与开发服务	-	24.8	-	1.65	-
2016 年	知识产权使用费	0.3	35.9	0.08	2.40	1.76
	计算机与信息服务	5.4	7.4	1.27	0.50	0.13
	研究与开发服务	4.5	24.8	1.05	1.65	0.67
2017 年	知识产权使用费	1.3	33.6	0.29	2.33	1.91
	计算机与信息服务	5.3	7.4	1.23	0.51	0.20
	研究与开发服务	4.9	26.6	1.16	1.85	0.72

资料来源：笔者根据 WTO 及中国商务部的数据计算所得。

注：RCA 指数，即显示性比较优势指数，是指一个国家某种商品出口额占其出口总值的份额与世界出口总额中该类商品出口额所占份额的比率。通过 RCA 指数可以判定一国的哪些产业更具出口竞争力，从而揭示一国在国际贸易中的比较优势。一般认为，一国 RCA 指数大于 2.5，则表明该国该产业具有极强的国际竞争力；RCA 介于 2.5—1.25 之间，表明该国该产业具有很强的国际竞争力；RCA 介于 1.25—0.8 之间，则认为该国该产业具有较强的国际竞争力；RCA 小于 0.8，则表明该国该产业的国际竞争力较弱。

贸易互补性用来衡量一个国家货物或服务的出口和另一个国家进口的吻合程度。贸易互补性指数（Trade Complementarity Index）用公式表示为：

$$C_{ij}^n = RCA_{xi}^n * RCA_{mj}^n = \frac{X_i^n}{X_i} / \frac{X_w^n}{X_w} * \frac{M_j^n}{M_j} / \frac{X_w^n}{X_w}$$

C_{ij}^n 表示 i 国和 j 国在第 n 种产品上的贸易互补优势，RCA_{xi}^n 表示 i 国在第 n 种产品上的比较优势，RCA_{mj}^n 表示 j 国在第 n 种产品上的比较劣势，X_i^n 表示 i 国在第 n 种产品上出口额，X_i 表示 i 国所有产品的出口总额，X_w^n 表示世界第 n 种产品的出口额，X_w 表示世界出口总额，M_j^n 表示 j 国的第 n 种产品的进口额，M_j 表示 j 国所有产品的进口总额。当 Cij 的值大于 1 时，说明两国之间在商品或服务上存在着贸易互补性；当 Cij 的值小于 1 时，结论则相反。

中美双边知识产权服务贸易依赖程度加深。近年来，中美双边知识产权服务贸易额增长迅速，根据美国商务部经济分析局的统计，中美双边知识产权使用费进出口额由 2015 年的 63.3 亿美元上升到 2017 年的 96.8 亿美元，年均增长 26.5%，其中美方对中方出口年均增长 23.1%，自中方进口增长了 1.8 倍。中美研究与开发服务进出口额由 2015 年的 25.4 亿美元上升到 2017 年的 26.7 亿美元，计算机服务进出口额由 2015 年的 11.5 亿美元上升到 2017 年的 13.7 亿美元。涉及工业生产过程和产品的知识产权许可与转让是中美知识产权使用费贸易的主要内容，占比高达 50%；其次是商标使用许可，占比为 16.5%，计算机软件权利占比 12.1%。中美在知识产权服务领域存在很强的互补性，2017 年中国对美支付占中国对外支付知识产权使用费总额的 1/4。根据计算，中美在知识产权使用费项目的贸易互补性指数已由 2015 年的 1.73 上升到 2017 年的 1.91，双方贸易互补性有所增强。

表 5 中美双边知识产权服务贸易统计　　（单位：百万美元）

	2015 美方出口	2015 美方进口	2015 总额	2015 差额	2016 美方出口	2016 美方进口	2016 总额	2016 差额	2017 美方出口	2017 美方进口	2017 总额	2017 差额
计算机信息服务	743	929	1672	-186	841	895	1736	-54	953	854	1807	99
电信服务	100	192	292	-92	86	177	263	-91	91	156	247	-65
计算机服务	463	685	1148	-222	613	681	1294	-68	708	658	1366	50
信息服务	180	51	231	129	143	37	180	106	154	39	193	115
研究与开发服务	175	2364	2539	-2189	169	2586	2755	-2417	176	2494	2670	-2318
知识产权使用费	5993	333	6326	5660	7946	547	8493	7399	8762	922	9684	7840
涉及工业生产过程和产品的权利	2556	117	2673	2439	4135	87	4222	4048	4626	-	-	-
计算机软件权利	932	48	980	884	1106	47	1153	1059	1070	102	1172	968
商标	1482	-		1321	-			1556	40	1596	1516
特许经营权	453	0	453	453	414	0	414	414	335	0	335	335
视听及相关产品权利	569	-			967				1172	-		
其他知识产权	2	1	3	1	4	3	7	1	2	1	3	1

资料来源：美国商务部经济分析局。

中国是美国重要的知识产权服务出口市场。根据美国商务部经济分析局的统计，中国为美国知识产权使用费出口第四大市场，中方在美国知识产权使用费出口中所占的比重已由2015年的4.8%上升到2017年的6.8%。此外，2016年美国附属机构在华信息服务（包括出版、电影作品和录音等）外向销售额为27.4亿美元，计算机系统设计和相关服务外向销售额为28.2亿美元。据中国有关方面统计，美国是中国第一大版权引进来源国，2012－2016年，中国自美国引进版权近2.8万项，美国在华申请转让商标5.8万余件，占中国商标转让申请总数的4.54%。在视听服务领域，2017年中国进口美国影片31部，给美国带来近6.5亿美元收入。

表6 美国知识产权使用费服务主要贸易对象

（单位：百万美元;%）

出口	2015	占比	2016	占比	2017	占比
所有国家	124769	100.00	124734	100.00	128364	100.00
爱尔兰	17989	14.42	18902	15.15	18492	14.41
瑞士	11145	8.93	11301	9.06	12367	9.63
英国	9431	7.56	9112	7.31	9865	7.69
中国	5993	4.80	7946	6.37	8762	6.83
日本	7447	5.97	6766	5.42	7042	5.49
进口	2015	占比	2016	占比	2017	占比
所有国家	40608	100.00	46577	100.00	51284	100.00
日本	9987	24.59	10947	23.50	10808	21.07
瑞士	4945	12.18	5354	11.49	5863	11.43
德国	4579	11.28	6062	13.02	7164	13.97
英国	4077	10.04	3858	8.28	4880	9.52
法国	2463	6.07	2790	5.99	2681	5.23
中国	333	0.82	547	1.17	922	1.80
总额	2015	占比	2016	占比	2017	占比
所有国家	165377	100.00	171311	100.00	179648	100.00
爱尔兰	20188	12.21	21236	12.40	21683	12.07
瑞士	16090	9.73	16655	9.72	18230	10.15
日本	17434	10.54	17713	10.34	17850	9.94
英国	13508	8.17	12970	7.57	14745	8.21
德国	11041	6.68	13134	7.67	13494	7.51
中国	6326	3.83	8493	4.96	9684	5.39

资料来源：美国商务部经济分析局。

中方知识产权服务贸易逆差呈现扩大态势。美国知识产权服务贸易长期处于顺差，根据 WTO 的统计，美国知识产权使用费顺差已由 2005 年的 488.7 亿美元扩大至 2017 年的 795.8 亿美元，研究与开发服务顺差已由 2015 年的 23.4 亿美元扩大至 2017 年的 78.4 亿美元，2017 年二者合计占美国服务顺差来源的 35.6%。与之相反，中国知识产权服务贸易长期处于逆差状态，且呈逐年扩大态势，2017 年中国知识产权使用费逆差达到 238.1 亿美元，是 2001 年知识产权使用费逆差额的 13 倍。制造业是中国知识产权使用费进口的主要部门，其逆差占逆差总额的比例接近 70%。根据美国商务部经济分析局的统计，中美双边知识产权使用费中方逆差已由 2015 年的 56.6 亿美元扩大至 2017 年的 78.4 亿美元。

表 7　中国与美国知识产权使用费差额比较

单位：亿美元

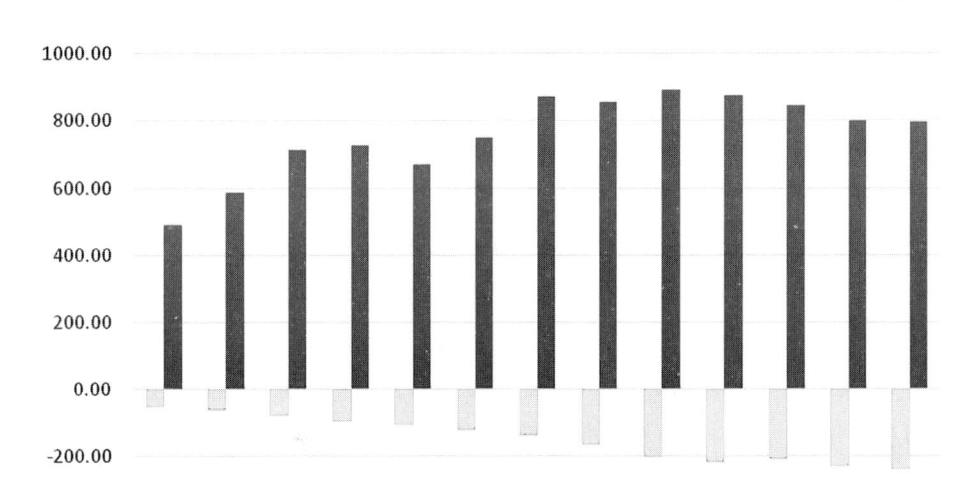

年份	2005	2006	2007	2008	2009	2010	2011	2012	2013	2014	2015	2016	2017
中国	-51.64	-64.30	-78.49	-97.49	-106.3	-122.0	-139.6	-167.0	-201.4	-219.3	-209.3	-228.1	-238.1
美国	488.71	585.11	713.24	725.02	671.09	749.70	872.46	857.79	891.74	877.33	845.84	800.61	795.81

资料来源：WTO 数据库。

三、影响中美知识产权服务贸易的因素分析

当前中美经贸关系正面临前所未有的复杂局面，知识产权领域的争端与摩擦是影响中美经贸关系健康发展的焦点问题之一，中美开展知识产权服务贸易既面临机遇，又有不少挑战。总体来看，在共同推进以协调、合作、稳定为基调的中美关系大背景下，双方在知识产权领域的交流与合作也将曲折前行，中美将成为全球知识产权贸易的主要推动者与角逐者。

中美各自的知识产权要素禀赋决定了双边知识产权服务贸易水平不断提升。知识产权要素禀赋不仅取决于一国或地区所拥有的知识产权数量，还取决于知识产权的产出质量，国家或企业的研究开发投入、从事科技创新与知识创造的人力资源、金融资本可获得的难易性等因素直接影响一国或地区知识产权贸易的国际竞争力水平。《2018年全球创新指数》报告显示，美国全球型研发公司前三位平均支出、QS高校排名前三位平均分和风险投资交易占GDP的比重都位居世界第一。根据美国商务部《知识产权与美国经济：2016年更新报告》，美国知识产权价值约占GDP的38%，美国经济的每个部分几乎都在使用知识产权，其中81个产业最广泛地使用了专利、版权或商标。这些知识产权密集型产业在2014年直接或间接为美国提供了4550万个工作岗位，约占美国所有工作岗位的30%，美国出口产品中60%为知识产权密集型产品。研究显示，美国专利、商标、商业秘密等知识产权无形资产占据了上市公司超过80%的市值，专利产品和服务为美国公司带来的利润比非专利产品和服务平均要高出50%。2017年美国知识产权使用费出口占美国服务出口总额的16.8%，开展知识产权贸易是美国跨国公司获取全球利益的重要途径。中国正处在由经贸大国向经贸强国转变的过程中，开展专利、版权、商业秘密等知识产权的跨国交易与引进，对于推动先进制造业和现代服务业深度融合实现高质量发展尤为重要。同时，中国已逐步由全球科技创新的"跟跑者"向"并跑者"和"领跑者"转变，世界知识产权组织发布的《2018年世界知识产权指标》报告指出，在短短几十年中，中国从无到有建立了知识产权制度，鼓励本土创新，并加入了全球知识产权引领者的行列——如今正在推动全球知识产权申请数的增长。2017年，在境外专利申请活动方面，美国仍然

以 230931 件同等专利申请领先，中国排在美、日、德、韩之后，但中国的境外专利申请量增幅为 15%，远超其他四国，有 10 家中国企业进入企业国际专利申请量前 50 位。中国在知识产权领域国际参与度的快速提升将推动中美知识产权服务贸易向前发展。据统计，2017 年中国知识产权进出口总额增幅达到 32.7%，其中知识产权使用费出口额同比增长 3 倍，在国内服务贸易中增速居首。2018 年前三季度，中美知识产权使用费进出口额比上年同期增长了 50%。

知识产权交易标的物的日益多样化为中美知识产权服务贸易拓展提升了空间。当前在知识产权国际规则变革进程加快的同时，呈现出知识产权标的物范围扩大、保护期限延长的趋势。传统意义上的专利范围正在迅速扩大，软件、遗传基因、商业方法等先后被纳入一些发达国家知识产权标的物范围。以美国为首的发达国家还提出要求将实验数据、网络域名、作品形象、数据库、汇编作品、卫星广播、网络传输、技术措施等纳入知识产权标的物范畴。发展中国家也对自己拥有的优势资源，如民间文艺、传统知识、遗传资源等提出知识产权保护诉求。在这种背景下，更多智慧创造的无形物的财产性利益，都可能被纳入知识产权交易的客体范围内。以商业秘密为例，2016 年 9 月 G20 杭州峰会期间，中美双方确认"发展和保护包括商业秘密在内的知识产权的重要性"。2017 年，中国已将商业秘密纳入与作品、发明、实用新型、外观设计、商标等并列的知识产权客体。随着知识产权标的物范围的扩大，中美知识产权服务贸易规模有望进一步提升。

中美知识产权保护标准趋同以及中国知识产权保护制度政策日益完善，将为双方开展知识产权服务贸易提供良好保障。近年来，中国在知识产权立法、执法和司法层面不断强化保护，知识产权保护标准日益严格，已接近发达国家的水平。中国是全世界涉外知识产权案件审理周期最短的国家之一，已成为全球审理知识产权案件尤其是专利案件最多的国家。中国日益加强的知识产权保护为外国企业在华创新提供了有效保障。据统计，国外来华发明专利申请受理量从 2012 年的 117464 件增加到 2017 年的 135885 件；[①] 来自国

[①] 中国国家知识产权局：《统计年报 2012》《专利业务工作及综合管理统计月报 2017》，其中 2017 年数据为发明专利申请量。

外的商标注册申请量从 2013 年的 9.5 万件增加到 2017 年的 14.2 万件，同期存量商标到期续展申请量从 1.4 万件增加到 2.0 万件。① 美国彼得森国际经济研究所认为，中国知识产权保护状况不断改善，过去 10 年间中国使用外国技术支付的专利授权和使用费增长了 4 倍，排名全球第 4 位，其中为本国境内使用的外国技术支付费用的规模仅次于美国，排名全球第 2 位。② 中国美国商会所做的年度商务环境调查显示，其会员企业在华运营的主要挑战中，知识产权侵权行为已由 2011 年的第 7 位降低到 2018 年的第 12 位，这一切将为中美开展知识产权服务贸易提供良好的制度与政策保障。

此外，中美日益激烈的科技竞争也给开展知识产权国际许可与转让交易带来不确定性。美国发布的《2017 年国家安全战略报告》将中国视为"战略竞争对手"。自 2017 年 8 月美国对中方发起"301 调查"以来，已发布多份涉及中美知识产权问题的报告，直指中国在技术引进的知识产权转让和许可中损害了美国利益（技术控制力），未来美国将把保护知识产权作为国家安全重点工作之一，意在减少美国先进技术和知识产权流失。美国外国投资委员会（CFIUS）在海外并购审查中，也加大了对中国企业对美知识产权安全影响的审查力度。2018 年 8 月 13 日，美国总统签署了《2019 财年国防授权法案》，作为其重要组成部分的《出口管制改革法案》提高了对外国控股公司的限制条件，增强了对"新兴和基础技术"的出口控制，中国企业通过转让方式直接获取知识产权的难度可能将增大，中美未来一段时间内开展知识产权服务贸易面临负面冲击。

此外，知识产权密集型服务业领域存在贸易壁垒较高、国内规制复杂等问题，也可能导致知识产权跨国交易成本上升，从而阻碍中美双方知识产权服务贸易的健康发展。据 OECD 公布的服务贸易限制性指数（STRI）显示，③中国知识产权密集型服务业（如计算机服务、视听服务）的 STRI 指数还处于较高水平。

---

① 中国国家工商行政管理总局商标局：《中国商标品牌战略年度发展报告（2017）》。
② Nicholas R. Lardy: China: Forced Technology Transfer and Theft? (PIIE). April 20, 2018.
③ http://www.oecd.org/trade/services-trade-restrictiveness-index.htm。

四、贸易摩擦背景下发展中美知识产权服务贸易的对策建议

知识产权贸易是中美双边服务贸易的重要组成部分，体现了中美参与全球价值链分工的地位以及国际贸易利益分配格局。中美作为全球最重要的知识产权引进国与输出国，能否妥善处理知识产权领域的贸易争端与摩擦，对全球知识产权经贸格局具有举足轻重的影响。对中国而言，知识产权服务贸易占贸易总额的比重逐年提高，知识产权问题牵一发而动全身，对于制造业与服务业转型升级实现高质量发展至关重要。

（一）努力推动中美在知识产权领域达成更多共识

国际经验表明，在尊重知识产权的前提下，加深国家间在知识产权领域的合作，构建开放型的国际科技创新与知识创造合作体系，是一条合作双赢的道路。应当看到，中美在知识产权贸易领域既存在激烈竞争与利益博弈，同时双方也有化解矛盾与深化合作的内在需求。中美双方曾在 2016 年 G20 杭州峰会达成共识，"认识到对知识产权的有效和平衡保护将有益于促进创新。双方将继续就相关政策进行沟通和交流，包括保护创新者不受恶意诉讼"。2018 年 12 月两国元首在阿根廷 G20 领导人峰会期间再次会晤，双方同意加紧磋商，努力推动双边经贸关系尽快回到正常轨道，实现合作共赢。在此背景下，应高度重视中美在知识产权领域的合作，尊重双方关切，合理管控分歧，加强双方在打击网络版权、知识产权刑事执法合作、恶意商标注册、知识产权在公司中的利用和保护、专利激励政策等领域的交流和合作，在保护知识产权的同时关注知识产权滥用问题，推动双方企业在研究开发与知识产权运用领域开展更多合作，促进双边知识产权贸易健康协调发展。

（二）优化知识产权服务贸易发展的制度政策环境

美国针对知识产权转让与交易颁布了多部法律法规，包括《联邦技术转移法》《美国发明家保护法令》和《技术转移商业化法案》等，在多双边谈判中积极推动形成于已有利的知识产权国际贸易规则。而我国迄今为止还没有明确制定并实施知识产权贸易战略，应加强国际贸易、知识产权与科技主

管部门之间的协调,制定实施支撑制造强国与科技强国建设的知识产权贸易发展战略,进一步细化完善知识产权跨国许可与转让相关的法律法规。

从国际经验看,为企业提供知识产权交易税收优惠是促进知识产权服务贸易发展的有效手段之一。爱尔兰、荷兰、英国等实施知识产权交易优惠税收政策的国家,其知识产权使用费贸易都较为活跃。爱尔兰"知识发展盒"(Knowledge Development Box)制度自2016年1月1日生效,对在爱尔兰进行研发活动所产生的知识产权利润适用6.25%的优惠企业所得税税率(标准企业所得税税率为12.5%)。这一举措进一步深化了爱尔兰"最佳"税收优惠一揽子政策,借此吸引各国企业在爱尔兰开展知识产权交易活动,爱尔兰也因此成为美国知识产权使用费最大的贸易伙伴。2010年,荷兰政府改进了原有"专利盒"制度,并将其重新命名为"创新盒"(Innovation Box)制度,对符合条件的知识产权交易相关利润适用80%的税收减免,这一政策使符合条件的知识产权相关所得的实际有效税率由25%降至为5%。我国也应借鉴相关经验,制定促进知识产权服务业与服务贸易发展的财税与金融扶持政策,积极探索在自由贸易试验区或知识产权运用和保护综合改革试验区等试点地区实行有关"类专利盒"政策,鼓励在华跨国公司及本土企业开展知识产权服务贸易。加快推进建立知识产权质押融资市场化风险补偿机制,按照风险可控、商业可持续的原则,更广泛开展知识产权质押融资。探索知识产权资本化、证券化交易,完善挂牌竞价、交易、结算、信息检索、政策咨询、价值评估等功能,推动知识产权跨境交易便利化。

此外,应认真跟踪美国出口管制政策的变化,准确评估对我国高技术与知识产权领域进口的影响,对企业开展与出口管制相关的法律法规及政策培训,引导我国企业建立完善的出口合规体系。做好《服务出口重点领域指导目录》《鼓励进口服务目录》《鼓励进口技术和产品目录》和《文化产品和服务出口指导目录》等的及时修订工作,深入落实知识产权服务企业的出口零税率或免税政策以及进口贴息政策,切实解决企业在知识产权跨国交易中面临的突出问题。

(三)加强中美知识产权服务贸易的统计监测与评价分析

美国非常注重知识产权贸易的战略研究与信息监测,美国CHI研究公司的"专利记分牌"系统，运用文献计量分析方法，对科学论文和专利指标开展年度分析，现已被许多国家引用。美国经济分析局建立了包括知识产权服务在内的跨境服务及附属机构服务贸易统计数据库，对美国与全球各国开展的知识产权服务贸易进行统计监测分析。美国商会全球知识产权中心（GIPC）每年定期发布《国际知识产权指数报告》，从专利、著作权、商标、商业秘密、知识产权商业化、执法、系统效率、加入和批准的国际条约等8个方面，分40个指标对全球范围内50个经济体知识产权发展状况进行评价。

与美国相比，我国目前尚未建立起完善的知识产权贸易统计、监测、分析与报告制度。当前应加大对知识产权贸易的重视程度，尽快建立健全涵盖货物与服务的知识产权密集型贸易统计指标体系，建立科学、统一、全面、协调的统计调查制度和信息管理制度，不断提高知识产权贸易统计数据的科学性和准确性。借鉴美国等发达国家对知识产权密集型服务业与服务贸易的分类标准及方法，明确知识产权服务贸易概念、内涵与分类，在此基础上，针对知识产权服务贸易发展的特点和趋势，从国家层面建立外汇收支数据与行业调查数据相结合的知识产权服务贸易统计体系，探索开展知识产权外国附属机构服务贸易统计。加强与美方在服务贸易统计领域的对话与沟通，对双方服务贸易统计数据差异开展深入研究与分析。建立重点知识产权服务企业联系制度与直报系统，并指导地方政府建立与完善知识产权服务贸易统计体系。

同时，研究与知识产权相关的货物贸易统计指标体系。包括货物进出口中的专利、版权引进与输出指标，知识产权商品和服务出口及占比指标，知识产权摩擦预警指数，知识产权海外布局指数等，形成涵盖货物与服务的知识产权贸易强国指标体系。定期编制知识产权贸易发展简报，发布知识产权贸易年度发展报告，为行业研究、政府决策等提供基础数据支撑。

（四）加大知识产权密集型服务业开放力度

首先要提升知识产权服务业的对外开放水平。积极引进包括美国在内的境外高端知识产权服务机构，降低境外知识产权服务提供商的市场准入门槛，在专利代理、商标代理等领域对境外服务提供者全面取消限制。研究制定知识产权专业人员资质互认办法，推进专业人员资格的相互承认，推动专业技术人才交流。其次要加速知识产权市场化运营，建设国际化、市场化和专业化知识产权交易中心，强化知识产权运营平台等对国际知识产权许可与转让的支持，建立完备的知识产权转让、许可、拍卖等知识产权运用体系，发展知识产权跨境贸易。大力培育知识产权服务各类业态，系统构建知识产权代理服务、信息咨询服务、交易服务、融资服务、法律服务和培训等全链条服务体系。培育一批国际化知识产权服务提供商，鼓励知识产权服务机构在货物贸易、服务外包、海外投资、品牌输出等活动中提供专业化服务。再次还要进一步降低知识产权密集型服务领域的外资准入门槛，扩大计算机与信息服务、文化娱乐服务、研究开发服务等领域对外开放，形成知识产权高端服务业聚集地，构建知识密集型和知识产权密集型服务贸易集聚发展区，全方位推动知识产权服务贸易发展。

第四部分

生活服务业

第一篇　餐饮服务质量的评价指标体系[*]

俞　华　邓云峰　何宗武

在消费者主导行业发展的环境下，餐饮服务质量水平决定着餐饮企业未来发展，但考虑到餐饮服务质量评价的主观性较强，有必要在整个餐饮行业范围内建立一套统一的餐饮服务质量评价体系，对餐饮服务质量的评价进行标准化。

一、餐饮服务评价指标体系的主要内容

（一）一级指标构成

本文将餐饮服务质量认证评价指标分为服务资源、服务过程以及服务结果三类。另外，考虑到餐饮企业市场进入的基本前提，本文用基本要求类指标衡量餐饮服务的合法性。

（二）二级指标构成

基本要求指标包含合法经营、诚信经营、消费者保护和证照明示四类二级指标。

服务资源包括六类二级指标，分别为餐厅环境、配套设施、服务人员、

---

[*] 此文发表于《质量与认证》2019 年第 5 期。

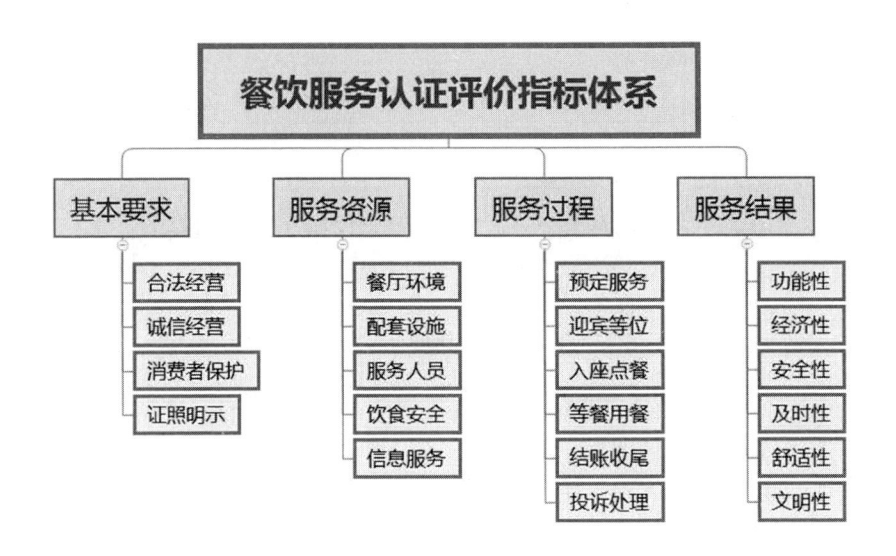

图 1　餐饮服务评价认证指标体系一级指标构成

资料来源：国家重点研发计划子任务《餐饮服务认证技术方案研究与应用》（编号 2016YFF0204105 - 3）研究报告。

饮食安全、信息服务能力和管理制度。

服务过程指标包括预定服务、迎宾等位、入座点餐、餐中服务、结账收尾和投诉反馈与处理六类二级指标。

服务结果指标包含功能性、经济性、安全性、及时性、便利性、舒适性和文明性七类二级指标。

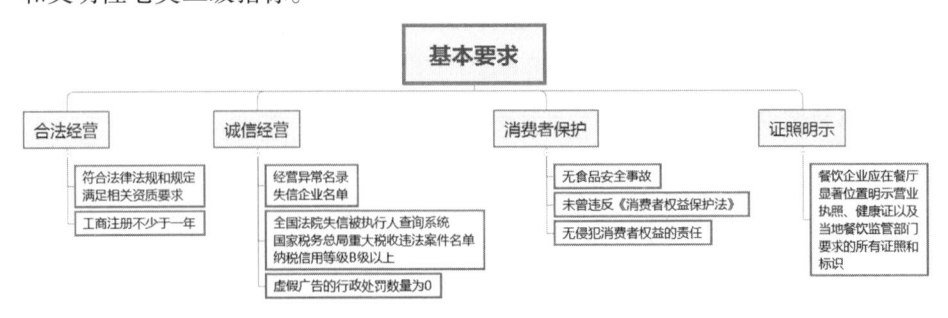

图 2　基本要求

资料来源：国家重点研发计划子任务《餐饮服务认证技术方案研究与应用》（编号 2016YFF0204105 - 3）研究报告。

（三）三级指标构成

1. 基本要求

基本要求项共包含九项三级指标，具体为：要求餐饮企业要合法经营，满足环保、消防、工商、食药监管、市场监管等行政主管部门有关资质和注册登记的要求；企业工商注册时间距认证申报日期应不少于1年；餐饮企业未列入国家企业经营异常名录和失信名单；未被列入国家税务总局重大税收违法案件名单等记录；认证期内未被投诉到国家或地方工商主管部门；餐饮企业无食品安全事故；未出现违反《消费者权益保护法》的情况；无侵犯消费者权益的责任；餐饮企业在显著位置明示营业执照、健康证以及当地餐饮监管部门要求的所有证照和标识。

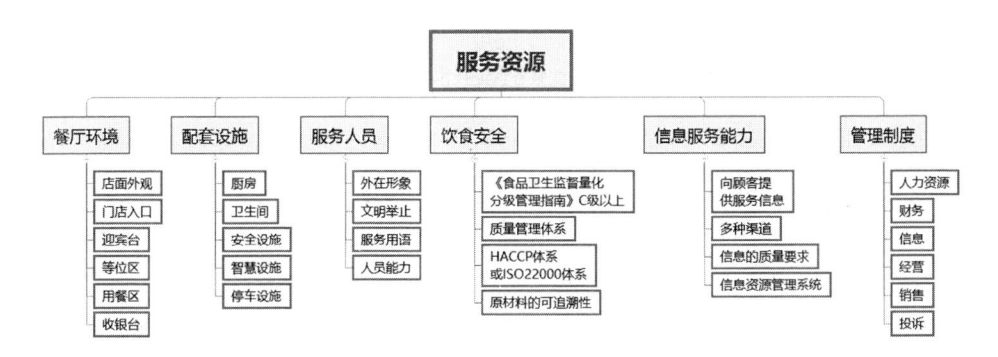

图3 服务资源

资料来源：国家重点研发计划子任务《餐饮服务认证技术方案研究与应用》（编号2016YFF0204105-3）研究报告。

2. 服务资源

服务资源包含29项三级指标，具体为：餐厅环境指标包括门店外观、入口、迎宾台、等位区、用餐区、收银台六项三级指标，主要内容为各区域干净、卫生、整洁，基本条件完善；配套设施指标包括厨房、卫生间、安全设施、智慧设施、停车设施五项三级指标，主要内容为各方面设施完善、可靠；服务人员指标包括外在形象、文明举止、服务用语、服务能力四项三级指标；饮食安全指标包括四项三级指标，要求餐饮企业严格遵守《中华人民共和国食品安全法》的规定，符合《食品卫生监督量化分级管理指南》C级以上要求，建立质量与食品安全管理体系，同时充分考虑原材料的可追溯性；信息服务能力指标要求建立信息资源管理系统并通过多种渠道向顾客提供准确无误即时更新的服务信息；管理制度指标要求餐饮服务提供方建立人力资源、财务、信息、销售、采购、投诉等方面的管理制度。

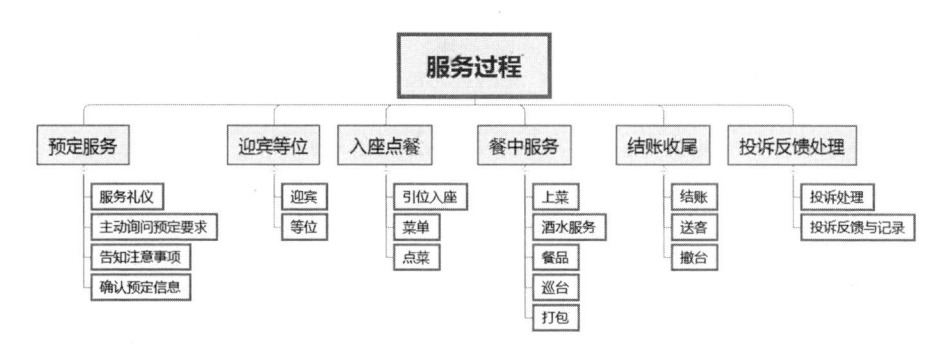

图4　服务过程

资料来源：国家重点研发计划子任务《餐饮服务认证技术方案研究与应用》（编号2016YFF0204105 – 3）研究报告。

3. 服务过程

服务过程包含19项三级指标，具体为：预定服务指标要求服务人员应按照标准的服务礼仪主动询问顾客预定要求，告知注意事项，确认预定信息并及时主动进行后续跟踪联络；迎宾等位指标包括迎宾和等位两项三级指标，包括迎宾礼仪，引领顾客，向等位顾客提供等位福利等；入座点餐指标包含引位入座、菜单和点菜三项三级指标，包括引位入座礼仪以及标准的菜单服务，充分考虑顾客对用餐条件的具体要求等内容；餐中服务指标含上菜、酒水服务、餐品、巡台和打包五项三级指标，如餐品酒水的上台和摆盘以及巡台的及时性和主动性等；结账收尾指标含结账、送客和撤台三项三级指标，主要表述结账服务相关注意事项、送客礼仪与撤台规范；投诉反馈处理指标主要内容为受理并及时跟踪顾客投诉及意见，记录投诉处理过程并保护投诉人员信息。

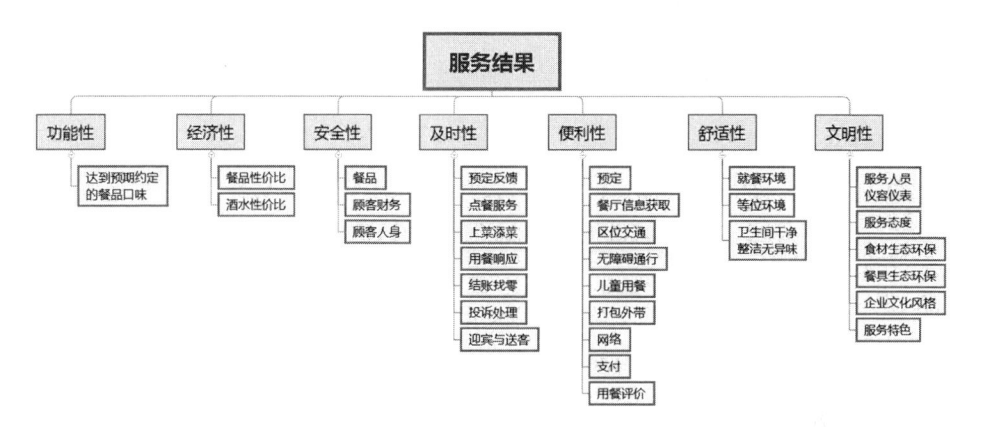

```
                        服务结果
    ┌──────┬──────┬──────┬──────┬──────┬──────┐
  功能性  经济性  安全性  及时性  便利性  舒适性  文明性
    │      │      │      │      │      │      │
  达到预期约定  餐品性价比  餐品    预定反馈  预定    就餐环境  服务人员
  的餐品口味   酒水性价比  顾客财务 点餐服务  餐厅信息获取 等位环境  仪容仪表
                         顾客人身 上菜速度  区位交通  卫生间干净 服务态度
                                用餐响应  无障碍通行 整洁无异味 食材生态环保
                                结账找零  儿童用餐          餐具生态环保
                                投诉处理  打包外带          企业文化风格
                                迎宾与送客 网络             服务特色
                                        支付
                                        用餐评价
```

图 5　服务结果

资料来源：国家重点研发计划子任务《餐饮服务认证技术方案研究与应用》（编号 2016YFF0204105 - 3）研究报告。

4. 服务结果

服务结果包含 31 项三级指标，具体为：功能性评价服务所具备的作用和效能，如餐饮口味是否达到预期等；经济性评价餐品、酒水及服务价格的性价比；安全性评价餐品安全、顾客财务安全和顾客人身安全；及时性评价服务提供者提供各项有效服务的准时程度及快捷程度，如预订反馈及时性、服务员响应及时性等；便利性评价获取各项有效服务的难易及方便程度，如预订便利性、餐厅信息获取便利性等；舒适性评价服务设施设备的适用、舒服与方便程度以及服务环境的整洁、美观与有秩序程度；文明性评价服务人员仪容仪表以及服务涉及的材料、设备是否有利于资源节约与环境友好，如服务文明用语、食材生态环保、企业服务特色等。

二、餐饮服务质量评价指标体系的主要影响

餐饮服务质量评价指标体系是一个系统测量餐饮组织服务质量水平的综合性指标体系，其构建将对餐饮服务组织者、消费者、政府以及餐饮业行业协会等主体的行为具有重要影响。

（一）为餐饮服务组织改善餐馆的管理短板和服务缺陷提供帮助

餐饮业服务质量评价指标体系为餐饮组织提供了管理和提升服务质量的指导框架，能够帮助组织发现服务过程中流程设计、改进及运作中的盲点，便于了解自身服务水平与消费者期望的差异，从而有助于组织自身明确服务质量提升策略的方向和重点，优化服务流程。

（二）为消费者的服务质量感知提供客观的评价参考

由于消费者对餐饮服务质量的评价主观性较强，消费者对服务质量的态度就要受到其生活环境、社会地位、文化水平甚至心情等多方面的影响，这就很难形成对餐饮服务质量的客观评价。而餐饮服务质量评价体系的构建将会有效改善这一状况，为消费者的服务质量感知提供客观的评价参考，缓解消费者对餐饮服务质量期望水平的非客观波动，从而增强餐饮服务提供组织服务质量评价结果的客观性。

（三）为餐饮业发展规划与设计提供参考

餐饮服务质量的监管是一项非常复杂的工作，而我国的餐饮服务质量认证起步晚，目前尚无较为系统的餐饮服务质量评价体系，导致我国餐饮业服务质量管理实践工作较发达国家甚至是国内其他行业都存在一定的滞后性。同时，现有相关标准针对性不强，并没有针对餐饮业的具体操作方法，很难落地。而餐饮服务质量评价指标体系的构建将为政府对餐饮业发展规划与设计明确工作重点，提供路径参考，使得餐饮服务业管理体系更加完善。

（四）是餐饮行业协会自律自理的工具

餐饮服务质量评价指标体系为餐饮业行业协会自律自理提供了有效工具。在政府部门、广大会员等相关单位支持配合下，积极开展行业组织、行业自律是餐饮业行业协会的主要任务，有了评价指标体系的参考，行业协会的各项工作将会事半功倍，使其在行业资源整合、企业维权、商业协调、国际交流、人才培训等方面发挥更大作用，进而有效推动餐饮行业的自由和健康发展。

第二篇 家庭服务质量评价指标体系的主要内容

俞 华　郄红梅　庞安然

如今,家庭服务业已经成为与民生息息相关的行业,该行业的产生不仅可以使上班族从繁杂的家务劳动中解放出来,也为许多城市的失业人员和从农村出来到城市务工的人员,提供了一个可供选择的职业机会。家庭服务业的蓬勃发展使得消费者有了更多的选择机会,家庭服务机构不仅应重视服务内容、态度,更应重视服务质量,时刻谨记"消费者"至上的信条。提升家庭服务机构的服务质量不仅可以提高消费者的满意度,也有利于其提高知名度,开发和维护客源,对于整个家庭服务业的专业化、规模化发展也有着重要意义。然而消费者对家庭服务质量的评价往往会受到学历背景、收入水平等多种因素的影响,具有较强的主观性。因此,建立一套标准规范的家庭服务质量评价体系,有利于消费者的理性评价与选择,对于家庭服务业的良好发展也会产生积极影响。

一、一级指标构成

本文将家庭服务质量认证评价指标分为服务资源、服务过程以及服务结果三项。这些项之间的关系不仅是简单的递进,而是你中有我、我中有你的相互关系,任何一项都会受到其他项的影响,同时也会影响其他项。这个关系并不是一成不变的。随着时间的推移,各方力量的消长,作用方式和作用机制都会发生变化。在家庭服务的整个过程中，以资源为基础、以过程为重点共同为结果进行服务。家庭服务企业通过对各种服务资源的整合利用，对消费者进行相关服务，消费者在体验服务的过程中，就会对服务质量的优劣进行评价。家庭服务的任何一个环节都需要人员、场所、信息和合理制度等资源的支撑。任何一个环节对这些资源利用效率的高低影响着整个服务结果的优劣。

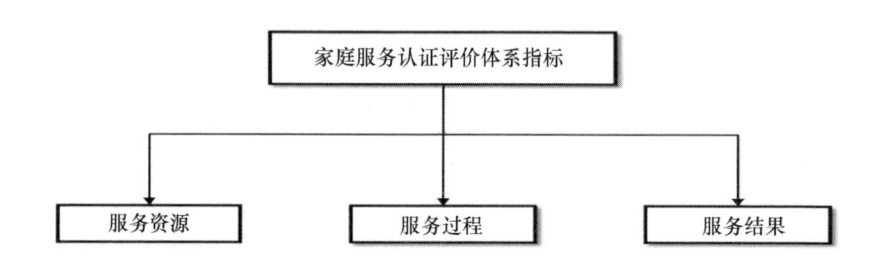

图1　家庭服务评价认证指标体系一级指标构成

资料来源：国家重点研发计划子任务《餐饮服务认证技术方案研究与应用》（编号2016YFF0204105－3）研究报告。

二、二级指标构成

服务资源包括四项二级指标：服务管理、人员要求、场所设施和信息化建设。

服务过程指标包括七项二级指标：信息提供、客户需求与特征分析和确认、服务约定、费用支付与变更处理、服务交付、服务验收和服务反馈。

服务结果指标包含六项二级指标：功能性、文明性、舒适性、安全性、时间性和经济性。功能性一般依靠家政服务员提供服务后所达到的要求和所产生的作用进行评价。文明性一般依靠家政服务人员提供服务时的着装打扮、精神面貌和内在道德素养水平来评价。舒适性是指服务提供者在服务过程中，消费的身心感受状态。安全性是指服务过程中对消费者的健康、精神、生命、财物、个人信息的安全的保障程度。时间性是服务提供者提供各项有效服务的准时程度及快捷程度等。经济性是指消费者付出的费用、时间与获得的服务效果的符合程度，即服务的性价比。

三、三级指标构成

（一）服务资源

服务资源包含 13 项三级指标。具体为：服务管理指标包括品牌和文化建设、服务质量管理、人力资源管理、财务管理、档案管理、应急准备和响应。主要内容为注重家庭服务机构的品牌和文化建设。建立家庭服务流程、服务规范及服务反馈机制。设立清晰的组织架构、明确各个岗位的职责和权限，制定岗位说明书、能够识别提供主营服务的服务过程中存在的风险，列出所识别的风险，针对风险制定了应对措施；识别服务外包过程，提供有效的服务外包协议，提供服务外包单位相应的资质证书。建立了家庭服务质量评价管理制度，定期评估家庭服务质量，针对评估结果制定了改进措施，改进措施得到落实。人员要求指标包括服务人员要求、服务支持人员要求。应配备能够满足需求的足够人员。场所设施指标包括固定场所、标识标志、安全保障、办公和服务设施。要求家庭服务机构应根据服务需求，合理配备办公设备、服务设施和工具；家庭服务机构应有固定的可保障经营需要的场所；服务机构经营场所标识标志要完好且清晰易于识别；经营场所应配有安全警示性标识及消防安全器材；安全警示性标识包含逃生示意图、疏散通道和安全出口等，灭火器有效能正常使用。信息化建设包括信息化服务平台建设。要求家庭服务机构应建立相应的信息化服务平台，服务平台网络通畅，分级授权使用平台，设置平台应用系统防火墙。

（二）服务过程

服务过程包括十二项三级指标。具体为：信息提供指标包括：服务信息、信息渠道。家庭服务机构应如实、准确、完整、明确为向消费者提供相关服务信息，包括但不限于：服务机构名称、服务机构所在的经营地点、交通信息；可提供服务的人员基本情况，包括技能水平、薪资水平、服务时间段等；服务协议订立方式、预定方式；服务承诺信息，包括服务内容、服务特色、

```
                        ┌──────────┐
                        │ 服务资源  │
                        └────┬─────┘
        ┌──────────┬─────────┼─────────┬──────────┐
   ┌────┴───┐ ┌────┴───┐ ┌───┴────┐ ┌──┴──────┐
   │服务管理│ │人员需求│ │场所设施│ │信息化建设│
   └────────┘ └────────┘ └────────┘ └─────────┘
```

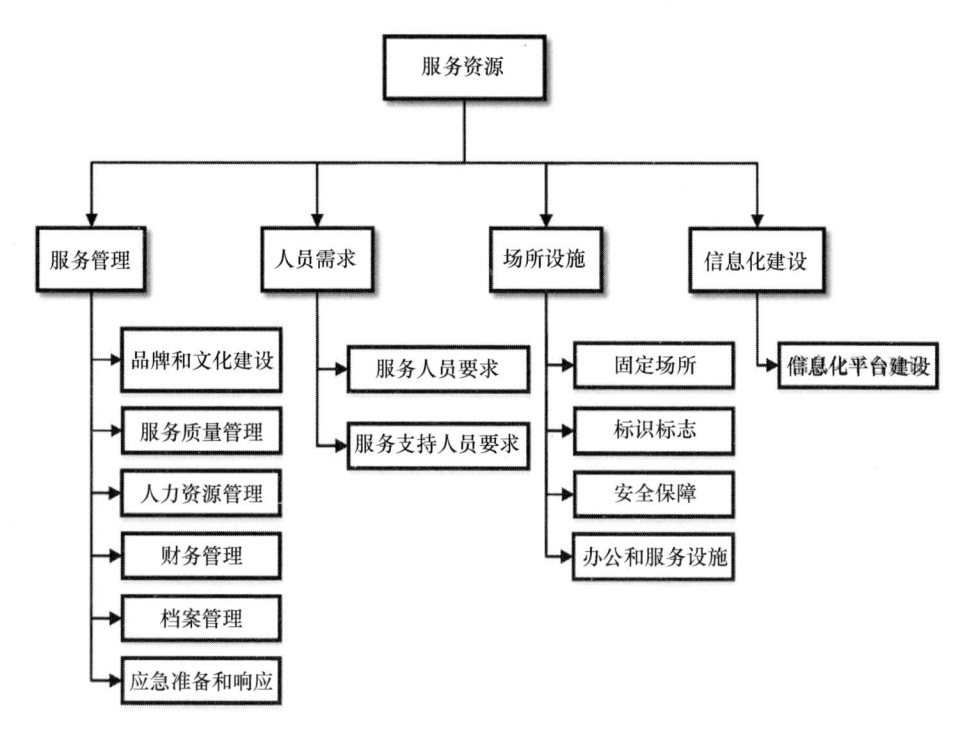

图 2　服务资源

资料来源：国家重点研发计划子任务《餐饮服务认证技术方案研究与应用》（编号 2016YFF0204105 - 3）研究报告。

服务管理下设：品牌和文化建设、服务质量管理、人力资源管理、财务管理、档案管理、应急准备和响应。

人员需求下设：服务人员要求、服务支持人员要求。

场所设施下设：固定场所、标识标志、安全保障、办公和服务设施。

信息化建设下设：信息化平台建设。

服务价格等。相关服务费用的收取标准、支付方式、服务交付方式等。家庭服务机构应提供多种服务信息渠道，包括但不限于：官方网站、面对面、人工咨询、消费者服务热线、APP 移动社交平台、户外广告、其他宣传方式。客户需求与特征分析和确认包括分析和确认的内容，家庭服务机构对客户所要求的服务相关内容、服务人员要求、服务变更等信息进行确认。服务约定包括协议签订。家庭服务机构应与客户订立书面服务协议（含网络协议），对协议内容进行规定属于服务约定协议签订。协议的内容应包括服务内容；服务期限与地点；全部费用及明细；服务变更条款及办理手续；投诉与纠纷解决方法；隐私保护；风险警示；双方权利义务、法律责任等内容。费用支付与变更处理包括费用说明、费用支付。服务交付包括准备工作、服务实施。

服务验收包括验收要求、验收记录。服务反馈包括回访反馈、投诉处理。

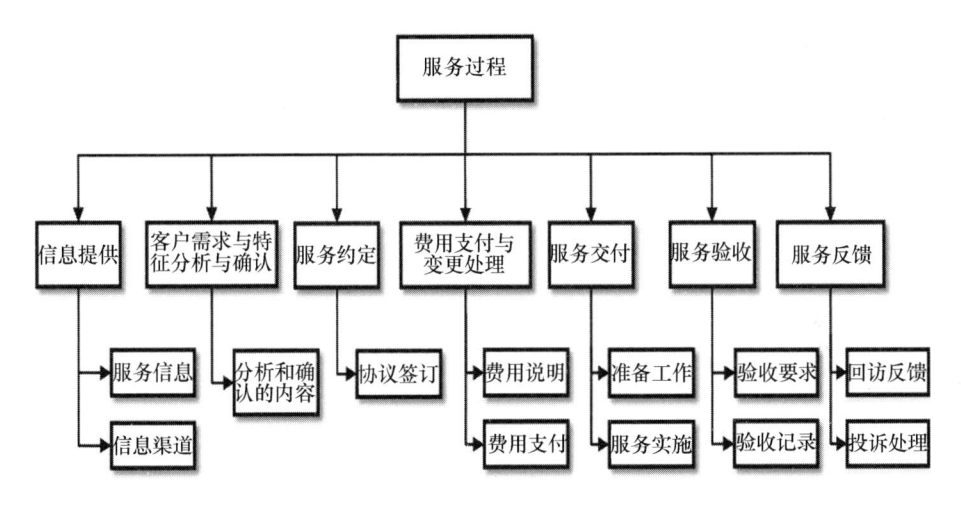

图3 服务过程

资料来源：国家重点研发计划子任务《餐饮服务认证技术方案研究与应用》（编号 2016YFF0204105 - 3）研究报告。

（三）服务结果

服务结果包含十六项三级指标，具体为：功能性包括按约定提供服务、服务人员专业，要求服务人员能够达到预期约定的服务效果。文明性包括服务人员仪表整洁、提供礼貌服务和谨守职业道德，要求服务人员仪容仪表整洁，能够进行礼貌服务，遵循职业道德和操守。舒适性包括雇佣关系和谐、服务人员细心、富有爱心、具备责任心，服务信息获取便利、沟通渠道顺畅、支付便利。要求服务人员具有较高的个人素质且与客户之间关系的融洽度较高，客户可以从多种渠道获取服务信息并且采取灵活多样的方式进行支付。安全性包括客户的人身、财产和信息得到安全保障，要求不发生由于服务引起的客户财物的损失和丢失，无客户信息的泄漏。时间性包括按约准时服务、服务反馈及时、退款赔付及时、投诉处理及时，要求客户的需求能够得到及时、快速的满足。经济性包括费用透明，要求家庭服务企业的服务内容价格需公示，保持透明。

```
                          服务结果
   ┌────────┬────────┬────────┼────────┬────────┬────────┐
 功能性   文明性   舒适性   安全性    时间    经济型
```

- 功能性
  - 按约定提供服务
  - 服务人员专业
- 文明性
  - 服务人员仪表整洁
  - 提供礼貌服务
  - 谨守职业道德
- 舒适性
  - 雇佣关系和谐
  - 服务人员细心，富有爱心
  - 服务人员具备责任心
  - 服务信息获取便利
  - 沟通渠道顺畅
  - 支付便利
- 安全性
  - 客户的人身、财产和信息得到安全保障
  - 服务人员安全作业
- 时间
  - 按约准时服务
  - 服务反馈及时
  - 退款赔付及时
  - 投诉处理及时
- 经济型
  - 费用透明

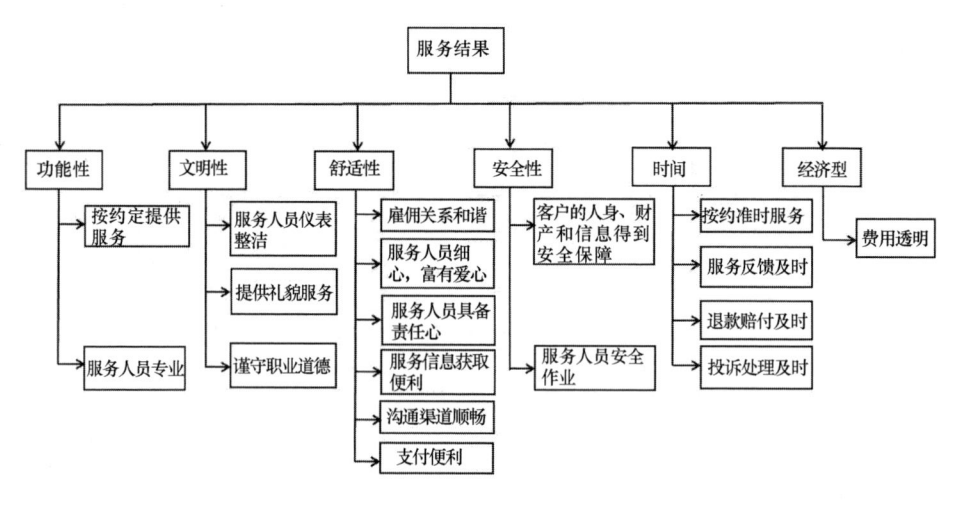

图 4　服务结果

资料来源：国家重点研发计划子任务《餐饮服务认证技术方案研究与应用》（编号 2016YFF0204105 - 3）研究报告。

第三篇　专业性展会服务评价指标体系研究[*]

俞　华　赵　闯　王　震

一、评价指标体系总体框架

我国展览业正向国际化、专业化方向发展，然而我国展览业质量评价缺乏完善的指标体系，不利于我国展览业的发展。本文根据展会的要素、蓝图及痛点分析，从组展机构、展馆、参展商、观众和展会服务供应商等相关方角度，针对专业性展会服务的质量特性，如专业程度（含特装展位面积占比、境外参展商占比、境外观众占比、展览的连续性、技术研讨会以及参展商和观众预期满足程度等）、安全规范、反馈处理及时性、参展观展便利性、环境舒适、文明程度等，根据展会服务的接触特性，甄别并确定了建立包含3个一级指标、16个二级指标、63个三级指标的专业性展会服务质量评价指标体系，对展会服务质量做出客观、准确评价。

---

[*] 此文发表于《质量与认证》2019年第6期。

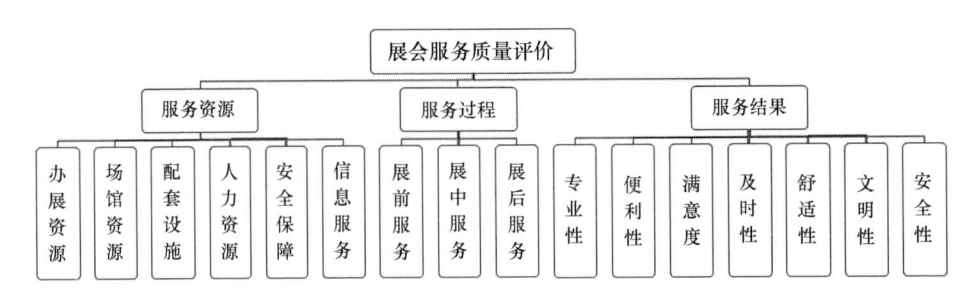

图 1　展会服务认证评价指标体系框架示意图

资料来源：国家重点研发计划子任务"展会服务认证技术方案研究与应用"（编号 2016YFF0204105－2）研究报告。

二、评价体系构成

（一）一级指标

评价指标体系包含三个一级指标：服务资源、服务过程和服务结果。其中，服务资源是展会服务质量好坏的基础；服务过程是组展机构对展会的各种资源进行整合的过程；服务结果是对组展机构整合资源、提供服务好坏的反馈。

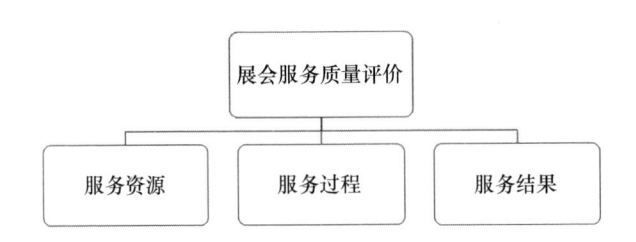

图 2　专业性展会评价指标体系一级指标构成

资料来源：国家重点研发计划子任务"展会服务认证技术方案研究与应用"（编号 2016YFF0204105－2）研究报告。

(二) 二级指标

评价指标体系共有十六个二级评价指标。其中,"服务资源"包括组展机构办展资源、展会场馆资源、展会场馆配套设施、展会服务人力资源、展会安全保障和信息服务能力六项;"服务过程"包括展前服务、展中服务和展后服务三项;"服务结果"包括专业性、满意度、安全性、及时性、便利性、舒适性和文明性七项。

(三) 三级指标构成

为了增加评价指标体系的可操作性和评价结果的权威性,在多方论证之后,本文从服务资源、服务过程和服务结果三个维度选取了六十三个三级指标。

1. 服务资源

"服务资源"共包含二十个三级指标。其中,"组展机构办展资源"包含"组展机构办公资源、组展机构行业资源和组展机构管理制度"三个三级指标;"展会场馆资源"包含"展会场馆设施资源、展台搭建商资源、展会场馆交通资源"三个三级指标;"展会场馆配套设施"包含"餐饮配套合理、住宿配套合理、网络服务配套合理和支付服务配套合理"四个三级指标;"展会服务人力资源"包含"组展人员专业能力、服务人员专业能力"两个三级指标;"展会安全保障"包含"现场治安秩序良好、消防安全有保障、展会现场医疗应急处理有保障、信息安全有保障、风险与应急管理机制健全和展会饮食注重安全"六个三级评价指标;"信息服务能力"包含"网络信息资源、客商数据库资源"两个三级指标。

2. 服务过程

"服务过程"共包含十个三级指标。展会服务过程是对展会服务的各种资源整合的过程,包括展前、展中和展后服务,决定着展会能否有效利用各种资源满足参展商和观众利益主体要求,影响着展会服务结果。"展前服务"包含"招展招商、咨询服务、在线参展业务办理、观众预登记和布展"五个三级指标;"展中服务"包含"展会环境、现场信息咨询服务、后勤服务"三个三级指标;"展后服务"包含"撤展、客户维护"两个三级指标。"展前服

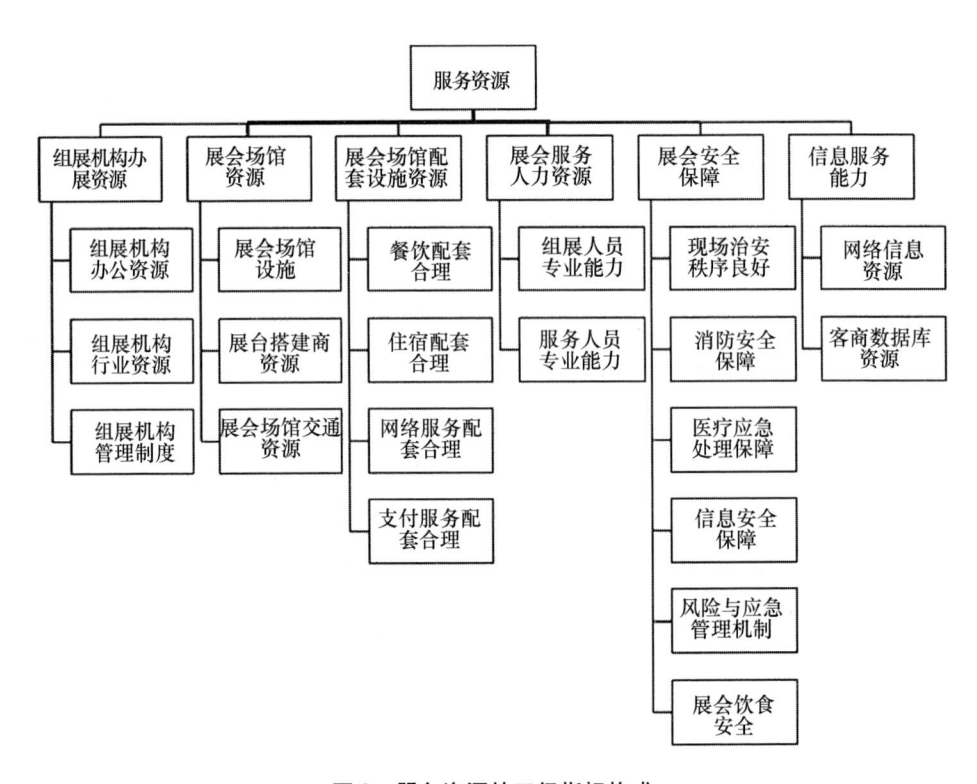

```
                                    服务资源
        ┌──────────┬──────────┬──────────┼──────────┬──────────┐
    组展机构办    展会场馆    展会场馆配    展会服务    展会安全    信息服务
    展资源        资源        套设施资源    人力资源    保障        能力
    │             │           │            │           │           │
    组展机构      展会场馆    餐饮配套     组展人员    现场治安    网络信息
    办公资源      设施        合理         专业能力    秩序良好    资源
    │             │           │            │           │           │
    组展机构      展台搭建商   住宿配套    服务人员    消防安全    客商数据库
    行业资源      资源        合理         专业能力    保障        资源
    │             │           │                        │
    组展机构      展会场馆交通 网络服务配                医疗应急
    管理制度      资源        套合理                    处理保障
                              │                        │
                              支付服务配                信息安全
                              套合理                   保障
                                                       │
                                                       风险与应急
                                                       管理机制
                                                       │
                                                       展会饮食
                                                       安全
```

图3　服务资源的三级指标构成

资料来源：国家重点研发计划子任务"展会服务认证技术方案研究与应用"（编号2016YFF0204105－2）研究报告。

务"要求组织机构运用多种招展和招商宣传方法、建立展会良好形象、提供网络及电话咨询服务、提供在线展位申请和申报等服务、设立布展服务点、监控布展消防与安全施工等；展中服务要求组织机构提供良好办展环境、现场信息咨询服务、满足办展需求的后勤服务等；展后服务要求组织机构有明确的撤展时间，确保撤展安全有序、建立展会回访制度，强化展会服务意识等。

3. 服务结果

"展会服务结果"包含"专业性、满意度、安全性、及时性、便利性、舒适性和文明性"。认证人员综合利用顾客调查法、专家现场评估法等方法，根据会展结果三级指标所对应具体的测评要素，对会展的服务结果打

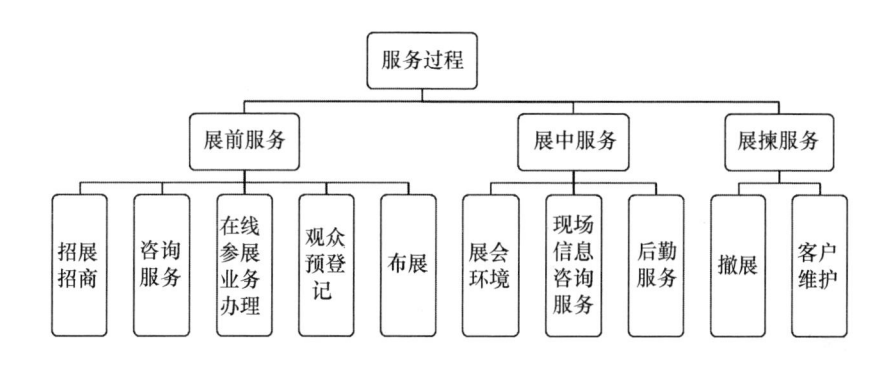

```
                          服务过程
         ┌─────────────────┼─────────────────┐
      展前服务           展中服务           展捒服务
   ┌──┬──┬──┬──┐      ┌──┬──┬──┐         ┌──┬──┐
  招 咨 在 观 布      展 现 后         撤 客
  展 询 线 众 展      会 场 勤         展 户
  招 服 参 预          环 信 服                维
  商 务 展 登          境 息 服                护
         业 记             咨 务
         务                询
         办                服
         理                务
```

图 4　服务过程的三级指标构成

资料来源：国家重点研发计划子任务"展会服务认证技术方案研究与应用"（编号 2016YFF0204105 - 2）研究报告。

分。"专业性"包含"展出净面积、特装展位面积、境外专业观众比例、境外参展展位面积占比、展览会连续办展数量、与主题相符的代表性技术研讨会数量、举办采购对接会数量、代表性的会议演讲嘉宾数量、专业观众组团数量、组展机构提供设施齐全专业配套的会议服务、参展商连续参展率和观众连续参展率"十二个三级指标；"满意度"包含"参展商参展满意度和观众观展满意度"两个三级指标；"安全性"包含"治安管理结果、风险与应急管理结果和安检服务结果"三个三级指标；"及时性"包含"参展商的展位预订反馈及时性、观众预登记信息反馈及时性、投诉反馈及时性"三个三级指标；"便利性"包含"交通便利性、报关物流便利性、注册登录便利性、信息网络便利性、财务支付便利性、餐饮服务便利性和住宿服务便利性"七个三级指标；"舒适性"包含"展会现场环境舒适性、会议活动环境舒适性、商务洽谈环境舒适性和馆内餐饮环境舒适性"四个三级指标；"文明性"包含"服务人员能力、服务人员态度、展台搭建绿色环保和展会整体设计风格"四个三级指标。

```
                              服务结果
   ┌────────┬────────┬────────┼────────┬────────┬────────┐
 专业性    满意度   安全性   及时性   便利性   舒适性   文明性
```

- 专业性
  - 展出净面积
  - 连续办展数量
  - 研讨会、嘉宾、以接会数量
  - 境外专业观众、特装展位比例
  - 专业观众组团数量
  - 会议服务设施
  - 连续参、观展率

- 满意度
  - 参展商参展满意度
  - 观众观展满意度

- 安全性
  - 治安管理
  - 风险与应急管理
  - 安检服务

- 及时性
  - 参展商预定反馈及时性
  - 观众预登记反馈及时性
  - 投诉反馈及时性

- 便利性
  - 交通便利性
  - 报关物流便利性
  - 注册登录便利性
  - 信息网络便利性
  - 财务支付便利性
  - 餐饮服务便利性
  - 住宿服务便利性

- 舒适性
  - 展会现场舒适性
  - 会议活动舒适性
  - 商务洽谈舒适性
  - 馆内餐饮舒适性

- 文明性
  - 服务人员能力
  - 服务人员态度
  - 展会整体设计网络
  - 展台搭建绿色环保

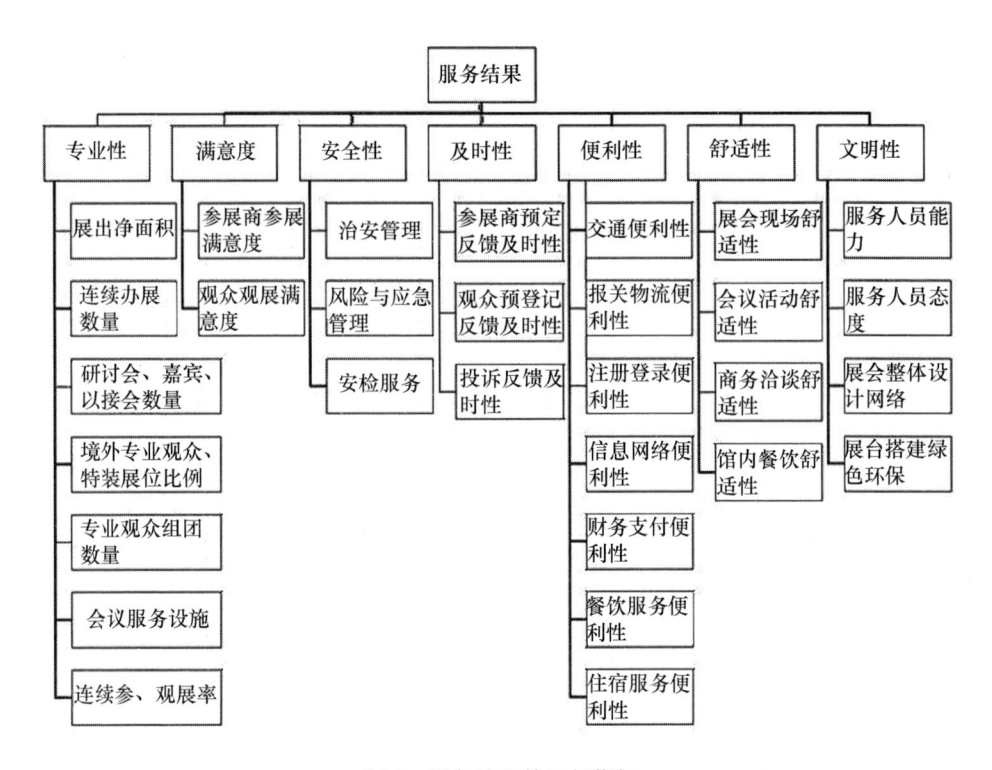

图 5 服务结果的三级指标

资料来源：国家重点研发计划子任务"展会服务认证技术方案研究与应用"（编号 2016YFF0204105-2）研究报告。

第四篇　家政服务认证概述

俞　华　郄红梅

一、家政服务业行业概况

近年来,随着中国社会经济的快速发展和居民收入的增加,尤其是中高层收入人群对家政行业的需求日益增长,家政服务业的市场需求日益旺盛,行业细分日益深化,与新技术新模式的结合日益紧密,为家政服务的市场需求提供了物质条件和消费能力,居民对家政服务的需求量越来越大,家政服务行业进入黄金发展期。

家政服务业的发展,是促进提高服务业在产业结构中的比重、推进经济结构调整、加快转变经济增长方式的有效途径。根据商务部商贸服务典型企业统计数据测算,2018年,家政服务业实现增加值2799亿元,同比增长11.0%,占第三产业增加值的比重为0.6%,增幅比服务业增加值的增幅高0.7个百分点。全国家政服务业从业人员3153万人,同比增长13.3%,占全社会就业总人数的4.1%,在居民生活服务业就业人数中名列前茅。2018年,商务部等部门联合推进"百城万村"家政扶贫工作,推动家政业创新就业模式、做好就业服务,为国家脱贫攻坚贡献力量。

我国的家政服务业发展迅速,但是与美国、日本的家政服务业相比,还具有一定的差距。主要表现在目前我国家政行业的发展总体上呈现"小、散、乱"的特点,实力强、知名度高的企业比较稀缺。在家政服务机构和家政服务员服务质量良莠不齐的情况下,消费者在购买家政服务时,遭遇到许多服务专业性水平不足、服务提供不及时等问题。消费者对于服务的标准也不是很了解。因此开展家政服务认证，提高家政服务企业的服务质量，帮助消费者进行选择服务决策，具有现实的必要性。

二、国内外家政服务认证相关现状

对于家政服务企业的认证，可以采取的标准有 ISO9001 质量管理认证，ISO9000 系列的标准主要是针对世界上任何有规模的企业或组织进行质量管理和认证。ISO/IEC 27001 信息安全管理认证，针对任何种类的数字信息的安全，ISO/IEC2700 系列标准是为任何规模的组织而设计的。ISO18001 职业健康体系认证。美国护理学会（NCCAP）从 1986 年开始一直走在对老年人生活起居照料的前沿。NCCAP 在满足州和联邦适用要求的前提下，制定了严格的认证标准，经过不断完善，为雇员和雇主提供合理的参考，2019 年 1 月 1 日开始，实施最新的认证标准。

我国也针对家政服务行业发布了相关文件，如 2006 年国家质检总局发布的社区服务指南中，对服务组织和人员的基本要求进行了规定。2008 年山东发布的《家政服务居家养老服务质量规范》对家政服务机构的管理和雇员服务进行了相关规定，以此来进行星级评价。2012 年 12 月 20 日，商务部发布文件对家政服务行业的通用术语、家政员的培训和家政服务业的应急进行了规范。针对家政服务企业，2004 年 2 月 20 日，CN－DB65（新疆维吾尔自治区标准）发布了《家政服务企业综合要求通则》。2009 年 2 月 6 日，CN－DB11（北京市地方标准）规定了《家政服务组织等级划分与评定》，对于有固定服务场所的家政服务组织等级划分进行了规定。针对家政服务人员，2011 年 9 月 23 日，CN－DB44（广东省标准）发布了《家政服务员职业标准》，针对居民社区的家政服务规定了家政服务员的定义、等级、基本要求和部分特殊职业要求。此后，更多文件相继出台规范服务质量划分服务机构等级和服务员等级。相关的国家级标准大多进行了大框架的设定，如国标将月嫂设定为 6 个等级。同时，商务部、人社部等相继颁布了《家政服务行业管理规范》《家政服务员国家职业标准》《涉外家政服务员职业标准》和《育员国家职业标准》等标准。此外北京市、江苏省、黑龙江省、山西省等地也出台了家政服务业服务规范地方标准。

家政服务行业作为服务业，顾客对于服务的切身感受与评价，是服务评价认证的重要方面。但是目前国内外的家政服务标准中，缺乏以"顾客感知"为基础的，具有动态性的服务质量认证。

三、家政服务认证的重要意义

开展家政服务认证，对于家政服务企业、消费者、政府和家政服务业协会都具有正向的现实意义。

（一）弥补企业管理和服务缺陷，提高企业知名度

家政服务业服务质量评价指标体系有利于指导家政服务企业优化管理，升级服务质量，找到企业在服务流程的设计和运作中的弱点与盲点，了解自身的缺陷，缩小自身服务水平与消费者期望的差距，从而有助于企业自身明确服务质量提升策略的方向和重点，对服务流程进行优化，取得消费者的信任，吸引新消费者，树立良好的企业形象，进而提高企业的知名度。企业可以因此获得更好的发展。

（二）帮助消费者客观评价服务质量，降低选择成本

消费者选取相关的家政服务机构时，必先对其进行了解，而不是盲目地进行选择，大多数消费者会了解之前消费者的评价，然而不同消费者的服务质量感知受其所处的生活环境和自身的文化水平以及个人心情等多方面主观因素的影响，难以给出客观的评价，消费者很难辨别自己所获取信息的真实程度，家政服务质量指标体系的构建能够给消费者的评价提供相对客观的标准。开展家政服务认证，需要获得服务的消费者也能够更容易识别出优质服务企业，从而降低选择成本。

（三）帮助政府设计与规划家政服务业发展路径

随着社会的发展，人民的经济水平和购买能力不断提高，我国老年人口所占的比例也越来越大，家政服务业的发展势头日渐迅猛。然而我国家政服

务质量认证刚刚起步，缺乏系统、全面的质量评价体系，使得家政服务质量管理的实践工作落后于发达国家。目前的相关标准没有具体的操作方法且针对性较差，导致家政服务企业服务质量参差不齐且无从考证，家政服务企业无法被客观地认知，一定程度上限制了其规模化的发展。家政服务质量评价指标体系的应用将会产生大量数据，相关部门通过对数据进行分析，能够制定更有利于家政服务行业发展的规划，进而使得家政服务业管理体系更加完善。

（四）利于家政服务行业自律管理

行业协会作为家政行业发展的监督自律组织，应在保障家政行业健康发展的过程中发挥重要作用。可是行业协会在发挥自律职能过程中缺乏有效工具，对家政行业的规范、约束作用不是很大，影响自律功能发挥。仅仅依靠政府部门作为行业管理者，很容易导致行业发展缺乏活力。家政服务认证体系则是行业自律的有效工具，通过认证体系的评价结果，能够使行业协会清楚地认识到行业的发展水平与不足、家政机构之间的服务水平差异。协会在引导家政行业发展、落实行业政策、提升家政行业的服务质量过程中，可以清楚地认识到国内不同地区家政行业之间的差距，为行业协会更好发挥监督自律职能提供基础保障。

第五篇　破解发展痛点和难点 促进家政服务业提质扩容[*]

高宝华

随着居民生活水平提高、家庭小型化、人口老龄化、城镇化进程加快以及"二孩"政策的逐步放开，近年来家政服务业增长迅速，营业收入年均增速20%以上。2018年，我国家政服务业从业人员已超过3000万人，营业收入约为5762亿元。家政服务业在稳就业、促脱贫、惠民生中日益发挥重要作用，也越来越受到国家高度重视。但家政服务业也存在从业人员素质不高、健康不详、社保较弱、地位偏低、职业化路径较少，企业员工制占比低、税费负担重，行业供需对接不强、规范化不高、诚信度较低、便利化偏弱、引领示范作用不够等诸多发展痛点和难点，亟待解决。

为破解上述发展痛点和难点，国务院办公厅发布了《关于促进家政服务业提质扩容的意见（国办发〔2019〕30号）》（以下简称"《意见》"），充分吸收《家政服务提质扩容行动方案2017》的发展成效，以"提质"和"扩容"为主线，以人员、企业、行业为重点，提出36条有针对性、可操作的具体措施，引起社会广大反响。这也是党的十八大以来国务院层面的第一个家政服务业的政策性文件。

为破解家政服务从业人员的发展难题，《意见》提出13条措施。第一，在提高从业素质方面，提出5条措施。其中，从加专业、扩范围、增规模

---

[*] 此文发表于《服务外包》2019年第8期。

（即院校增设专业、校企合作办职校、培育产教融合型企业）角度提出3条"扩容"措施，从促培训（即加大失业保险结余基金、就业补助资金等财政资金支持培训力度、加大岗前和"回炉"培训力度）角度提出2条"提质"措施。第二，在提升健康水平方面，提出制定体检项目和标准、提供体检服务2条措施。第三，在增强社会保障方面，提出强社保补贴、增商业保险、保合法权益、优居住条件4条措施。第四，在提升社会地位方面，提出表彰激励优秀从业人员的一条具体措施，明确指出五一劳动奖章、五一巾帼标兵、三八红旗手（集体）、城乡妇女岗位建功先进个人（集体）、青年文明号等评选表彰要向家政从业人员倾斜。第五，在扩展职业化路径方面，提出了畅通职业发展路径的1条具体措施，引导企业将员工学历、技能水平与工资收入、福利待遇、岗位晋升等挂钩，支持从业人员通过高职扩招专项考试、专升本等多种渠道提升学历层次。

为破解家政服务企业的发展痛点，《意见》提出8条措施。第一，在提高员工制家政企业比重方面，提出5条措施。具体包括：根据用工方式参加相应社会保险、灵活确定工时、实行稳岗返还和免费培训、在北京和上海等大中城市率先支持员工制企业发展、扩大免征增值税的适用范围。第二，在强化财税金融支持方面，提出研究完善增值税加计抵减政策、开展"信易贷"试点、拓展发行专项债券3条措施。

为破解家政服务行业的发展难题，《意见》提出15条措施。第一，在加强供需对接方面，以家政扶贫为切入点，重点提出了建立家政服务城市与贫困县的供需稳定对接机制和建立健全特殊人群（如困难学生、失业人员、贫困劳动力）的培养培训机制2条措施。第二，在提升规范化水平方面，提出5条措施。其中，为夯实行业发展基础，提出了健全标准体系、推广合同示范文本2条措施；为明确家政服务前、中、后的从业规范，提出加快人员持证上门制度、开展服务质量第三方认证、建立服务纠纷常态化多元化调解机制3条措施。第三，在健全信用体系方面，提出了建立信用信息平台系统、优化信用信息服务、加大守信联合激励和失信联合惩戒力度3条措施。其中，2018年商务部等28个部门已经发布了《关于印发〈关于对家政服务领域相关失信责任主体实施联合惩戒的合作备忘录〉的通知》，依法依规对家政服务领域失信责任主体实施联合惩戒，《意见》在此基础上又加大了惩戒力度。第四，在提高便利化程度方面，提出了支持家政企业进社区、减免社区家政企业税费两条措施。如，支持依托政府投资建设的城乡社区综合服务设施（场地）设立家政服务网点，有条件的地区可减免租赁费用。第五，在增强引领示范作用方面，提出了健全法律法规、培育品牌和龙头企业以及促进家政和相关产业融合发展3条措施。其中，《意见》充分利用互联网、大数据、云计算、AI智能等现代信息技术，明确提出要大力发展家政电商、"互联网＋家政"等新业态，培育以专业设备、专用工具、智能产品研发制造为支撑的家政服务产业集群，引导家政服务业做强做大。

2018年，我国家政从业人员已超过3000万人。若以家政从业人员数量年均增长10%、年均收入为6万元来初步估算，2020年我国家政服务市场总规模将为2.2万亿元，行业发展前景广阔，极有可能成为新的消费增长点。但因家政服务业从业人数庞大、利益相关者众多、产业链条完善，又涉及发展改革委、商务部、教育部、人社部、全国妇联等多个部门，急需统筹规划、整体推进。为此，《意见》明确提出要建立由发展改革委、商务部牵头的部级联席会议制度，以便促进家政服务业提质扩容，形成新的消费增长点，推进家政服务业乃至国民经济的高质量发展。

第六篇　美国养老地产 REITS 的经验启示[*]

俞　华

一、REITS 概述

（一）REITs 概念

REITs（Real Estate Investment Trust）又称为房地产信托投资基金。REITs 是一种集合众多投资者资金，由专门机构操作的，专门从事房地产投资，并将投资收益按出资者比例分配的一种投资方式。REITs 因具有投资者广泛性、投资专向性、税收优惠性、较高流动性、收益稳定、较低风险、信息披露透明度高等特点，受到投资者和市场广泛欢迎。

1960 年，美国总统艾森豪威尔签署了《1960 REITs 法案》，这项条例鼓励投资者参与房地产投资，并分享房地产市场发展红利。REITs 这种投资方式随之在美国迅速发展进而扩展到世界各地。全球现有 36 个国家地区颁布了 REITs 法律法规或者发行了 REITs。截至 2016 年 6 月，全球 REITs 总市值约 4.2 万亿美元，其中美国总市值位居第一，达 1.1 万亿美元。

---

[*] 此文发表于《城市住宅》2019 年第 2 期。

（二）REITs 的分类

（1）按投资对象分，包括权益型、抵押型和混合型：权益型 REITs 直接投资拥有房地产，主要收入来源依赖房地产经营收入，可以股权转让等方式变现；抵押型 REITs 类似于金融中介，其本身不直接拥有物业，而是以房地产抵押债券为收益来源；混合型则是综合上述两者，对权益类和抵押类投资的比例进行合理调整。

（2）按组织模式分，包括公司型、契约型和有限合伙型：公司型的 REITs 依据公司法来设立，发行股份募资且投资于房地产项目；契约型 REITs 则依据信托原则而设立，受托人、受益人及托管人三者相互制约；有限合伙型的 REITs 则依据民商事法律成立，REITs 组织可设置子公司作为普通合伙人（GP），投资者则出资成为有限合伙人（LP），由合伙人共同设立。

（3）按资金募集方式分，包括公募型和私募型：公募型 REITs 是由发行人通过中介机构，向不特定社会公众广泛发售证券募集资金的形式；而私募型 REITs 不在公开市场上交易，只能向合格投资者销售。

（4）按运作方式分，包括开放型和封闭型：开放型 REITs 的规模可灵活调整，投资人可以要求申购或赎回份额；封闭型 REITs 则在发起成立之际，对发行总额予以限定，并在足额募集后，宣布一定时期内将不再接受其他新增投资。

（5）按管理模式分，包括委托管理型和内部管理型：委托管理型 REITs 只负责信托计划募资及投资等，委托给第三方对房地产实际运营或物业设施进行管理，并支付相关管理费用；内部管理型 REITs 则由一个公司型 REITs 主体负责整个房地产项目的募资、投资、管理和运营。

二、美国养老 REITs 发展现状

（一）美国 REITs 立法支持 REITS 发展

美国完备的支持法案为养老地产提供了有利支持。美国养老 REITs 在过去几十年间，一直随着法规的变化而缓慢改变：1986 年《税收修订法案》取

消 REITs 关于"第三方承租商"要求,即 REITs 可自行选择雇佣独立承包商,REITs 管理模式开始向内部管理模式转变;

1999 年 12 月,克林顿总统签署了《REITs 现代化法案》(RMA)。其重要特征是每个 REITs 组织能够构建并拥有一个应税 REITs 主体(taxable REITs subsidiary,TRS)。该法开始允许 REITs 设立应税子公司 TRS,但 TRS 不能经营管理养老医疗类物业设施。

2007 年颁布的《REITs 多样化法案》即 RIDEA 法案(REIT Investment & Diversification Empowerment ACT)规定,REITs 公司可将旗下物业租赁给自己子公司来运营,只要该子公司找到一个有资质的独立运营商来运营管理即可。RIDEA 法案允许 REITs 公司以多种模式运营,平衡利益与风险,从政策上利好养老地产投资与运营。

(二)美国养老 REITs 发展态势

美国养老 REITs 是美国养老医疗产业的重要参与方,对美国养老医疗行业的物业发展起到举足轻重的作用;养老 REITs 作为投资标的,给投资者带来相对可观收益,因此美国养老 REITs 发展既有益于养老产业,也有益于投资者。

美国养老地产投资商可分为三类:即 REITs、非盈利性组织和私募基金。REITs 作为上市公司,关注租金的收益稳定性,强调长期持有资产。美国的养老医疗地产类 REITs 公司多数成立于 20 世纪 70 - 80 年代,大型的 REITS 公司一般拥有物业 600 处以上。其中,自有物业占比达 80% - 90%,其余物业通常属于同其他投资人或运营商合作发起成立的私募基金平台,总资产规模通常达百亿美元以上,员工人数约一两百人,显然属于资本密集型企业。

美国排名前 10 的养老社区投资商中,有 5 家采取 REITs 形式。截至 2013 年底,前 10 大养老社区投资商投资养老社区单元数达到 34.6 万个。目前美国前三名养老医疗类 REITs 企业分别是芬塔信托 VTR. N(总市值 224 亿美元,市盈率约 32)、Welltower. N 信托(总市值 251 亿美元,市盈率约 22)、HCP. N 信托(总市值 124 亿美元,市盈率约 18)。

REITs 是美国养老基金投资收益最高的资产。鹏华基金研究报告指出,美国 1998 - 2014 年 12 类资产投资统计显示,权益型上市交易 REITs 年费率为

0.51%，是所有地产投资品种中成本最低的资产，在统计区间内，年平均回报率达 11.95%，成为美国养老金配置中收益率最高的资产。

万得资讯（WIND）数据显示美国的养老医疗 REITs 市值长期表现优异。自 2001 年 1 月 1 日至 2017 年 10 月 24 日，芬塔信托 VTR. Nd 的涨幅达 2564%，Welltower. N 信托的涨幅达 1090%，HCP. N 的涨幅达 363%，同期标普 500 的涨幅仅为 95%。

（三）美国养老 REITs 的商业模式

在美国，养老地产开发系一个完整金融生态系统，一般包括房地产投资基金（REITS）、开发商、运营商及私募基金。REITs 投资商的核心通常在几种模式之间寻找风险与收益的平衡。低成本长期资金取得稳定收益是 REITs 的存在根本。

美国养老 REITs 的运营模式主要包括净出租模式、委托经营模式和出租+委托经营模式。每一种模式下，REITs 公司与运营商都有相对成熟的运营机制和较强盈利能力，通过投资商、开发商和运营商角色分离，实现开发收益、租金收益、经营管理收益和资产升值的分离，收益风险平衡效果较好地得以实现。

1. 净出租模式

净出租模式特点：REITS 公司把养老医疗物业设施租赁给运营商，运营商按年度上交合同约定的租金费用（养老社区毛租金收益率一般是物业设施价值的 8%—12%）。租赁方承担所有的运营费用、物业维护费用、税收和保险费等。传统的 REITs 公司通常采用净出租方式运营物业。

净出租模式优势：持有风险低且收益很稳定。REITs 公司净租金收益或毛租金收益可达 80% 以上，没有经营风险，即便金融危机对其业绩的影响也较少（除非租户破产）。

代表企业：美国养老 REITs 的 HCP 公司。

2. 委托经营模式

委托经营模式特点：REITS 公司将物业设施委托运营公司管理运营，运营公司每年从营业收入中提取 5%—6% 作为运营管理费，但不获取剩余收益，也不承担经营亏损的风险，所有其他经营收入都归 REITs 公司所有（美国养老社区每单元经营收入平均为 3000—4000 美元，一般为租金收入的 3—4 倍），REITs 公司承担大部分经营风险，负担所有经营成本，获取租金及经营剩余收益。

优势：REITS 作为物业持有者经营风险更大，收益一般也更大。

代表企业：美国养老医疗类 REITS 的 Ventas 公司。

3. 租赁 + 经营模式

租赁 + 经营模式特点：REITS 作为物业持有者将物业部分权益出让给运营商，运营商将获得运营收益及其所拥有物业权益对应的经营收益。

优势：能够更好地调动运营商的管理积极性。

代表企业：美国养老医疗类 REITs 的 Health Care REIT（HCN）公司。

（四）美国养老地产 REITs 典型企业案例

目前美国养老地产 REITs 规模较大的几家企业是健保不动产投资（HCP. Inc）、芬塔公司（Ventas. Inc）、WELLTOWER 公司（Welltower. Inc）及 SHP 投资信托（SNH. O）。

1. SNH：纯出租模式

（1）公司概况：SNH 公司投资策略比较稳健，大部分资产以净出租方式运营。自 2007 年 RIDEA 法案出台后，不少养老 REITs 公司采用委托经营或与运营商合资经营的方式共同分享经营收益，但仍有一些养老 REITs 公司采用净出租方式运营，代表企业就是 Senior Housing Properties Trust（SNH. N）。

SNH 的诞生得益于美国养老地产领域的专业化分工。1999 年，美国写字楼 REITs 的 CommonWeath 公司拆分旗下养老地产业务为 REITs 公司独立上市，成立了 Senior Housing Properties Trust（SNH. N）。2002 年，SNH 进一步将旗下的医疗物业管理公司 Five Star（FVE. N）分拆独立上市，由此开始，SNH 企业发展模式定位于净出租模式的养老地产投资商，而 Five Star 定位于纯出租模式下的养老医疗物业运营商。

（2）经营模式：截至 2010 年末，SNH 旗下有 320 处物业，包括 226 处养老社区，82 处医疗办公楼，2 家康复医院及 3 个分院，10 处健身中心。成本费用方面，由于净出租模式下承租人几乎承担了全部运营费用。在经营上追求租金稳定，SNH 的直接经营费用很低，仅相当于总收入的 5.5%，2006—

2010年5年的净经营现金与总收入之比平均为70%，净经营现金回报率平均为10.4%。

在财务上力求风险最低。33.9亿美元的总资产中，净资产占到21.7亿美元，总负债率仅为36%。保守财务策略下，经济低谷中SNH并没有大规模扩张计划，但从长期看，SNH回报率并不低，过去5年（2006－2010年）的年均股东总回报率达到12.1%，股价表现优于分拆后的运营公司Five Star。

（3）优势特点：净出租模式下，追求稳定的物业租金，力求最低财务风险。所有的直接经营成本、亏损风险都由运营方承担，物业所有方只收取固定租金收益，毛利润率可达80%以上。SNH的股东的长期回报率目前也超过了12%，业绩表现不错。

2. Ventas：委托经营模式

（1）企业概况：Ventas（VTR. N）于1983年成立，其主要采取委托经营的运营模式。与HCP以出租为主的运营方式不同，Ventas旗下1/3的养老社区采用委托经营方式，如全美第二大养老社区运营商Sunrise就托管了其中79处养老社区（托管期30年，平均托管费为年收入的6%）。目前，Ventas持有的物业总数已达1300处，物业总市值达到230亿美元，由100家全国性或地区性养老/医疗地产运营商管理，成为全美最大的养老/医疗地产商。

（2）经营模式：委托经营的运营模式下，作为物业持有人的Ventas除了能够获取租金收益外，还从客户处收取全部经营收入（包括生活服务和医疗服务的收入，平均每个养老社区单元的月收入可达3000－4000美元，是出租租金的3—4倍）。尽管Ventas的资产规模不到HCP的一半，但收入规模却与之相当。

Ventas物业组合中2/3的养老社区采用租赁模式，1/3采用委托经营模式（其他医疗办公物业均采用租赁模式），因此员工人数是HCP员工数量的1.8倍，达到263人，毛利润率则降至69%，低于净租赁模式下80%以上的毛利润率。该模式提高了物业持有者整体的收入规模，但运营方只收取固定比例的管理费，物业持有者由于承担直接经营成本费用而降低了利润率，承担了所有亏损风险，并承担金融危机中的业绩波动。高收益总是与高风险相伴，因为承担了更多的经营风险，所以Ventas的信用评级不高，未来如果风险进一步上升，公司将失去投资级评级和债券市场的低成本融资能力。所以，适度的委托经营比例能够提高回报率,但过高的委托经营比例将导致资金成本优势的丧失,Ventas 需要在净租赁与委托经营模式间求得平衡。

(3) 经营优势:委托经营模式提高风险收益水平。

3. Welltower.N 信托(原 HCN.N):租赁+经营模式

(1) 企业概况:HCN.N 成立于 1970 年,最初投资于专业护理院,后拓展至养老地产领域,是全美第三大养老/医疗类 REITs 公司。2015 年 9 月 30 日,公司名由医疗保健房产信托公司(HEALTH CARE REIT INC/DE/)变更为 WELLTOWER 房地产信托(WELLTOWER INC.),公司由改造卫生基础设施开始推动整个医疗领域的创新。Welltower 主要投资于高级住房和医疗保健房地产,并提供一系列的物业管理和开发服务。公司的主要资产类型包括投资物业及医疗大楼。截至 2010 年年末,公司物业总投资额 90 亿美元,在 684 处物业中拥有权益,包括 303 处养老社区、180 家专业护理院的物业资产、31 家医院的物业资产、163 处医疗办公楼(MOB)和 7 处生命科学实验楼,物业总值 140 亿美元。

(2) 经营模式:"租赁+委托经营"的平衡,以及收益分享模式对运营商的激励,成为 HCN 赶超 Ventas、HCP 的主要工具。

在 RIDEA 框架下的运营商合作。与 Ventas 相似,Welltower 也在努力拓展委托经营的空间,区别在于 Welltower 更乐于通过共同构建物业组合的方式来激发运营商的管理积极性。2010 年 9 月,Welltower 与家族企业 Merill Garden 成立合资公司,其中 Welltower 贡献 13 处物业和 2.55 亿美元现金,而 Merill Garden 贡献 25 处物业及其负债,构成一个总值 8.17 亿美元的物业组合,Welltower 占有 80% 权益,Merill Garden 占 20% 权益,在此基础上,Welltower 再与 Merill Garden 签定委托管理协议。在新的框架下,Merill Garden 获取了管理费收益和 20% 物业所有权的经营收益,而 Welltower 则获取了 80% 物业所有权的经营收益。Welltower 不断复制这一合作模式,与运营商 SilveradoSenior Living 合资,构建了一个拥有 18 处物业、总值 2.98 亿美元的资产组合;与 Senior Star Living 合资,构建了一个拥有 9 处物业、总值 3.6 亿美元的资产组合。

租赁+经营模式下收益稳定。目前,Welltower 大部分物业仍采用净出租方式运营,入住率 88.9%,每单元的月均租金收入 1353 美元;合资经营物业部分，Welltower 能够分享大部分经营收益，使每单元的月均收入提升到 2538 美元，入住率达到 91.9%。

（3）经营优势：合资经营收益分享模式可以很好地激发运营商的经营管理积极性。

4. HCP：多元投资模式

（1）公司概况：HCP 房产信托公司成立于 1985 年 3 月，总部位于美国加州 Irvine 区，员工 170 人，是一家独立的混合型房地产投资信托基金。HCP 公司主要以收购、开发、租赁、销售及管理等方式经营医疗保健产业房地产，如医院、医疗办公室、老年人住房、护理机构等，这些项目拥有较高的入住率和长期租约。HCP 也提供医疗业者抵押贷款或其他融资服务。HCP 公司自 1985 年在美国纽交所公开交易，是首家被列入标准普尔 500 指数的医疗保健房地产信托。自 2000 年至 2015 年，股息已连续增长 15 年，平均达到 6.32%，虽然股息增长率不高，但业绩十分稳定。

HCP 公司是目前美国最大的养老/医疗地产类 REITs 公司，拥有 833 处物业、价值 200 亿美元，在美国 1.1 万亿美元的医疗房产中占比 1.82%。资产分布于医疗、生命科学和养老住宅，包括：32000 套养老住宅，1.8 万平方英尺医疗用房，800 万平方英尺生命科学实验用房。其中，自有物业 573 处，总投资 105 亿美元；通过私募基金平台持有 99 处物业，另有 20 亿美元的夹层贷款和抵押贷款投资，以及 4.67 亿美元的土地储备、在建物业和再开发物业。HCP 约 52% 的收入来自于旧金山、圣地亚哥以及波士顿园区的医疗机构和生命科学产业园区。

在养老地产领域，HCP 公司持有 222 个养老社区，其中，42% 分布在东海岸，18% 分布在西海岸，14% 分布在德克萨斯州，6% 分布在丹佛。大部分项目与专业的养老运营商合作，例如，有 15 个 CCRC 社区与全美最大的养老运营商 Brookdale 合作运营。

（2）经营模式：HCP 公司强调投资渠道与投资类型的多元化，提出了 5×5 的投资模式，即，采用 5 种投资渠道（出租型物业、投资管理平台、开发和再开发、债权投资、Down REITs），投资于 5 类资产（养老社区、生命科学物业、医疗办公楼 MOB、专业护理机构的物业、医院物业）。HCP 公司在多个区域和领域（包括高级住宅、医疗办公室和生命科学等）开发、出租、持有和管理多类优质医疗养老类资产。在选址上，专注于 5 英里或 20 分钟车程能到达人口密集区域或者优质医疗服务供给地点。同时，注重与领先的医疗保健公司、运营商和服务提供商加强合作，确保较高和稳定的租金率以及经营性现金流，注重资产价值的提升。

HCP 具有低成本控制的优势。一是无限趋 0 的运营成本：净租赁的运营方式，通过运营风险转嫁给运营商，压缩运营成本，稳定获取较少的租金收入。二是低成本融资渠道：HCP 低成本融资策略，使其在行业低谷时，仍有完美现金流，成为最终赢家而不是被收购的失败者。2011 年 HCP 发行了总额 24 亿美元的无抵押票据融资，总融资成本仅为 4.83%，低于平均利润成本。2014 年通过三大国际评定机构获得了新的信用评级，对于 HCP 的高级无担保债券，给出了行业最高评级，有效降低了 HCP 的融资成本。

（3）经营优势：HCP"低成本控制＋高规模租赁"模式驱动是其最大优势和成功关键点。

三、美国 REATS 经验对我国养老地产金融的启示

第一，REITs 比 IPO 等融资方式更加适合养老地产。REITs 每股年化收益一般要求在 6%—10% 即可。REITs 是资产证券化的产物，REITs 不要求上市企业有非常好的题材和非常高的预期收益，只要求管理者能够专业化地管理企业资产，尽可能提供长期稳定高比例的分红收益。REITs 的上市要求并不高，所以它能够快速地为养老地产缩短资金回报周期，尽快完成养老地产的资本循环。

第二，REATS 可以有不同经营模式。在美国，不同的 REITs 型投资商有着各自的投资经营战略，有些采用纯出租模式，如 SNH，有些采用"出租＋委托经营"模式，如 Ventas，有些通过与运营商组建合资公司来管理旗下物业，如 Welltower，还有些采用多元投资模式的平衡，如 HCP。但无论采用哪种模式，稳定收益下的低成本长期资金都是 REITs 存在的根本。

第三，不同类型 REITs 公司风险收益不尽相同。一般来说，出租比例高的公司，经营风险低，债务融资成本也低，但由于放弃了经营收益，净经营现金的投资回报率维持在 10% 左右；与之相对，委托经营比例高的公司，经

营风险略高,债务融资成本上升,但对经营剩余收益的分享提高了回报率,优秀公司的净经营现金回报率可以达到20%水平。

第四,REITs型投资商的核心在于风险收益的分拆与匹配。开发商、投资商与运营商的角色分离实现了开发利润、租金收益、资产升值收益与经营管理收益的分离。开发商通过快速销售模式获取开发利润,利润率不高但资金回笼速度快;REITs投资人通过长期持有资产获取稳定的租金收益,利润率高但资金回笼期长,风险低但投资回报率也略低;而基金投资人通过资产的买卖获取资产升值收益,承担财务风险的同时获得较高投资回报率;而运营商借助轻资产模式放大经营现金回报,承担经营风险的同时也能获得较高投资回报率。美国养老地产领域的角色分工与风险收益匹配显示,在各方角色分离的过程中,保守的投资人、激进的投资人、具有更强风险承受力的长期投资人都找到了为各自量身定制的投资渠道。

四、加快我国发展养老 REITS 的建议

(一) 我国养老地产亟待 REITs 助力

成熟养老项目具有持续稳定的现金流。REITs 的本质是一种资产信用融资,只要某资产能够产生现金流,该现金流就可以被证券化。在我国,REITs 潜在投资者人数众多。由于我国金融市场发育不完善,投资者的投资渠道单一,风险小、收益高且稳定的投资渠道比较欠缺,社会存在大量闲置资金。REITs 作为创新金融工具,流动性较强、投资门槛较低,对于广大的居民投资者颇具吸引力。

尽管国内市场 REITs 刚刚萌芽 (2018 年 10 月 16 日,当地置业 (1107.HK) 发布公司公告表示,计划成立下属绿色健康养老房地产信托平台 Modern RE-ITs),但却并不缺乏多元投资人。养老地产与 REITs 都是政策风口下的发展方向,任何产业链的形成都是一个完整的资本循环,养老产业也不例外。养老 REITs 可以帮助企业解决最关键的融资问题,无论是对养老产业发展还是房地产企业转型、房地产金融发展等都具有重要意义。可以预言,我国养老地产的突破口将会是 REITs。REITs 模式非常有可能成为中国养老地产发展的成功

之路。

(二) 加快我国养老 REITs 立法

目前我国尚未制定有关 REITs 的专项法律，REITs 在主体立法方面仍是一片空白。但我国涉及 REITs 的法律包括：《信托法》《证券法》《证券投资基金法》《合伙企业法》《信托投资公司管理办法》等多部法律法规，这使得 REITs 的设立和运行面临诸多障碍，监管涉及多个部门，成立运营程序复杂。建议我国立法机关借鉴其他国家 REITs 立法经验，加快我国养老 REITs 立法，设立专门的"房地产投资信托基金法"，针对 REITs 的法律地位、组织形式、参与主体各方权责、经营运作、监管制度、税收要求等内容提出明确具体要求，并对 REITs 设立条件、投资标的、物业估值、收入来源、分红比例和信息披露等信息进行规范。在现阶段可以规定：REITs 只能购买建成的地产，不参与养老地产的前期开发修建；REITs 不能直接参与地产运营，只能持有地产并收取租金等。

(三) 出台针对 REITs 的税收优惠政策

首先推动完善资本市场税收制度建设。税收制度是影响资本市场运行效率最重要的因素之一。应加快研究提升资本市场投融资效率、促进长期资本形成的税收体制，建立公平、中性的税负机制，推动税收递延惠及个人账户养老金等长期资金；推动《基金法》税收中性原则落地，避免基金产品带税运营。REITs 将绝大部分收益分配给投资者，在税收上易形成双重课税：一是作为基金资产的运营商获得运营收入应缴纳企业所得税；二是投资者取得收益应缴纳所得税。大量国际经验表明，REITs 相关法律通常会在税收层面出台税收优惠，如美国税法规定，REITs 公司按照法规每年把税前收入 90% 分配给股东后，公司就不需要再为已分配股东的 90% 利润进行缴税；建议我国借鉴国际经验，制定合理的 REITs 税收优惠政策，吸引民间资本、基金管理者进入 REITs 市场，服务于养老医疗地产的发展壮大。

(四) 扩大医保范围拓展养老支付能力

美国等发达国家养老产业的发展在一定程度上依靠政府资金支持。美国

2005 年签署了《个人资金落实示范项目》（Money Follows the Person Demonstration Program），明确各州可以利用医疗补助资金，开发系统及服务，帮助需要长期护理服务的患者。将政府的医疗救助资金使用到非纯医疗领域（例如非自理老人的护理），可以很好地支持养老事业发展。在我国各级政府划拨养老财政补助资金主要给一些非营利性的养老机构，不利于培育市场化的养老产业。因此，建议拓宽我国医保资金使用的范围，扩大到非自理患者看护护理，可以促进养老产业化发展，进而激发社会资本投资经营养老地产的积极性。

（五）利用成熟养老地产为 REITs 提供稳定收益

目前我国养老地产处于起步阶段，在政策扶持、企业定位、规划设计、运营模式、配套设施和服务及公众认识等均存在不足，风险控制能力不足，收益稳定性较差，难以符合 REITs 稳定现金流收入的要求。因此，积极加快成熟养老社区建设，是吸引 REITs 投资的必备条件。在我国发展养老 REITs 初期，可以考虑采用美国净租赁经营模式，REITs 只能购买已建成的养老物业，REITs 只收取固定物业租金，REITs 自身对旗下物业不予日常运营，通过运营商经营物业。根据中央事业单位改革的精神，在推动党政机关培疗机构转型发展养老产业过程中，新设立的央企中国健康养老集团公司可充分利用 REITs 等创新融资手段，借鉴该模式中在投融资、适老化改造、专业运营等各个环节的有益经验，充分利用全社会的闲置资产转型发展养老产业，有效解决养老重资产投入的成本问题，在盘活资产的同时，有效解决产业发展过程中的融资问题，推动形成养老产业相关的标准和范本，发挥国有龙头企业示范作用，引领中国养老产业可持续健康发展。

第五部分

地方商贸

第一篇　加快推进珠海与澳门深度合作携手共建"一国两制"合作示范区[*]

李　俊

当前香港乱局未定，台湾地区开历史倒车，"一国两制"统一大业面临考验。相比之下，澳门地区经济社会发展稳定，对祖国内地认同感强，成为"一国两制"最重要的战略支撑。当前，应以澳门回归祖国20周年为契机，以规则制度衔接、基础设施互联互通、产业深度合作、社会治理协同、民心深度交流认同为重点，突出横琴新区作为珠澳合作的主平台地位，发挥珠海高栏港、珠海机场等重点功能区的各自优势，探索"澳门资源＋珠海空间"的合作模式，提升两地一体化融合发展水平，促进澳门经济适度多元发展、民生持续改善，不断彰显"一国两制"的生机与活力。

一、珠海-澳门携手共建"一国两制"合作示范区的必要性与紧迫性

（一）当前形势下建设珠海—澳门"一国两制"合作示范区具有重大战略意义

1. 建设珠澳"一国两制"合作示范区，是增强"一国两制"生命力，应对外部势力染指中国内政的最好举措

当前"一国两制"的实施面临异常复杂的外部环境。中美经贸摩擦久拖

---

[*] 此文发表于商务部研究院《决策参考》2019年11月18日。

不决，美国对华遏制之心不死，外部势力染指香港地区、台湾地区等中国内政，严重挑战我"一国两制"统一大业。防范和应对外部势力干预中国内政，最好的办法就是加强同香港地区、澳门地区、台湾地区在"一国两制"框架下的团结合作。设立珠澳"一国两制"合作示范区，可以树立澳门作为祖国统一大业的样板地位，探索"一国两制"框架下合作路径和模式，不断增强"一国两制"的生机与活力。

2. 建设珠澳"一国两制"合作示范区，可为解决香港问题提供示范、积累经验

当前的香港乱局，最根本原因是内部经济发展和民生问题使然，最根本的解决办法还是要在"一国两制"框架下，推进香港更好融入祖国发展大局，借助内地资源解决香港内部的发展问题和民生问题。在当前形势下，建设珠澳"一国两制"合作示范区，就是要发挥澳门特区作用，打造内地与澳门携手合作发展经济、改善民生的样板和示范，为内地与香港深化合作探索道路、积累经验。

3. 建设"一国两制"合作示范区，有利于澳门经济适度多元发展，做大做强粤港澳大湾区澳门—珠海一极

澳门回归祖国以来，经济繁荣发展、民生持续改善、人民对祖国认同感强；但是，也存在"一赌独大"、新兴产业成长乏力、土地和劳动力资源有限、医疗养老教育等还不能完全满足人民需求等问题。建设珠澳"一国两制"合作示范区，就是要借助珠海的力量，帮助澳门拓展发展空间、培育新兴产业。这不仅有利于提升澳门经济发展的可持续性和人民大众的获得感、幸福感，也有利于探索粤港澳大湾区合作新模式，做大做强粤港澳大湾区澳门–珠海一极。在粤港澳大湾区建设中，深圳肩负起了建设中国特色社会主义先行示范区的历史重任，珠海则应承担起建设"一国两制"合作示范区的历史使命。

（二）珠澳共建"一国两制"合作示范区的条件可行

1. 珠澳携手共建"一国两制"合作示范区符合两地战略初心。无论是1980年建设珠海经济特区、2009年国家设立横琴新区，还是2015年国家设立中国（广东）自贸试验区横琴片区，中央对珠海的定位十分明确，即探索

"一国两制"下的珠澳合作模式和路径。2018年10月22日，习近平总书记视察珠海横琴时进一步强调，建设横琴新区的初心就是为澳门经济适度多元发展创造条件。因此，建设"一国两制"合作示范区的重大使命就历史性地落在了珠海和澳门肩上。

2. 珠澳双方有基础有条件建设好"一国两制"合作示范区。珠海与澳门地理毗邻、人文相亲，两地深度合作具有先天优势和良好基础。经过多年发展，珠海横琴新区已经建设成为对澳合作的主平台和促进澳门经济适度多元化的首要载体，CEPA框架下珠澳合作稳步推进，粤澳中医药产业园、横琴澳门青年创业谷、中拉经贸合作园等珠澳合作平台初见成效，探索出台了一批利澳惠澳措施。口岸通关便利化取得重大进展，全国人大常委会授权澳门特区对横琴口岸澳方口岸区及相关延伸区实施管辖。从当前和未来合作趋势看，两地在产业深度合作、基础设施互联互通、要素自由流动、治理协同趋势将更加明显。因此，珠海和澳门完全有基础、有条件、有能力携手共建"一国两制"合作示范区。

二、建设珠澳"一国两制"合作示范区的总体构想

（一）建设目标

充分发挥珠海和澳门互补优势，以经贸合作为突破口，突出横琴新区作为珠澳合作的主平台地位，发挥珠海高栏港、珠海机场等重点功能区的各自优势，探索"澳门资源＋珠海空间"的合作模式，携手共建"一国两制"合作示范区，提升两地一体化融合发展水平，促进澳门经济适度多元发展、民生持续改善，为粤港澳大湾区合作提供示范和经验，不断彰显"一国两制"的生机与活力。

（二）建设方略

——秉持"共商、共建、共享"合作理念。建设珠澳"一国两制"合作示范区，必须坚持共同商议谋划，体现两地共同意志；共同建设推进，形成两地合力；共同分享利益，切实让澳门受益，着力解决澳门关注的经济社会

发展难题。

——在"一国两制"框架下探索制度衔接。建设珠澳"一国两制"示范区，重点是探索经贸和产业管理制度衔接，即在贸易通关、投资准入、商事管理、行业管理及部分社会管理制度上的相互认可、相互融合。

——以经贸合作为主，带动两地全面合作。"一国两制"合作内容广泛，但应坚持以经贸合作为主，切实促进澳门经济适度多元化，逐步解决澳门经济体量小、土地空间不足、产业发展受限等问题。在此基础上，带动两地在政府治理、社会保障、人文交流、人力资源、生态环境等领域深度合作。

——以澳门需求为导向，切实让澳门受益。珠澳合作要多从澳门的立场、意愿、基础、能力来谋划。合作的产业更多向服务型、消费型产业引导，合作的对象更多瞄准中小微企业。力争让更多底层澳门居民和中小微企业受益，从而增强对祖国大陆的认同和对"一国两制"的衷心拥护。

（三）战略定位

——规则制度衔接示范区。要在海关通关、市场准入、商事管理、行业管理、社会保障制度等方面相互认可、相互适用和融合方面形成示范。

——基础设施联通示范区。要在港口、机场、城市轨道交通、公路等基础设施的硬联通和相关管理及运营标准的软联通方面形成示范。以基础设施互联互通促进珠海和澳门两个城市的一体化、同城化发展。

——产业融合发展示范区。以科技创新、特色金融、文旅会展、医疗健康、商贸物流、专业服务等六大领域为重点，联合开拓拉美和葡语系国家市场，共同打造产业合作高地方面形成示范。

——社会治理协同示范区。携手增强澳门政府治理能力、扩大公共服务供给、完善社会保障体系，协助澳门解决养老、医疗、教育等困境方面形成示范。

——民心交流认同示范区。加强民间商协会、社区、企业、学校、医院、文化等机构的多渠道联系和交流，不断增强澳门对祖国大陆的认同感方面形成示范。

(四) 区域范围

珠澳"一国两制"合作示范区建设的主体包括珠海和澳门,承载合作示范区建设的地理空间在珠海。为更好推进合作示范区建设,根据澳门产业特色和珠海各区域优势,珠海内部不同区域对澳门合作的重点应有所侧重。

——横琴新区应是珠澳"一国两制"合作示范区的主平台、核心区和先导区。横琴新区具有开展对澳门合作的先天便利条件,且目前已经建成一批对澳合作平台和项目,在探索对澳合作方面最有基础、最有条件。横琴新区应与澳门重点开展文化、旅游、会展、金融、医疗、电子商务、免税购物、专业服务等领域合作。

——可将珠海高栏经济技术开发区(高栏港)和珠海机场区域作为珠澳"一国两制"合作示范区的重点功能区。澳门缺乏港口,而珠海高栏港是区域性深水大港,可开发利用土地较多,具备与澳门发展港口物流及占用土地较多的产业和项目的条件。另外,澳门机场与珠海机场具有协同发展的条件。因此,高栏港经济技术开发区应发挥深水大港优势,与澳门共建珠澳港航合作试验区,重点开展港口运输、仓储物流、保税维修、职业教育和培训、健康养老、度假旅游、游艇旅游等领域合作。珠海机场与澳门携手共建珠澳航空产业合作试验区,重点开展航空运输和物流等领域合作。

——珠海市主城区、珠海国家高新技术产业开发区、珠海万山海洋开发试验区等区域可发挥各自优势,积极谋划与澳门合作的重点领域和项目。同时,珠海周边的中山、江门可作为珠澳"一国两制"合作示范区的辐射区。

三、建设珠澳"一国两制"合作示范区的重大举措

推进珠澳"一国两制"合作示范区建设,中央支持是前提,规则制度对接是关键,重点设施互联互通是基础,商品、要素自由流动和产业项目合作是重点。

(一) 建议以中央政府文件的形式给予明确定位与支持

从新时代创新实施"一国两制"伟大实践的高度,党中央对珠海和澳门

携手共建"一国两制"示范区给予明确定位与支持。比照《中共中央国务院关于支持深圳建设中国特色社会主义先行示范区的意见》，建议研究制定《党中央、国务院关于支持珠海—澳门共建"一国两制"合作示范区的意见》，提出深化珠海和澳门合作，促进澳门经济适度多元化，探索"一国两制"合作路径、重点任务、重大项目，以及所需关键配套政策。

（二）推动两地制度规则无缝对接

海关通关规则。针对珠海横琴岛，探索施行完全的"境内关外"制度，海关查验后撤至二线，一线海关仅履行统计功能及防范枪支、弹药、毒品等危害国家安全的物品进入。在珠海与澳门的拱北口岸等，借鉴横琴口岸经验，实行"合作查验、一次放行"通关模式。

市场准入规则。借鉴欧盟内部"单一护照"经验，分阶段分步骤探索建立单向的澳门—珠海部分服务市场"单一护照"规则（即在澳门取得执业资格或经营牌照，即可在澳门和珠海两地设立经营机构，并开展相关经营活动）。

商事管理制度。探索在珠海区域范围内，澳门和珠海两地商事管理制度均可适用的规则制度，由企业自主选择适用内地或澳门的商事管理制度。

行业管理制度。借鉴澳门服务行业管理法规制度安排的经验，推动珠海在文旅会展、专业服务、工程建设监管、商贸物流、消费者维权、知识产权保护等领域，实现与澳门管理体制、政策、执业标准、监管规则等无缝对接。

社会保障制度。探索药品使用、医师执业、医疗保险、养老保险等澳门社保制度在珠海全境适用。推动珠海本地幼儿园和中小学教育资源向澳门居民开放。推动社会服务和保障体系无缝对接。

税收优惠安排。研究探索在珠海（横琴）就业和经商的澳门自然人和法人企业，实行澳门的税收优惠安排。

（三）推动珠澳基础设施互联互通

港口互联互通。把澳门自由港制度优势与珠海高栏港港口优势结合起来，引进澳门企业或机构入股高栏港，共同开发管理经营高栏港，把高栏港建设成为澳门的补给港、后勤港和国际枢纽港。对境内制造船舶在"中国高栏港"

第一篇　加快推进珠海与澳门深度合作　携手共建"一国两制"合作示范区

登记从事国际运输,视同出口,给予出口退税。澳门等地区船舶在"中国高栏港"登记从事国际运输,不征进口关税和增值税。

机场互联互通。以资本和利益为纽带,推动澳门机场与珠海机场业务分工、协同经营,澳门机场主要发展国际客运服务,珠海机场主要发展国际货运和国内旅客航线运输,两大机场建立业务共享和旅客直通机制。

公路互联互通。创新交通运输工具监管政策,进一步放宽澳门机动车辆出入珠海的数量限制。以港珠澳大桥通车为契机,进一步推动珠海与澳门无缝换乘对接。

城市轨道交通。共同投资建设珠海主城－横琴－澳门的城市轻轨环线,远期与广东中山、江门,以及广州－珠海高铁联通,以轨道交通进一步拉近澳门与内地的距离。

(四) 推动两地商品和要素资源流动自由便捷

货物贸易高度自由。将现有横琴岛的"分线管理"政策优化为"一线放开、二线管好、人货分离、分类管理",实现两地货物贸易高度自由。横琴"一线"主要管人,"二线"主要管货,基本实现横琴全岛"境内关外"。

人员流动自由便利。推动澳门居民在珠海工作、旅行、居住、生活、教育、就医等人员流动的自由化和便利化。允许具有澳门执业资格的专业人才经备案后,在珠海提供服务。支持在内地居民赴澳门签注和境外居民赴澳门签证有效期内,通过珠海口岸多次往返珠海与澳门。

资金自由便捷进出。允许在珠海(横琴)开展自由贸易账户本外币一体化功能试点。率先促进珠海(横琴)与港澳金融市场互联互通和金融(基金)产品互认。允许珠海(横琴)居民购买港澳金融产品。

信息和数据跨境流动自由。在珠海横琴打造趋同于澳门的互联网接入环境。支持珠海横琴建设直通澳门的光缆网和国际数据专用通道,实现珠海横琴与澳门资费统一、数据共享互认。在珠海试点开展数据跨境流动的安全评估。

(五) 谋划好珠澳合作的重点方向和重大项目

一是围绕科技创新、特色金融、医疗健康、文旅会展、商贸物流、专业服务六大领域，着力发展新兴产业合作。在科技创新领域，重点发展海洋科技、特色芯片、数字科技等。在特色金融方面，重点发展融资租赁、跨境保险、财富管理、基金运营等。在医疗健康方面，重点发展医药研发、医疗服务、健康管理等。在文旅会展方面，重点发展文化创意、主题公园、高端会议展览等。在商贸物流方面，重点发展旅游购物、免税消费、保税物流、生活服务等。在专业服务方面，重点发展工程设计、会计审计、法律、广告等。

二是支持珠海和澳门共同举办中国国际消费博览会。建设强大国内市场，繁荣消费、扩大内需，是我国应对外部市场变化，稳定国内经济增长的长远战略安排，亟须打造一个以促进消费为主题的国家级展会平台。鉴于珠海和澳门均为旅游消费型城市，建议中央支持珠海和澳门共同在横琴岛南部填海区域，兴建世界级国际展馆及相关配套设施，并定时定址举办具有世界影响力的中国国际消费博览会，努力使博览会成为引领全球优质消费、品牌消费、服务消费、时尚消费、智能消费、新品消费的主流平台。通过博览会带动娱乐、美食、购物、度假、酒店、旅游等多元消费，推动形成"住在澳门、展在横琴、游在两地"的合作新模式，打造"一国两制"框架下珠澳利益共同体的示范性项目。

三是共同打造中国与拉美和葡语系国家交流合作的纽带和桥梁。利用澳门与拉美和葡语系国家联系广泛的优势，全方位构建中拉商品国际交易、中拉跨境电商合作、中拉金融合作服务"三个平台"，加快建设中拉文化交流、中拉企业法律服务、中拉政策研究"三个中心"。加快建设中拉产业合作示范园区，支持企业通过澳门渠道扩大对拉美国家产品的进出口贸易。依托澳门优势，开展葡语（西语）培训。构建国际交往机制，联手澳门企业，争取在拉美和葡语系国家设立海外经贸代表处。加快建设中国与葡语系国家商贸合作服务平台，为进驻拉美的内地企业和投资中国的拉美企业提供综合服务，把珠海和澳门打造成为中国与拉美和葡语系国家交流与合作的纽带和桥梁。

第二篇　中国特色自由贸易港建设问题与探究[*]

朱福林

一、引言

海南建设自由贸易试验区，逐步探索、稳步推进中国特色自由贸易港建设，是习近平总书记亲自谋划、亲自部署、亲自推动的重大国家战略。这是站在新时代中国对外开放、构建开放型经济新体制背景下又一次具有划时代意义的改革试验。对于初尝自贸试验区的我国来说，探索建设中国特色自由贸易港这一最高水平开放型经济体制是一项全新课题。

自由贸易港，是自由贸易区的最早形态，是目前全球开放水平最高的特殊经济功能区。从历史上看，最早的自由贸易港出现在欧洲，这与其率先实现资本主义萌芽、较早开展国际贸易休戚相关。法国在13世纪就开辟马赛为自由贸易区。1547年，意大利的雷格享（今里窝那港，英文为Livorno）被定名为世界上第一个自由贸易港。随后产生的滚雪球效应促使欧洲一些其他国家也意识到自由贸易港对经济与贸易的巨大促进作用，陆续将一些港口开辟为自由贸易港。不断兴起的全球化浪潮将世界每一个角落囊括进来。全球自由贸易港之风从地中海蔓延到欧洲，在世界各地盛行起来。1842年，香港成为推行自由贸易政策的自由贸易港，范围包括整个香港地区。二战后，发展

---

[*] 本文发表于《当代经济管理》2019年第12期。

中国家和地区为了刺激经济增长，通过不同方式采取自由贸易港政策吸引外资参与全球链构造并获得不菲收益。

世界上很多国家运用自由贸易港这种有效政策工具达到了促进经济产业增长的目的，但在有些国家实施效果并不尽如人意。例如，印度经济特区因基础设施落后、政策波动等原因而失效。创办经济特区并不是轻而易举的事，那种认为通过发布公告、拨出土地、提供赋税减免就能实现经济增长的想法只是一厢情愿，特区经济的成功并不仅仅是政策给足就能实现。因此，自由贸易港不是一蹴而就能完成的，需要经历时间与历史洗礼以及对人员的不断培育才能达到。

自由贸易港拉开了对外开放新高地建设序幕。40多年来的实践充分证明，对外开放是推动中国经济社会发展的重要动力，凡是对外开放政策贯彻得好的地区，经济增长、人民生活、社会进步及民智开放等多项有利收益都比开放进程较慢的地区要好。回顾40多年改革开放历程，中国人民在党的带领下冲破过时意识形态以及各种不符合时代发展的体制机制束缚，终于"杀出一条血路"，我国人民从来没有像今天一样离小康生活如此之近。但必须警醒的是，改革开放向前难、向后容易，绝不能因为一点成就便沾沾自喜，盲目膨胀，失去理性，面对国内外复杂新形势应以更大的勇气推进改革开放新征程。一定程度上，自由贸易港代表了新一轮国际供应链分工发展的新趋势。

过去一轮改革开放主要侧重于以关税减让为主要内容的边境措施，我国通过加入WTO、发展外向型经济带动整个国家经济增长。目前，从规模上来看，我国成为仅次于美国的第二大经济体，是世界上仅有的两个GDP超过10万亿美元的国家之一。仅仅通过关税减让这种相对初级的开放就能实现如此大的经济成就，更不用说以边境内开放为核心的高水平开放所能激发的潜在增长势能。目前，中美贸易冲突正持续升级，美国已对来自我国的2500亿美元商品加征关税，涵盖中国2017年对美出口的一半左右。对此，一方面，我们要奋起反对这种不利于自由贸易的做法，为避免陷入囚徒困境不利一方而进行反击；另一方面，我们也要清醒地意识到自身存在的问题，充分认识这些问题的解决是与新时代高质量发展一致的，也是经济转型升级的必然要求。创新驱动发展也不可能由之前的开放模式、增长方式实现，必须推行更高水平的开放倒逼国内改革进一步释放要素活力。

党的十八大以来，最高决策层反复强调改革是中国实现现代化的"关键一招"，在改革深水区"再深的水也要蹚"。因此，借鉴世界著名自由贸易港发展经验、汲取海南特区 30 年发展经验教训、结合新时代国内外政经形势特点，探索海南自由贸易港发展模式是一项以改革促开放，并最终形成新格局的重要方略。

二、世界自由贸易港概念界定、发展现状与最新趋势

中央、国务院支持海南建设自由贸易港，那首先面临的问题就是什么是自由贸易港，目前世界自由贸易港发展到何种程度，以及未来趋势特点是什么。既然提出建设自由贸易港，那就必须具备自由贸易港的一些必备要件，否则就是名不符实，也达不到打造改革开放新高地的目的。更进一步，还需回答自由贸易港的中国特色体现在何处。对这些问题的探索可以为我国自由贸易港建设指明方向及时跟上国际时代步伐。本研究将尝试对这些问题进行阐述。

从历史上看，最早的自由贸易港出现在欧洲，这与其率先实现资本主义萌芽、较早开展国际贸易休戚相关。法国在 13 世纪就开辟马赛为自由贸易区。1547 年，意大利的雷格亨（今里窝那港，英文为 Livorno）被定名为世界上第一个自由贸易港。随后产生的滚雪球效应促使欧洲其他国家也意识到自由贸易港对经济与贸易的巨大促进作用，陆续将一些港口开辟为自由贸易港。不断兴起的全球化浪潮将世界每一个角落都囊括进来。全球自由贸易港之风从地中海蔓延到欧洲，在世界各地盛行起来。1842 年，香港成为推行自由贸易政策的自由贸易港，范围包括整个香港地区。二战后，发展中国家和地区为了刺激经济增长，通过不同方式采取自由贸易港政策吸引外资参与全球链构造并获得不菲收益。

（一）自由贸易港概念界定

目前，学术界对自由贸易港还未形成高度统一的说法，但对自由贸易港所具有的一些特征达成共识。例如，自由贸易港是一块"境内关外"经济飞地性质的封闭区域，而且是目前全球开放水平最高的经济特区，但对自由贸

易港的具体定义不是十分确定。就其特殊封闭特征来看，自由贸易港属于《京都公约》（2006年）对自由贸易园区的定义，即"指缔约方境内的一部分、进入这一部分的任何货物，就进口税费而言，通过视为在关境之外"。陈永山（1988）指出，自由贸易港与自由贸易园区一样，但又比自由贸易园区更为自由，是最完整形态的自由区。桑百川和邓寅（2018）、赵晋平（2018）指出，自由贸易港是设在一国或地区境内关外，货物、资金、人员进出自由、全部或绝大部分外国商品进出免征关税的特定封闭区域。余淼杰等（2018）也提出相似定义，并认为自由贸易港的主要特征是"境内关外"，这也是港口国际化的标志。杨枝煌（2018）认为，自由贸易港又叫自由口岸，除外国商品进出港口免除交税外，还可在港内自由改装、加工、长期储存或销售，但须遵守所在国的有关政策和法令。可见自由贸易港的产生与海关监管制度密切相关，是重要的临港经济带。竺彩华等（2018）指出，自由贸易港一般依托海港而建，但也不局限于此，还有依托内河港口和空港而建的。对此，朱福林（2018）提出，为避免混淆应将自由贸易港限定为具有海洋港口或其临近区域的情况，而对不具有海洋港口但实行自由贸易港政策的区域可统一称为自由贸易区。世界上著名自由贸易港基本都是依靠世界主航道而建，如曾经的汉堡自由港是连接欧洲东西南北货运的重要交汇点。

根据定义，自由贸易港的特征包括：（1）监管的特殊性。自由贸易港免于惯常的海关程序，实行"一线放开、二线管住、区内自由"的监管模式，境内货物自由进出港并在港内可进行自由装配等操作活动；（2）提供减免税优惠。自由贸易港除对大部分商品免征关税之外，还对企业所得税、增值税、个人薪俸税等都有减免政策，这也是吸引外资的重要诱惑点；（3）自由化程度高。除商品自由进出外，自由贸易港还享有很高的投资自由、金融自由、人员自由，表现为投资的便利化程度很高，资金可自由汇总、汇进汇出不受限制，外籍人员进出自由；（4）离岸性。与自由贸易区以在岸贸易为主不同的是，自由贸易港主要发展离岸贸易、离岸金融。离岸贸易是指注册地在离岸法区，但可以将境外货物销往企业注册地之外的国家或地区，这里"离岸"的含义就是指投资人公司注册地在离岸法区，如英属维尔京群岛、开曼群岛等，但其业务运作在注册地之外的世界各地开展。自由贸易港须具有发展离岸贸易的港口软硬件设施和配套的金融制度，因此可以在离岸贸易基础上进一步发展离岸金融。

就自由贸易港类型来看，（1）按自由度标准，可分为完全自由和有限自由，实际中的自由贸易港都是有限自由，完全自由的还没有；（2）按范围来看，一类是包括港口及其所在城市，如香港，一类是仅包括港口及其所在城市的一部分，如汉堡自由港；（3）按界限来看，一种是有明确的界限，通常用物理围栏方式隔离，有专门的进出口，如欧洲哥本哈根、不莱梅等；另一种是与非自由港之间没有明确区域界限，比较分散，不连成一片，比较典型的是美国的对外贸易区（相当于自由贸易港，美国的独特叫法）；（4）按是否有腹地可分为腹地型自由贸易港和非腹地型自由贸易港，前者指港口拥有强大的经济腹地支撑，如汉堡港。后者指缺乏经济腹地的自由贸易港，全部依赖贸易中转，如巴拿马自由贸易港。

（二）自由贸易港发展现状与趋势

目前全球自由贸易港具体数量因学者们各自定义差异而有所不同，究竟有多少个还是个未知数。黄志勇和李京文（2012）认为，全世界约有600多个自由港。竺彩华、李光辉等（2018）认为，迄今全球已有逾千个自由贸易港，其中2/3以上在发达国家和地区，主要是西欧和北美地区。桑百川和邓寅（2018）认为，目前，全球拥有130多个自由贸易港和2000多个与自由贸易港内涵和功能相似的自由经济区。但由于在很多学者定义中，自由贸易港与自由贸易区这两个概念几乎可以等同，在不做严格区分的情况下数量显著增大。陈诚等（2018）认为，400多年以来，全球119个国家和地区累计设立了3000多个自由贸易港（区）。在缺乏公认定义和标准的前提下，确定全球自由贸易港的数量是有困难的。但全球范围内香港、新加坡、釜山港、迪拜港、吉布提、鹿特丹港等知名自由贸易港获得高度认可，目前已成为重要的国际贸易集散与交易中心、金融中心。具体到我国，若按"境内关外""免税"等标准来衡量，目前分布于各地的135家海关特殊监管区均未达到自由贸易港定义，其中16个保税区具有一定的自由贸易区功能，最接近自由贸易港概念的是保税港区，其中上海洋山保税港区是我国第一个也是发展水平最高的保税港区。

自由贸易港本质上是港口与自由贸易园区的叠加，属于经济飞地性质，通过让渡一部分经济主权实现贸易投资便利化，是经济特区的豪华版。自由贸易港是一定经济历史阶段的产物，每一个阶段的条件、任务和使命都是不同的，自由贸易港的形态与功能因而也不断演化。早期的自由贸易港主要从事转口贸易，表现为贸易型形态，这与当时商品经济的国际化规模与程度相适应。二战后，经济全球化趋势逐渐加强、国际分工不断细化，原先相对单一功能的自由贸易已无法适应新形势的要求，工贸型自由贸易港顺应时代需求成为主流，特别是在发展中国家和地区大量涌现，其对东道国要素增值、出口创汇和扩大就业具有重大促进效应。除转口贸易之外，现代自由贸易港还具有储存、展览、拆散、改装、重新包装、整理、加工和制造等功能。自20世纪80年代以来，自由贸易港功能在工贸型基础上又扩展到金融、旅游、购物等高级服务配套，其形态也逐渐转向综合型发展，典型如新加坡。随着全球价值链分工日益精细及现代JIT制造对供应链要求不断提高，自由贸易港产业逐渐升级，服务业开放成为自由贸易港高标准、高形态的重要标志。一定程度上，自由贸易港的综合型就体现在生产性服务业的嵌入与聚集上。

三、海南建设中国特色自由贸易港面临的主要问题与挑战

2018年4月13日，中共中央总书记、国家主席习近平在庆祝海南建省办经济特区30周年大会上宣布，支持海南全岛建设自由贸易试验区，逐步探索、稳步推进中国特色自由贸易港建设，分步骤、分阶段建立自由贸易港政策和制度体系。习近平表示，这是中共中央着眼于国际国内发展大局，深入研究、统筹考虑、科学谋划做出的重大决策，是彰显中国扩大对外开放、积极推动经济全球化决心的重大举措。自由贸易港的推进赋予海南经济特区改革开放新的使命，将进一步推动我国对外开放制度环境的改善和制度质量的提升，加快由政策型开放向制度型开放的过渡，不断释放制度红利。但作为一种新的尝试，海南自由贸易港建设具有一定优势但也会遇到较大挑战。

（一）海南自由贸易港可用市场容量有限

根据国际经验，凭借区位优势产生巨大市场容量是造就一个成功自由贸易港的前提，只有市场容量足够大才能产生庞大的物流、人流、资金流，促

使其成为国际贸易中心、航运中心或金融中心。例如，新加坡位居太平洋及印度洋之间国际海运枢纽，市场辐射远东地区、整个亚太。汉堡港地处欧洲南北和东西航线交汇点。由于海南缺乏广阔的发展腹地和强劲的市场需求，且面临周边海域国内外成熟港口的竞争，海南自由贸易港的建设存在市场容量不足的突出难题。一是海南省本地市场容量有限。据海南省统计局信息，2017年全省地区总产值4462.54亿元，占全国总量0.54%。通过横向比较也可以看出海南发展差距的拉大。自设立经济特区以来，海南省GDP增长相对缓慢，1988年海南省GDP占全国前三甲江苏、广东和山东的比重分别是0.06、0.07和0.07，而2017年这一比值下降至0.05、0.05和0.06。全省常住居民人均可支配收入为22553元，为全国的86.3%。从经济、人口、进出口规模来看，海南自身无法产生自由贸易港所需的要素流量。二是海南也很难大量、有效地利用到周边广东、香港、澳门等地的市场容量。这些地区都各自拥有不少设施先进的优良港口，为了促进当地经济发展而不可能惠及到海南。而且目前海南基础设施、营商环境与之相比还存在一定差距，从而无法形成虹吸效应。三是与海南隔海相望的北部湾城市群其经济体量和外向型产业规模也比较有限，且海南与北边大陆的交通还存在很大瓶颈，无跨海大桥或隧道与内陆直接连接，因此北部湾即使有一定的市场容量也无法形成对海南较大的有效供给。总之，由于缺乏强有力的腹地经济支撑，海南目前可利用到的现有市场容量还远达不到自由贸易港的要求，很难形成相当规模的国际贸易商品流量，也就难以形成强有力的要素聚焦。

（二）海南开放型经济发展基础较为薄弱

历史上，围绕特区概念炒起的房地产泡沫终于在20世纪90年代被刺破，留给海南的只有烂尾楼和盘根错节的债务纠纷，海南因此陷入"失去的10年"，错失了难得的发展机遇。在此期间，中国加速向劳动密集型产业转型，奠定世界工厂基础，沿海省份迎来飞速经济增长，逐渐与海南拉开了距离。从对外贸易来看，作为最大的经济特区，长期以来海南货物出口占全国货物出口比重一直保持低位。（见图1）在经历了初期经济特区政策利好红利之后，自1993年之后呈走低态势，直至2005年到达最低点0.34%，2006—2014年徘徊在0.6%左右，由于2015年增速426%，[④]比重提升至3.8%，而

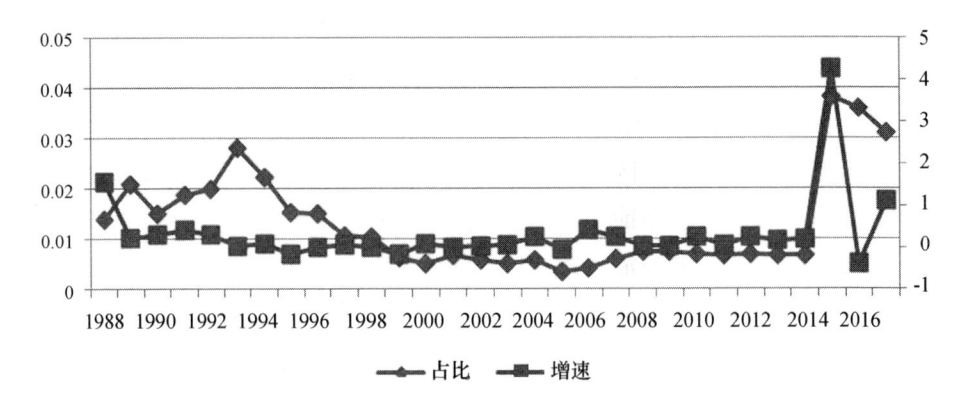

图 1　海南出口增速及占全国出口比重

资料来源：UNCTAD，海南统计年鉴 2018。

2016－2017 年下降至 3.5% 和 3.1%。这一定程度上说明海南出口型经济缺乏强有力的后劲支持，未能发挥出经济特区应有的拉动效应，即使"南方讲话"与入世这两个最重要的改革开放事件也未能给海南出口注入强心剂，足见海南房地产疯狂发展及泡沫破灭对海南外向经济的不利影响之深。从贸易差额来看（如图 2 所示），自 2001 年我国加入世界贸易组织以来，海南持续保持货物贸易逆差状态，而且逆差呈持续扩大趋势，直至 2017 年才有所收窄，说明海南货物贸易竞争力不强且一直未得到根本扭转。从 FDI 来看，长期以来，

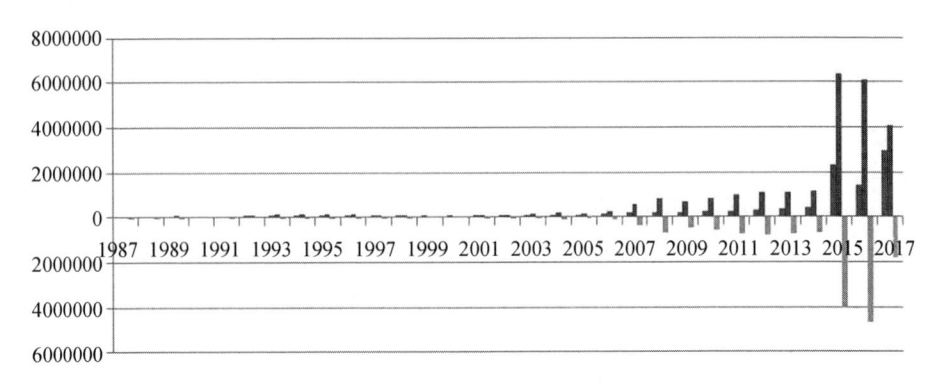

图 2　海南省进出口总额与差额

资料来源：海南统计年鉴 2018。

海南外商直接投资来源地较为单一，主要依赖亚洲地区。2012 年来自亚洲地区的 FDI 占海南全部 FDI 的 84.2%，2014 年这一比率攀升至 93%，2016 年和 2017 年接近 100%。"与凤同行，必是俊鸟。"不难发现，全世界范围及我国利用欧美外资比较多的地区其经济发展水平也较高。海南 FDI 严重依赖并不发达的亚洲地区导致其不能从全球技术源头的发达国家获得竞争、模仿、技术、管理及制度等多方面溢出效应。从服务国际化来看，尽管近年来海南服务业发展较快，但与发达地区特别是国际先进水平相比仍有不小差距。市场主体特别是龙头企业偏少、国际化水平低等短板成为制约海南服务业对外开放短板。以国际旅游业为例，海南旅游产业国际化水平还较低。2010 年，国务院发布支持海南建设国际旅游岛的利好政策，然而再一次的疯狂炒房让国际旅游岛的发展失焦。目前，海南所有游客中海外游客的占比很小。2017 年，每 60—70 个人中只有 1 个左右是海外游客，与国际旅游岛的称谓还相差甚远。

（三）产业发展缓慢导致中高端人才短板效应显著

长期以来海南的产业、经济体量、开放型经济发展程度不高等因素，导致其人才严重不足，成为制约海南快速发展的主要因素之一，也是自由贸易港建设过程中面临的最关键问题。根据曾翔（2018）的研究，人口净迁移率与经济增长互为正向促进关系。经济因素构成人口迁移的最基本动机，高工资收入的城市越能吸引到人口聚集，同时迁移带来的劳动力和当地技术、资本的结合产生更高的生产率，促进迁入地的经济发展。从人口结构来看，海南省人口基本上为常住户籍人口，2017 年海南总人口为 925.76 万，其中户籍人口 910.41 万，占比 98.34%。而同为经济特区的深圳则情况大为相反。2016 年，深圳总人口为 1190.84 万，其中户籍人口 384.52 万，占 33.3%，非户籍人口为 806.32 万，占 67.7%。说明相比于深圳，海南对外来人才缺乏吸引力，最主要还是经济因素。2017 年海南省平均年工资为深圳的 77%，实际上差距可能更大。经济产业发展不力则无法创造就业机会，也就无法带来外部劳动力，从而不可能获得理论上人口迁移与经济增长双向互为促进的良性循环效应。另外，海南面临着严重的服务业人才缺口。虽然海南的服务业占比也达到 56.1%，但与深圳相比海南的服务业产业发展水平和结构较为落后，尤其是在信息技术产业、金融业、研发服务业等现代服务业上差距巨大，如

图 3 所示，海南省 GDP 仅为深圳的 21%，但同期信息产业、金融业、科技服务业仅为深圳的 7%、10%、8%—9%。相关专家也指出，海南传统服务业占比多，现代服务业少，而发达的现代服务业是现代化经济体系的一个显著特征，中高端生产性服务业能创造大量高收入工作机会，这是导致海南面临中高端人才困境的主要原因。再者，海南外向型经济产业发展比较落后，跨国资本进入较少，导致相应的外向型经济所需的专门人才较为缺乏。

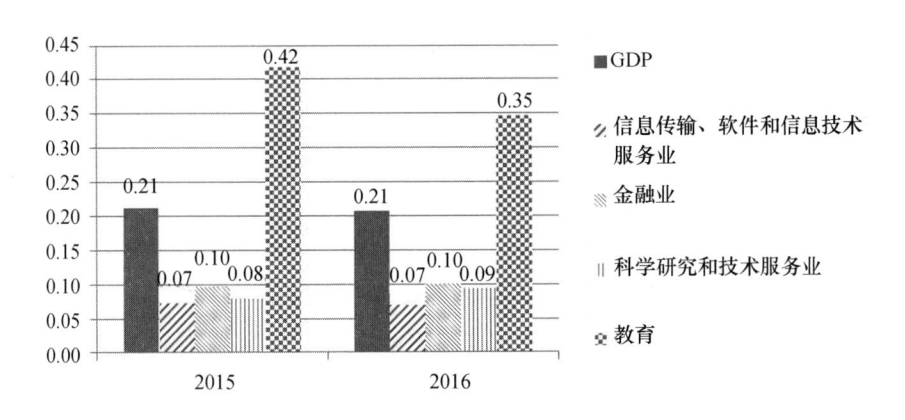

图 3　海南与深圳现代服务产业发展比较

注：数字代表海南占深圳的比重
资料来源：海南统计年鉴 2018，深圳统计年鉴 2017。

（四）海南营商环境与贸易投资便利化高标准具有不小差距

能否建设成对外开放新高地，关键在于能否构建具有强大虹吸效应的投资洼地。据相关报道，海南省前些年引进的一名"千人计划"人才，由于承诺提供的科研配套车间和技术平台用地没有及时兑现，在等待了一段时间无果后离开海南前往长三角创业。据 21 世纪经济研究院发布的《2016 年投资环境指数报告》显示，海南投资环境指数在全国排名倒数第二。海南省发改委《提升海南营商环境研究报告》指出，2011—2016 年以来，海南在全国 31 个省份政府效率排名由 29 位下降至 31 位。另据 2017 年城市信用状况简报显示，2017 年海南省城市信用体系建设总体较为落后，海口市综合信用指数得分在全国 36 个省会及副省级以上城市中排名 20 名以外，在 261 个地级市排名中，仅三亚市排名居前第 15 位。

1987—2017 年，海南地区生产总值、人均生产总值、地方财政收入分别增长 21.8 倍、14.3 倍、226.8 倍，财政收入增速远远超过价值生产增速。海南自 1988 年就开始建设经济特区，具有相当大的政策制定空间，然而营商环境却未能提高，上述数据倒挂也可能说明一定问题。

另据海南省发展改革委 2018 年 9 月 3 日公布的《海南营商环境建设大数据分析报告》指出，首先，在国际化营商环境建设方面，海南省专业服务供给不足，专业服务机构数量严重偏少。一是海南省法律服务水平相对落后，律所数量严重不足，可能是因为能够达到开设律所水平的资源律师数量相对较少。二是会计师事务所数量少，国际知名"四大"中仅安永、普华永道在习近平总书记发表"4·13"讲话后在海南设立了分所，之前一直没有。国内比较有名的"八大"？中仅致同、立信、大华在海南设立分所。三是在金融专业服务方面，进驻海南的资产评估机构、咨询公司、金融机构的"量"和"质"亟待提高。其次，在便利化建设方面，很长时间内存在行政效率偏低、审批事项繁多等增加企业开办时间和制度性交易成本的问题，在 2018 年推行"极简审批"之后得到明显改善，但"极简审批"还没有在海南全省范围得到全面推广。第三，海南在营商环境的辅助环节上也有明显差距。除市场容量和营商环境之外，就业、教育、医疗、生态、人文、生活便利性等与人才吸引相关的环境因素也是资本与企业重点考虑的因素。海南省生态环境明显优于其他省市区，但在就业、教育、医疗、人文等方面的建设历史欠账较多，目前仍处于追赶阶段，这些也对海南自贸区和中国特色自贸港建设造成很大掣肘。第四，外向型经济发展管理经验的增长需要一个积累过程，但由于长期以来海南外向型产业比较薄弱，无法形成外向型经济的社会治理能力的积累，因而在创造有利于外资的营商环境方面略显经验不足。

四、探索海南自由贸易港建设的战略思路

按照海南全岛 3.5 万平方公里的面积来算，海南将成为全球最大的自由贸易港，面积远超新加坡、香港地区与迪拜。在如此大面积的全岛区域建设自由贸易港是世界首例，并肩负制度创新、政府职能转变、深度开放、风险

管控等重大改革任务，没有现成经验与模式可循，还需逐渐摸索并形成经验逐步推进。海南探索建设中国特色自由贸易港，一方面要学习国际成熟先进自由贸易港发展历程规律经验，对标国际最高标准，着重借鉴香港地区、新加坡、迪拜等国际上比较知名成功的自由贸易港建设成长模式，另一方面结合国际经贸投资发展趋势、国内经济社会发展阶段以及海南本土资源和产业优势，通过建设自贸区并向中国特色自由贸易港逐渐过渡。目前海南最为紧要的就是要弥补短板，不断扩大市场规模、大力发展重点产业，加大服务业开放，营造宜业宜居的综合环境。

（一）积极融入粤港澳大湾区不断扩大经济规模

为解决海南自由贸易港建设面临的市场规模有限难题，凭借海南与大湾区多个城市相邻以及在经贸、旅游和文化等方面的密切联系，通过积极主动融入粤港澳大湾区是目前有效快速扩大市场容量的重要办法。十九大报告中非常明确地提出，要求通过各个方面包括国家层面，广东方面、香港方面、澳门方面共同努力，一定能够把大湾区建设得更好。为搭上这列国家级快车，避免被边缘化，海南应主动加强与粤港澳三地的区域经济合作，充分利用自由贸易试验区和自由贸易港特有的制度与政策优势吸引粤港澳产业投资。目前粤港澳大湾区已初具国际一流湾区的特征，人均 GDP 超过 2 万美元，达到世界银行的发达标准，是继美国纽约都会区、美国大洛杉矶地区和日本东京都市圈之后，世界第四大湾区。据《2017 年度珠三角竞争力报告——大湾区》，2017 年，粤港澳大湾区经济总量已超过旧金山湾区，接近纽约湾区水平，以目前快速增长的速度，有望在五年内超越东京湾区，成为世界经济总量第一的湾区。大湾区的经济总量、经济质量、经济潜力、产业实力、开放型经济发展程度等都在国家经济中占据重要地位，国家也希望通过粤港澳大湾区建设，支持香港地区、澳门地区进一步融入到国家发展大局之中。2018 年 4 月 14 日国务院发布的《关于支持海南全面深化改革开放的指导意见》（以下简称《指导意见》）也提出，依托泛珠三角区域合作机制，鼓励海南与有关省区共同参与南海保护与开发，共建海洋经济示范区、海洋科技合作区。密切与香港地区、澳门地区在海事、海警、渔业、海上搜救等领域的合作，积极对接粤港澳大湾区建设。加强与台湾地区在教育、医疗、现代农业、海洋资源保护与开发等领域的合作。深化琼州海峡合作，推进港航、旅游协同发展。

（二）发挥"一带一路"重要海上支点作用打造开放新格局

借助"一带一路"倡议，海南可发挥面向东盟最前沿的区位优势，不断扩大对外开放，深化与"一带一路"沿线国家和地区的互联互通。据国家发改委消息，截至2018年6月，中国与"一带一路"沿线国家货物贸易累计超过5万亿美元，在沿线国家建设的境外经贸合作区总投资289亿美元，并且与"一带一路"沿线国家服务贸易的巨大发展潜力随着合作机制不断完善逐渐释放。"一带一路"倡议的推进成为我国构建全面开放新格局的重要组成部分，海南最大的区位优势来自南海，管辖海域面积约200万平方公里，是重要的东南亚重要的物流通道，经南海航道的船舶每年有10万多艘，日韩地区90%以上的石油输入，全球1/3以上的国际贸易和我国3/4以上的进出口货物都依赖南海航线，东南亚也是"一带一路"国际合作的重要地域。海南应充分利用这一区位优势，以自由贸易试验区和自由贸易港建设为契机，推动以泛南海为重点的区域一体化，打造21世纪海上丝绸之路重要支点及面向太平洋和印度洋的重要开放门户。《中国（海南）自由贸易试验区总体方案》中提出，加强与"一带一路"沿线国家和地区的国际合作是海南加快构建开放型经济新体制的重要组成部分，同时也是推进自由贸易试验区与自由贸易港建设的重要方面。为此支持"一带一路"沿线国家在海南设立领事机构，共同开展多种形式的科技创新合作，如科技人文交流、共建联合实验室、科技园区合作、技术转移等；推动海口、三亚与"一带一路"沿线国家和地区扩大包括第五航权在内的航权安排，提高机场保障能力，吸引航空公司开辟经停海南的国际航线。与"一带一路"沿线国家和地区设立的各种自由贸易园区加强经贸互动、拓展交流合作与功能对接。

（三）以服务业为重点发力领域推动海南高水平开放

习近平总书记"4·13"讲话中明确要求，"海南发展不以转口贸易和加工制造为重点，而要以发展旅游业、现代服务业、高新技术产业为主导"。《指导意见》对海南服务业开放提出具体要求和扶持政策，不仅支持海南设立国际能源、航运、大宗商品、产权、股权、碳排放权等交易场所，还明确指出要重点发展旅游、互联网、医疗健康、金融、会展等现代服务业，加快服务贸易创新发展，形成以服务型经济为主的产业结构。2018年9月24日国务院出台的《中国（海南）自由贸易试验区总体方案》（简称《总体方案》）也是围绕三大产业进行规划的。《总体方案》提出了加快构建开放型经济新体制和加快服务业创新发展两大任务，其中一大亮点就是大幅放宽外资市场准入，主要集中在服务业领域。纵观历史，世界知名的自由贸易港都是先靠转口贸易起家，二战后又增设加工贸易功能，然后逐步向高级形态转型升级，最后发展成以现代服务业为主导的开放生态。从规划来看，海南自由贸易港是跨过加工贸易和转口贸易阶段，直接以服务业开放和服务贸易为主导，这也符合当前全球服务业开放大趋势，但实际上是对海南产业开放提出的更高要求。就目前来看，我国在一般制造业已基本放开，未来高水平开放的突破点也主要集中在服务业。事实上，现阶段所谓高水平开放实质上就是服务业高度开放。目前除经济特区、自贸试验区、自由贸易港重大政策支持之外，海南还拥有诸多其他地区无法比拟的政策优势集合，如以博鳌亚洲论坛领衔的多个国家外交平台、博鳌乐城国际医疗旅游先行区、国际旅游岛等，应充分利用这些利好政策形成资金、产业、人才等要素聚集。充分利用海南自身已有产业基础，在一些重点服务领域加大开放力度，吸引国际知名服务业跨国公司落地。利用独特封闭地理单元优势，在外商独资医院、养老、教育、游轮等方面探索更高自由度。仿照国际先进自由贸易港制度，最终实现"准入前负面清单"开放管理模式。据华中科技大学自贸区研究中心执行主任陈波分析，目前服务业开放是国内外压力最大的改革项目，也是目前其他11个自贸试验区共同面临的任务与挑战，还尚未破题，开放进程比较缓慢，如果海南能在现代服务业上破题将功劳巨大。

（四）全面深化市场化改革大力提升海南营商环境

迟福林（2018）指出，海南建设自贸试验区和中国特色自由贸易港，首先要在改善营商环境上有重大突破。海南省是具有一定封闭性的岛屿型经济，资源与市场两头在外，市场相对狭小，必须通过优化营商环境，才能更好地开展招商吸引国内外资本进驻。从大的方面来看，营商环境的建设涉及中国改革的核心问题——政府与市场的博弈。作为制度创新试验平台，海南应进一步厘清政府与市场边界，明确政府与市场的定位和关系，各司其职。政府要转变职能，甘当服务企业的"店小二"，放下姿态、用心倾听、深入一线触摸企业发展的痛点、堵点，强调服务精神。为企业长远发展提供公平竞争的市场环境，政府要履行好"宏观调控、市场监管、社会管理、公共服务"的职能，进一步完善市场经济的法律规范体系和调控市场的宏观管理机制，努力提升现代化社会治理水平。借鉴香港地区、新加坡的经验，在全岛范围内实施企业自主登记制度；全面推广法人承诺制，实施企业简易注销制度；取消一般投资项目备案制；推行"最多跑一次""一次就办好"的简易高效工作机制。在海南率先建立"多管合一"的大市场监督体制，推动以发展促进为导向的监管模式。取消城乡二元户籍制度，实施全省统一居住证管理制度。探索推进与自由贸易港建设相适应的司法体制改革，加强知识产权保护力度和信用体制建设。另外，加快港口软硬件更新建设，大幅提高服务能力，采用先进的电子信息网络和通信技术实现港口物流、航行、监管的高效运作，实现港口与政府部门信息一体化，加强信息横向分享。

（五）通过加强立法、守住底线与管制风险形成全方位组织保障

自由贸易港制度与政策不可避免地具有突破性，因此要加大改革授权力度，充分利用海南单独地理单元优势大胆进行制度创新。按照国际通行"先立法、后设区"的做法，应针对性地推进自由贸易港建设过程中所涉及的相关立法工作，如从中央层面出台《海南自由贸易港法案》，以特别法的形式明确海南自由贸易港的法律定位。海南省充分利用全国人大授予海南经济特区较大立法权，根据具体情况和实际需要调整不合时宜的各种规章制度，创建自由贸易港所需的政策与制度环境。除国家层面的立法外，作为直接管理者，海南地方政府还要制定相应的规章条例，如《海南自由贸易港管理条例》，规范自由贸易港区内的各种活动，让港区管理者、运营者和投资者等各类参与者有法可依、有章可循，提高建设规范和加强建设预期。

自由贸易港的核心在于自由，但同时建设中国特色自由贸易港，也应守住底线。海南自由贸易港建设应对标国际标准、借鉴世界著名自由贸易港发展经验，同时也要体现中国的特殊性。《指导意见》中提出的基本原则体现了

中国特色，其中第一条就是坚持和加强党对改革开放的领导，把党的领导贯穿于海南全面深化改革开放的全过程，培育践行社会主义核心价值观，确保改革开放的社会主义方向。

自由贸易港制度与政策体系使风险敞口扩大，为此应加强风险防控避免出现重大风险。自由贸易港的本质特征在于开放自由和便利化，货物、资金及人员的国际进出流动性大，方便贸易投资的同时也要防范重大风险。《指导意见》和《总体方案》都明确提出这一问题，要加强贸易风险、金融风险防控体系建设，建立健全事中事后监管制度，实行"双随机、一公开"监管，优化海关监管方式、加强口岸风险防范，提高违法成本，创设诚信机制。

第三篇　优化营商环境的成都实践[*]

李　俊　高宝华

一、成都建设国际化营商环境先进城市的战略意义

营商环境是一座城市走向世界的名片，是城市参与全球合作的核心竞争力。2018年，我国《政府工作报告》明确指出，优化营商环境就是解放生产力、提高竞争力，要破障碍、去烦苛、筑坦途，为市场主体添活力，为人民群众增便利。随着众多领事机构、世界500强企业、国际地区航线入驻成都，以及"成都造""四川造"的商品和服务不断进入全球市场，成都的国际化日益明显。成都建设国际化营商环境先进城市，对于推动城市高质量发展、提升城市综合竞争力、稳步实现"三步走"的战略目标，均具有重要的战略意义。

第一，这是成都走高质量发展之路的内在要求。2017年中央经济工作会议明确提出，中国特色社会主义进入了新时代，我国经济发展也进入了新时代，推动高质量发展是当前和今后一个时期确定发展思路、制定经济政策、实施宏观调控的根本要求。成都也明确提出要走"科技含量高、资源消耗少、环境影响小、质量效益好、发展可持续"的高质量发展之路，这就要求营商环境也要走高质量发展之路，建设与高质量发展相匹配的营商环境。成都推进国际化营商环境先进城市建设，不仅有利于全力改善市场投资、政务服务、

---

[*] 本文发表于《先锋》杂志2019年第2期。

产业服务、内陆开放、法治保障环境，而且有利于走出一条全面体现新发展理念、具有新时代特点、彰显成都特色的国际化营商环境建设之路，对于支撑成都高质量发展具有重要作用。

第二，这是提升成都国际竞争力和影响力的关键所在。目前，成都已成为全国外商投资的主要目的地之一，位列全球100个最强消费城市行列，中国（四川）自由贸易试验区建设卓有成效。2017年《财富》资料显示，已有281家世界500强企业落户成都，主要来自欧美、日韩等22个国家（地区）。全球权威的世界城市研究机构GAWC发布的2018年版世界城市评级报告显示，成都在全球100个最强消费城市行列中由第100位升至第71位，在国内排名仅次于北京、上海、广州、深圳。成都高新自贸试验区作为中国（四川）自由贸易试验区核心区域，已形成50个改革创新实践案例，"首证通"行政审批改革模式已向全国推广，"自贸通"、创新信用券等多项制度创新位居全国前列。但在营商环境建设方面，成都仍存在市场准入不明、政务效率不高、要素配置不优、市场监管不力、权益保护不够等问题，以及一定的"盆地意识""西部思维""固有旧习"。成都推进国际化营商环境先进城市建设，不仅有利于解决营商环境建设中的新旧矛盾和问题，有利于推动更多世界500强企业扎根成都，有利于推进成都在世界城市体系中争先进位，还有利于提升成都的开放型经济的国际竞争力和影响力。

第三，这是成都稳步实现新时代"三步走"战略目标的必然之举。当前，成都正处于由区域中心城市迈向国家中心城市，着力全面冲刺国际门户枢纽城市的关键节点，蓄势赋能面向世界城市的非凡之举。成都推进国际化营商环境先进城市建设，对标国际一流全面学习赶超、聚焦企业所需改革创新提能，既有利于培育国际化的投资生态和经营环境，又有利于提升全球高端要素集成能力和优势资源整合能力，还有利于增强从偏居西南一隅到迈向"一带一路"和新一轮西部大开放大发展前沿的转变能力，为稳步实现"三步走"的战略目标提供重要的制度支撑。

二、准确把握成都建设国际化营商环境先进城市的系统举措

《成都市深化营商环境综合改革　打造国际化营商环境先进城市的行动方

案》明确提出2019—2020年的主要目标：到2019年年底，营商环境短板弱项明显改善，所有涉企事项网上可办率提高至95%以上，办理时限压缩30%以上，部分领域营商环境指标达到国际公认的先进水平。到2020年年底，以企业为中心的全生命周期服务水平显著提升，力争涉企事项网上可办率达100%，办理时限压缩50%以上，各领域营商环境指标全面进入国际先进行列，在全国营商环境评价排名中位居前十强，加快打造国际化营商环境先进城市。为实现上述目标，方案系统提出了优化营商环境的各项举措。我们认为，准确理解和把握行动方案，关键是要准确理解和把握好营商环境四化建设、五大内容和10大配套行动计划。

第一，推进营商环境"四化"建设，夯实发展根基。国内外先进经验表明，营商环境建设，需要推进国际化、市场化、法治化、便利化"四化"建设，夯实发展基础，凝心聚力向全球营商环境先进城市前列冲刺。

一是以国际化为目标。主动对照世界银行国际营商环境评估标准体系进行自我检视，建立完全符合国际规范和灵活高效的开放管理体制。坚决向"盆地意识""西部思维""固有旧习"说不，主动走出西部龙头城市和全川首位城市的"舒适区"和"参照系"，持之以恒强弱项、补短板、促发展，主动对标、深入分析发达国家和先发地区成功经验，推动营商环境"革命性再造"，让"投资西部、首选成都"的共识逐渐升级为"投资中国、看好成都"的共识。

二是以市场化为基础。坚持消除各类不合理限制和壁垒，推动普遍落实"非禁即入"，确保"有无熟人一个样、大小企业一个样、外地人本地人一个样、国有民营一个样、内外资一个样"。全面实行"准入前国民待遇加负面清单管理制度"，为各类投资者特别是海外投资者敞开城市大门。聚焦企业全生命周期服务，激发市场活力。

三是以法治化为保障。着力破解企业反映集中的痛点、难点、堵点，高标准建立以提高企业安全感为导向的合法权益保护制度，高标准建立以包容创新、审慎执法为理念的市场监管制度，为市场在法治保障下发挥资源配置的决定性作用提供坚强保障。

四是以便利化为重点。对接国际惯例和通行规则，深入推进"放管服"改革，聚焦"四最"，实现审批最少、流程最优、效率最高、服务最好，着力提升企业生产经营便利，企业员工生活便利，不断创造优越条件。

第二，优化五大营商环境，加快推动体制机制创新。为打造国际化营商环境先进城市，成都着重从创新创业、政务效能、产业服务、内陆开放、权利保护五大环境入手，全面深化营商环境综合改革，释放体制机制创新红利。

一是深化全面创新改革，着力优化创新创业环境。聚焦科技创新全链条，以建立市场导向的创新创业生态、推动知识产权的创造和保护和运用、优化科技成果转移转化服务体系、培育新产品新模式新业态应用场景、完善人才引育和评价激励机制、推进包容审慎监管六个方面为要点，持续提升全球人才及各类创新资源集聚能力、国际重要创新成果转移和转化能力，营造全面融入全球产业链高端和价值链核心的卓越环境。

二是深化"放管服"改革，着力优化政务服务环境。全面对标国际国内先行标准，按国际惯例办事、按国际规则行事、按国际标准服务，着重从全面提升网络理政效能、大幅压减企业开办时间、深入推进"证照分离"、推广"首证通"新模式、全面推进企业简易注销、大幅压减工程建设项目审批时间、全面实施企业投资项目承诺制、建立重点投资项目"首席服务制"、全面推行"区域评估"、推进中介服务市场化进程、提升缴纳税费便利度、全面压减财产登记时间12项工作着手，大力推动政务服务质量和效率持续提档升级。

三是深化要素供给侧改革，打造产业服务示范环境。坚持以要素供给侧改革为突破口，通过减要件、简环节、优流程、压时限等方式，提升企业获得信贷、水、电、气四项生产要素的便利度，打造综合成本适宜的产业服务示范环境。

四是深化贸易和投资自由化便利化改革，打造内陆开放领先环境。树立全球视野和国际眼光，主动服务国家对外开放战略，适应经济全球化新形势，以全面提高市场开放度、推进跨境贸易便利化两项工作为重点，高水平规划建设国际门户枢纽城市，加快建设内陆开放经济高地。

五是深化产权保护制度改革，着力构建法治化市场环境。借鉴国际经验，适应国际通行规则，着重从严格依法保护产权、完善社会信用体系建设、构建"亲""清"新型政商关系三个方面入手，加快完善归属清晰、权责明确、保护严格、流转顺畅的现代产权制度和产权保护政策框架，打造适应企业健康成长的国际化权利保护典范环境。

第三，发布十个配套行动计划，增强企业发展活力。为努力打造国际化营商环境先进城市，成都市以世界银行《营商环境报告》中的 11 个商业监管指标为依据，[①] 着重从人才安居、劳动力市场管理、企业简易注销登记、纳税、不动产登记、获得信贷、用电用气接入、跨境贸易、执行合同、损害营商环境行为问责 10 个方面发布了配套行动计划，这在全国属于首创，以此激发国内外企业在成都投资的积极性和主动性。

三、成都建设国际化营商环境先进城市的过程中应关注的问题及建议

行动方案已经制定，优化营商环境的号角已经吹响。下一步，就是要沿着既定时间表和路线图完成各项任务和举措。这一过程中，需要关注以下几个方面的问题。

一是要进一步理解、认识和把握营商环境的精髓与核心要义。营商环境可以制定一系列指标来评价评估，也可以制定行动方案和举措来优化，但这都是表象，其核心和实质是相关机构和人员对市场、对法治、对规则的尊重与敬畏，这些态度和思想是无法用指标来衡量的，但却是影响营商环境的核心要素。营商环境不是发布一个文件、成立一个机构、召开一个大会就能完成的工作，它是一种文化，是长期的思想和制度演变的结果。因此，在落实行动方案过程中，要把对市场、对法治、对规则的尊重与敬畏，贯穿到优化营商环境的全领域、全环节。这就要求加强宣传、加强教育，从内心改变人们的思想和态度。

二是要客观认识营商环境在促进城市经济发展中的地位。营商环境对城市发展固然重要，但它只是城市发展的支撑因素之一。根据迈克尔·波特的国家竞争优势，产业基础及配套产业、要素支撑、企业战略、外部环境、国

---

① 世界银行《营商环境报告》中的 11 个商业监管领域指标为：开办企业、办理施工许可证、获得电力、登记财产、获得信贷、保护少数投资者、纳税、跨境贸易、执行合同、办理破产和劳动力市场监管。

内环境等都是重要因素。因此,要瞄准发展,优化营商环境是第一步,是我们可以发挥主动性、能动性加以改变的方面。除此之外,未来还需要做更多更加系统的工作,来创造条件,拓展空间,培育动能,构建城市参与全球竞争的框架体系。

三是成都优化营商环境要突出成都特色。营商环境指标体系发源于世界银行。根据世界银行建立的衡量各国营商环境的指标体系来看,包括"开办企业、申请建筑许可、获得电力供应、注册财产、获得信贷、投资者保护、缴纳税款、跨境贸易、合同执行和办理破产"共计十个指标。但它主要关注企业全生命周期服务,而我国的评价指标体系在此基础上还增加了城市投资吸引力、城市高质量发展水平两个维度的指标,同时剔除与国情明确不符的内容,形成 23 个评价我国各城市营商环境的指标。其中城市投资吸引力包括市场开放度、招标投标等指标;城市高质量发展水平包括生活品质、就业质量等指标,这样可以更加准确、完整地反映一个地区的营商环境优劣。可见,营商环境评价指标必须适应本地发展实际。对于成都来说,营商环境的指标体系需要与产业结构、发展模式、外向程度、发展阶段相适应。其实,不应局限就营商环境指标谈营商环境的优劣,而应把是否促进本地经济高质量快速发展,当地企业和居民是否满意作为根本的衡量标准。

第四篇　成都推进共享发展的重要举措和战略思考[*]

高宝华

一、深刻认识坚持共享发展的重要意义

人人共建、人人共享，是经济社会发展的理想状态。2015年10月29日，习近平总书记指出，"共享发展注重的是解决社会公平正义问题。我们必须坚持发展为了人民，发展依靠人民、发展成果由人民共享，做出更有效的制度安排，使全体人民朝着共同富裕方向稳步前进，决不能出现'富者累巨万，穷者食糟糠'的现象"。2019年4月，习近平总书记在重庆专题调研时进一步指出，"要从最困难的群体入手，从最突出的问题着眼，从最具体的工作抓起，通堵点、疏痛点、消盲点，全面解决好同老百姓生活息息相关的教育、就业、社保、医疗、住房、环保、社会治安等问题，集中全力做好普惠性、基础性、兜底性民生建设。"成都在加快建设美丽宜居公园城市的过程中，要坚决贯彻落实共享发展的科学理念，这对于加快实现全面建成小康社会、推动经济社会高质量发展、推进国家治理和治理能力现代化建设都具有重要的理论和现实意义。

---

[*] 此文发表于《先锋》2019年第9期。

（一）共享发展是实现全面建成小康社会的核心理念

致力于解决国家或地区发展过程中共享性不够、受益不平衡问题，充分实现发展成果由全体人民共享，不仅是一国或地区经济社会发展的理想状态，也是中国共产党和中华人民共和国成立以来的不懈探索和追求。2015 年，党的十八届五中全会明确提出，共享发展是我国国民经济和社会发展"十三五"规划的五大核心理念之一。2017 年，党的十九大报告进一步指出，"在中国特色社会主义新时代，我国社会主要矛盾已经转化为人民日益增长的美好生活需要和不平衡不充分的发展之间的矛盾"。很明显，发展是解决我国一切问题的基础和关键，而增进民生福祉则是解决矛盾、推动发展的根本目的。为此，成都要以共享作为发展的出发点和落脚点，多谋民生之利、多解民生之忧，在发展中补齐民生短板、促进社会公平正义，加快实现建党一百周年时小康社会的全面建成，保证全市人民在共建共享发展中拥有更多的存在感、获得感和幸福感。

（二）共享发展是推动经济社会高质量发展的重要动能

共享经济是指充分利用互联网、大数据、云计算、人工智能等现代信息技术对海量、闲置的存量资源的使用权进行暂时性转移，继而促进供需对接、实现资源共享的一种经济模式。共享经济最早源于 1978 年美国教授琼·斯潘思和马科斯·费尔逊发表的论文《Community Structure and Collaborative Consumption: A Routine Activity Approach》中的"Collaborative Consumption"（协同消费）概念，意指个体通过第三方市场平台实现点对点的直接的商品和服务的交易。2000 年前后，协同消费的概念被应用于实践，成为共享经济的雏形。2010 年左右，我国的共享经济开始发展，近年来随着现代信息技术的快速发展和广泛普及得以飞速拓展，已跃升为"三新"经济的佼佼者。当前，我国正处于中国特色社会主义的高质量发展阶段，建设现代化经济体系是我国发展的战略目标。为此，党的十九大报告明确提出，要"推动互联网、大数据、人工智能和实体经济深度融合，在中高端消费、创新引领、绿色低碳、共享经济、现代供应链、人力资本服务等领域培育新增长点、形成新动能"。2018 年，中国信息中心发布的《中国共享经济发展年度报告（2018）》显示：

2017年我国共享经济市场交易总额约为49205亿元，约占当年我国GDP总量的6%；服务者人数约为7000万人，约占当年我国劳动者总人数的7.8%，这充分佐证了共享经济作为新的经济增长点在促增长、稳就业、惠民生中所发挥的重要作用，也有力表明了共享经济是推动经济社会高质量发展的重要动能。为此，成都要加大培育共享经济这个新的经济增长点，助力共享经济成为推动成都经济社会高质量发展的新动能。

（三）共享发展是推进国家治理和治理能力现代化建设的关键内容

以人人参与、人人尽力、人人享有的"共享"理念为推手，加强社会治理制度建设，完善党委领导、政府负责、社会协同、公众参与、法治保障的社会治理体制，提高社会治理社会化、法治化、专业化、智能化水平，形成共建共治共享的社会治理格局，是推进国家治理和治理能力现代化的关键内容。为此，成都要大力推进城乡社区发展治理工作，破除体制机制障碍，有力推动社会治理重心向基层下移，充分实现政府治理和社会调节、居民自治的良性互动。

二、成都推进共享发展的重要举措和关键领域

近年来，成都始终坚持共享发展的核心理念，未雨绸缪、率先谋划，有针对性地提出生活性服务业、城乡社区发展治理、公共服务三大发展重点，坚持把生活城市作为成都最鲜明的特质和最突出的比较优势，推动城市发展从工业逻辑回归人本逻辑、从生产导向转向生活导向、从粗放管理迈向精细化管理，努力建设高品质和谐宜居生活城市。

（一）大力发展生活性服务业，打造别具一格的"成都特色"

为回应市民美好生活需要，培育新的经济增长点，成都大力发展生活性服务业，优化发展布局、创新发展六种业态、重点培育九大领域，构建布局合理、功能完备、优质高效的生活服务体系，力争打造与众不同的"成都特色"。

一是优化行业空间发展布局，推动集聚融合发展。以功能再造、形态重

塑、产业重构为导向，合理利用服务业的集聚、融合、扩散等效应，着力拓展社区生活、服务业集聚、休闲消费和高端消费，以点带面、以一融多，打造"一圈多集三带三区"的生活性服务业发展布局，推动行业集聚融合发展。其中，一圈是指建设包括城市社区、农村社区、城市新区和产业园区、国际社区在内的社区生活服务圈，促进优质发展。多集指的是建设多个生活服务业集聚区，包括37个服务业集聚区、39个现代商圈和100条特色街区等，推动集聚发展。三带是指建设龙门山旅游带、龙泉山城市森林公园休闲带和天府绿道游憩带，强化"旅游+"的融合发展。三区指的是在成都的中、南、东部地区分别打造时尚消费、新兴消费、体验式消费三大高端消费引领示范区，以消费带动周边产业、社区发展。

二是创新发展六种新型业态，做大做优特色强项。充分利用自身西部消费中心、生活城市、休闲宜居城市等靓丽名牌，大力发展智慧服务、体验服务、定制服务、共享服务、绿色服务、跨境服务六种新型业态，推动新型服务内生精进发展。

三是重点培育九大发展领域，打造新亮点新标识。按照国家战略部署和生活性服务业产业升级要求，重点培育商业零售、文化服务、旅游休闲、餐饮服务、医疗健康服务、养老服务、教育服务、体育服务等九大发展领域，推动规范化、标准化、品质化、精细化发展。

（二）大力推进城乡社区发展治理，率先成为全国民生工程示范

为提升超大城市社会治理现代化水平，夯实和谐宜居生活城市底色，成都坚持以党建引领基层治理创新，加快实施老旧城区改造、特色街区创建，提升社区服务水平，形成社会综合治理防风险、保平安和社区发展治理强基础、惠民生的互促格局，也在创新实践中取得了全国"2018年民生示范工程"第一名的好成绩。

一是党建引领基层治理创新，激活社区共建共治共享活力。成都市委在全国率先成立了城乡社区发展治理委员会，强化党对社区工作的统一领导，顶层设计"1+6+N"政策体系，统筹分散在不同主体、不同层级的资源、管理、服务。深化"一核三治、共建共享"治理机制，推动街道社区聚焦抓党建抓服务，推行找党员、建组织、优机制、抓服务、植文化"五步工作法",实现重点区域、重点领域党的工作全覆盖。

二是加快城乡社区改造升级,提升城乡社区服务水平。系统实施"五大行动",改造棚户区1.2万户、城中村2.7万户、老旧院落327个;建成65个社区综合体,亲民化改造800个党群服务中心;1918条背街小巷换了新颜,160处"小游园·微绿地"、480万平方米透绿开敞空间点缀坊间;和美、倪家桥等社区成为网红打卡地,桐梓林、大慈寺等社区呈现"国际范",社区成为居民"第二个家",城乡社区服务水平明显提升。

(三)大力提升公共服务品质,充分满足市民美好生活期盼

为更好地满足市民高品质生活需要,增强美丽宜居公园城市的吸引力和竞争力,成都夯实公共服务基础设施建设,增加优质公共服务供给,组建教育、医疗、文化、体育投资集团,不断提高优质公共产品供给能力,持续提升民生服务保障水平。

一是夯实基础设施建设,打造公共服务的"蓉城标准"。以国际化视野持续提升"三城三都"建设规划,加快推进天府奥体城、锦江公园、锦城公园等地标性设施建设。推进"优教成都"行动,加快公办幼儿园建设,建成第三期学前教育行动计划公办幼儿园建设项目;建成成都体育学院整体迁建工程等项目。推进"健康成都"行动,实施成都市"十三五"期间基层医疗卫生机构硬件提升工程,建成成都天府新区华西牙科总部等项目。推进"菜篮子"建设行动,建成标准化菜市场建设等项目。稳步推进棚改三年攻坚和老旧小区改造。

二是增加优质公共服务供给,提升民生服务保障水平。完善基本公共教育服务,实施中心城区中小学、幼儿园"三年攻坚"行动计划(2018－2020),推行优质学校培育计划以及领航高中、特色高中和综合高中建设三大工程。完善基本社会保险,调整全市城乡居民基本医疗保险、大病医疗互助补充保险及重特大疾病医疗保险政策,推进长期照护保险、大病互助补充医疗保险等试点。完善基本医疗卫生,推进分级诊疗制度建设,实施"改善医疗服务三年行动计划",重点推进预约诊疗、远程医疗、智慧医院建设。完善基本文化体育,建立由下至上的城乡居民文化体育消费需求收集和反馈体系,制定三级政府公共文化体育产品和服务清单。完善基本住房保障,采取健全租售补并举的住房保障政策体系、优化租售流程、创建保障性住房居住小区、完善住房补贴和公积金政策、加快农村住房保障系统建设等措施。组建教育、医疗、文化、体育专业化投资集团，力争在上述政府投入不足、社会资本介入不够的民生领域，打造一批成都国企民生品牌，形成"民生改善－企业成长－城市发展"的良性循环。

三、成都高水平深入推进共享发展的战略思考

成都推进共享发展的重要举措已取得阶段性的成效，但离经济社会高质量发展的根本要求、离国家治理和治理能力现代化的奋斗目标还有较大差距。今后，成都要在贯彻落实党中央、国务院、四川省和成都市的总体部署的基础上，以更加开阔的视野和更加开放的胸襟，高水平深入推进共享发展，为自身、为全国、为全球贡献"成都特色"，力争早日建成美丽宜居的公园城市乃至可持续发展的世界城市。

（一）筑牢基础，系统高效、扎实深入、标本兼治地推进成都的共享发展

要遵循自然、经济和社会发展规律，从事关成都经济社会的全局发展以及中长期发展着眼，统筹谋划、纵横协同，系统高效推进共享发展。要实事求是了解实践过程中呈现的发展亮点和存在的问题，深入剖析问题存在的重要成因，稳扎稳打、因势利导、扎实深入推进共享发展。要全面客观地根据存在问题的轻重缓急程度、体制机制障碍梗节，有条不紊、有的放矢、标本兼治地推进共享发展，打造"成都特色"。

（二）放眼全国，力争为全国的共享发展提供可复制可推广的新经验新做法新模式

在深入推进共享发展的过程中，成都既要筑牢发展基础，打造"成都特色"，更要站在国家的高度，力争为全国提供更多更好、可复制可推广的新经验新做法新模式，推动全国的共享发展整体向高水平、纵深处拓展。

（三）对标全球，吸收借鉴国际知名城市共享发展的新理念新思路新方法

随着世界经济全球化、政治多极化、文化多元化、社会信息化的发展，

成都要在筑牢基础、放眼全国的基础上更上一层楼，对标全球，充分吸收借鉴美国纽约、英国伦敦、法国巴黎、日本东京等国际知名城市在共享发展过程中的新理念新思路新方法，集思广益、开拓创新，在全球的舞台上贡献出卓尔不群的"成都特色"，并为早日建成美丽宜居的公园城市乃至可持续发展的世界城市而奋力拼搏、勇攀高峰。

图书在版编目（CIP）数据

国际服务贸易形势与热点.2020 / 李俊主编. —北京：时事出版社，2020.12
ISBN 978-7-5195-0393-2

Ⅰ.①国… Ⅱ.①李… Ⅲ.①国际贸易—服务贸易—研究 Ⅳ.①F740.47

中国版本图书馆 CIP 数据核字（2020）第 234390 号

出 版 发 行：	时事出版社
地　　　　址：	北京市海淀区万寿寺甲 2 号
邮　　　　编：	100081
发 行 热 线：	（010）88547590　88547591
读者服务部：	（010）88547595
传　　　　真：	（010）88547592
电 子 邮 箱：	shishichubanshe@ sina. com
网　　　　址：	www. shishishe. com
印　　　　刷：	北京朝阳印刷厂有限责任公司

开本：787 × 1092　1/16　印张：20.25　字数：320 千字
2020 年 12 月第 1 版　2020 年 12 月第 1 次印刷
定价：98.00 元

（如有印装质量问题，请与本社发行部联系调换）